說史的真

何愷 著

解析歷史上
總被懷疑的65件「真相」

這些「史實」的原由，明明史冊皆有記載，為何卻還是引發人們的好奇與猜疑？
歷史被一頁頁翻開，後人一字字考證，終究揮灑出了各式各樣的斑斕顏色！

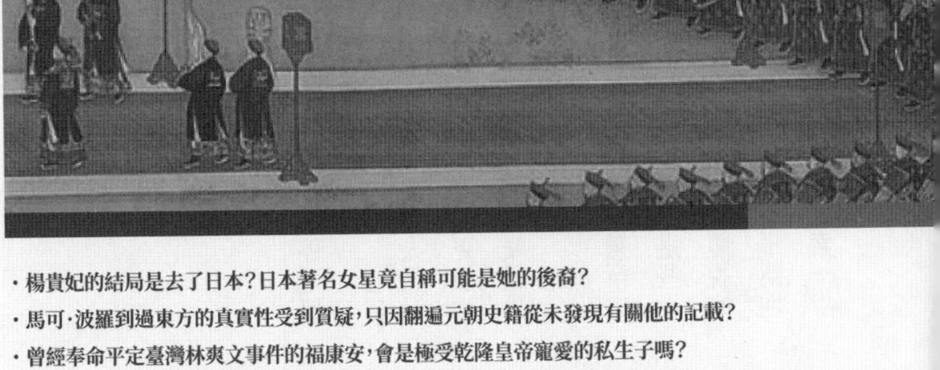

- 楊貴妃的結局是去了日本？日本著名女星竟自稱可能是她的後裔？
- 馬可·波羅到過東方的真實性受到質疑，只因翻遍元朝史籍從未發現有關他的記載？
- 曾經奉命平定臺灣林爽文事件的福康安，會是極受乾隆皇帝寵愛的私生子嗎？

前言

中國歷史源遠流長，給我們留下了太多的謎案。雖然後人在其後的歷史中一直在不停地研究、探索，但由於種種原因，許多歷史之謎至今仍然眾說紛紜、莫衷一是。

「黃塵清水三山下，更變千年如走馬」，歷史的車輪在滄桑巨變中不斷前進，而世人又渴望從艱澀滯重的印痕中探索歷史的原本面目，這使得原來就充滿了神祕色彩的中國歷史更加地神祕誘人。謎一樣的歷史，謎一樣的古人，無不閃耀著中華民族的智慧之光。在我們驚嘆祖先勤勞與聰慧的同時，也更為中華民族的文明而感到驕傲。

從秦始皇身世的由來，到傳國玉璽的下落之謎；從宋太宗弒兄懸案，到雍正帝暴卒之謎……人們在不斷探索歷史的真相，為厚重的中國歷史不斷增添著解謎的元素，讓我們這些後人在諸多雜亂的絲絮中窺視歷史的原貌。這些謎一樣的故事不僅僅催生了中華民族幾千年傳說的歷史，而且還為專業的歷史研究提供了永恆的題材。尤其是最近幾年來，隨著各種史料不斷地被挖掘整理，歷史謎案的研究獲得了更多可靠的原始材料，人們隨著歷史遺留的諸多線索一步步探尋下去，才發現真實的歷史遠比傳說中的故事要曲折複雜。

比如雍正皇帝的死因，在《滿清外史》、《清宮遺聞》、《清宮十三朝》等野史記載中，都認為雍正皇帝是被呂四娘刺殺而死，而且這種說法在民間流傳非常廣。茶肆賣藝的歌女，街頭說書的先生無不以此作為壓軸的祕聞軼事來吸引觀眾。據說雍正年間，江南呂留良一家因文字獄而慘遭族誅，僅有呂家的一個小女兒四娘被一個貼身童僕救出，逃到深山老林之中才倖免於難。呂四娘從此隱姓埋名，尋機為父母報仇雪恨。後來，呂四娘遇到了武藝高超的獨臂神尼，在她的精心指導下，呂四娘很快成為一名武藝高超的劍客。為了能夠為家人報仇雪恨，呂四娘潛入京師，經過一番祕密的探查，終於弄清了雍正皇帝的行動規律。在一個月黑風高的夜晚，呂四娘潛入圓明園殺掉了正在龍床上熟睡的雍正皇帝，並帶走了他的首級。雍正皇帝死後，因找不到首級，只好做了一個金頭入葬，據說在雍正皇帝的陵墓中至今還有他的金頭存在。

傳說如此，但是歷史的事實是這樣的嗎？很多歷史學家認為這種行刺之說純屬民間傳說，根本不可信。因為呂案發生後，他的家人都處於嚴密的控制之下，根本不可能有人成為漏網之魚。此外，圓明園在皇帝駕臨的時候，防守極為森嚴，呂四娘亦不可能穿過晝夜巡邏的衛兵，輕易地就進入寢宮，刺殺雍正皇帝。根據《清實錄》和乾隆皇帝諭旨中留下的蛛絲馬跡推測，雍正真正的死因可能是因為長期服用丹藥中毒而死。

正如雍正皇帝之死這個例子，也許很多歷史疑案本來沒有什麼神奇之處，只是因為歲月久了，很多知曉真相的人，或者記載真相的書籍漸漸被湮沒在歷史的煙塵之中，反而種種民間的傳聞一代接一代地口耳相傳，並且不斷地被添加新的說法，為各種歷史事件披上層層神祕的面紗，從而變得撲朔迷離，後人也就很難分辨到底哪種說法是真，哪種說法是假，而難以看清歷史的真相了。

本書作者在編寫過程中，彙集了大量歷史上懸而未決的謎案，在綜合歷史研究成果的基礎上，還對諸多民間的祕聞傳說進行了整理，試圖將歷史研究的科學性、知識性、探索性同民間傳說的趣味性融為一體，充分彙集關於歷史懸疑的各種說法，讓你在前人眾說紛紜的觀點中撥開歷史的迷霧，探究歷史的真相。

目錄

《孫子兵法》兩大未解之謎

孫子名武，又稱孫武子，是中國古代軍事家，兵家的創始者。齊國樂安（今山東省濱州市博興縣北，一說惠民縣）人。生卒年不詳，約活動於西元前六世紀末至西元前五世紀初。孫武原為齊國田氏後裔，後來因為躲避戰亂，流離漂泊到吳國，得到吳王的重用，幫助吳國改革圖強。吳國在孫武的輔佐治理下西破強楚，南服越人，北威齊晉，顯名諸侯，國力達到全盛。

孫子一生對後世最大的貢獻是他的軍事著作《孫子兵法》，它是中國現存最早、也是最傑出的兵法，歷來被稱作「兵經」。這本書總結了春秋末期及其以前的戰爭經驗，比較系統地涉及戰爭全域問題，總結了若干至今仍有科學價值的作戰指導原則，是不朽的軍事名著，對後世產生了廣泛而深刻的影響，哺育了中國一代又一代的軍事家。「治世之能臣，亂世之奸雄」的曹操專門為本書作注，他的《孫子注》頗受後人稱道。唐太宗、宋仁

孫武

孫武，字長卿，即孫子。春秋末著名軍事家，齊國人。曾與伍子胥率吳軍破楚，五戰五捷，攻入楚國郢都。

宗、明代大儒王陽明、丞相張居正、清人朱墉都曾力主學習此書，毛澤東則在一九三八年在其名著《論持久戰》中高度評價《孫子兵法》，稱讚書中理論「知彼知己，百戰不殆」是科學的真理。現在，《孫子兵法》已被翻譯成十幾種語言，傳到世界各國。除了軍事領域外，它還被運用到外交活動、企業管理、市場競爭、體育競賽等方面，成為世界上最受喜愛的讀物之一。

然而，這樣的一本曠世奇書，在廣泛流傳的同時，它本身的許多疑點也吸引了越來越多人的關注目光。

首先，《孫子兵法》的作者是誰，就是一個令史學家疑惑不解的問題。《史記．孫子吳起列傳》記載，春秋戰國時期有兩個「孫子」，一是春秋後期吳國的將軍孫武，一是戰國中期齊國的軍師孫臏，他們各有兵法傳世。《漢書．藝文志》「兵權謀家」記載有《吳孫子兵法》和《齊孫子》兩種，唐代訓詁學家顏師古注前書的作者是「孫武」，後書的作者是「孫臏」。然而後世所能見的只有《孫子兵法》一部，據說孫臏的兵法書自東漢末年以後就失傳了。

於是，自宋代以來，就有許多人開始懷疑和猜測《孫子兵法》的作者。有人根據《孫子兵法》闡述的多是戰國時代的情況，認為此書源出於孫武而完成於孫臏，因為書中有大量關於戰國時期的內容，在春秋時期的孫武是不能預測到他死後之事的。還有一些人乾脆主張孫武在歷史上根本不存在，《孫子兵法》是孫臏所作。西元一二〇〇年，南宋的軍事研究者葉適就下了這樣的一個結論：孫武並無其人，「其事其書皆為縱橫家作偽」。他是這樣質疑的：如果孫武像世人傳說的那樣「南服越人，西滅強楚，北威齊晉」，為什麼沒有被升為卿大夫？在舉世公認的權威史書《左傳》中，為什麼沒有關於孫武一字一句的記載？葉適的觀點在當時掀起巨大波瀾，影響甚廣。

另外還有幾種孫武與他人「合一」的說法。一為「武伍一人」說，清朝中期的山東文人牟庭認為：《孫子兵法》是伍子胥的作品，「武」不是孫武的名字，而是《孫子兵法》原來的書名；一為「武臏合一」說，該觀點認為孫武和孫臏是同一個人，孫子名武，臏是他的綽號。由於孫子在吳、齊兩國都待過，司馬遷沒能分辨出來，就誤以為是兩個人，將二者記載於《史記》之中。

紛紜離奇的爭論一直到近代才見分曉。

一九七二年山東省臨沂銀雀山發掘西漢墓葬，

銀雀山漢墓

一九七二年四月在銀雀山西漢一號墓出土了《孫子兵法》十三篇竹簡、《孫臏兵法》十六篇和佚文五篇竹簡。銀雀山漢墓竹簡的出土，對於中國軍事史、文字學、古音訓、古簡冊制度及古代曆法的研究，均有重要價值。

出土了大批竹簡，包括《孫子兵法》和《孫臏兵法》。這一發現不僅使失傳了一千七百多年的孫臏著作得以重見天日，而且證實了《史記．孫子傳》和《漢書．藝文志》關於兩個孫子有兩部兵法的記載是正確的。

儘管如此，仍有一些學者認為，《孫臏兵法》的發現還不能證明《孫子兵法》就是春秋末年的孫武所撰，主要有以下幾大疑點：

第一，《孫子兵法》的許多用語都是戰國時代流行而春秋時所未見的。如「形名」、「霸王」等。第二，《孫子兵法》記載用兵數動輒十萬，但是春秋時期即使是大國用兵也不過兩三萬人，只有到了戰國中期，才有用兵十萬至數十萬的記載。第三，《孫子兵法》所談的戰術多為運動戰，主張深入敵後，長距離的調遣。這些都是戰國時代的打法。第四，《孫子兵法》言兵，由「將」獨當一面，這一軍事格局是戰國時期的寫照，春秋時的戰爭一般都由國君親自統率軍隊出征。第五，《孫子兵法》有關於蘇秦的記載：「燕之興也，蘇秦在齊」，而蘇秦活動的時代當戰國中後期，在孫武之後約二百年。這些疑點不能正確解釋的話，要斷言《孫子兵法》為孫武所作，似乎有失偏頗。

其次，《孫子兵法》究竟是八十二篇還是十三篇，這也是史學家和軍事學家苦苦探索的問題。《史記．孫子吳起列傳》兩次提到兵法十三篇：一是吳王闔閭說「子之十三篇，吾盡觀之矣」，二是「世俗所稱師旅，皆道孫子十三篇」；《呂氏春秋．上德篇》記載：「孫武，吳王闔閭之將也，兵法五千言是也。」這裡的「五千言」也是指十三篇；曹操《孫子略解序》中稱：「孫子者，齊人也，名武，為吳王闔閭作兵法一十三篇。」這些記載都說明《孫子兵法》只有十三篇。

八十二篇之說最早出現於《漢書・藝文志》，作者班固認為《吳孫子兵法》共八十二篇圖九卷。到漢成帝時，任宏論次兵書，定著《吳孫子兵法八十二篇》。有一種觀點認為《吳孫子兵法八十二篇》傳至東漢末年，曹操認為世人對《孫子兵法》「失其旨要」，於是刪掉了其中六十九篇，只注十三篇，這就是現今所說十三篇的來歷。

但是《吳孫子兵法》八十二篇的真偽性令人懷疑，那「八十二篇刪減說」也就沒有多大的說服力了。西元一九九六年九月，新聞媒體報導在西安發現了《孫武兵法》八十二篇抄件，全世界為之震驚！

抄件持有者張敬軒是清光緒時進士、晉陝名人張瑞璣之孫。光緒三十二年（一九〇六年），張瑞璣被調任陝西韓城知縣，在赴任途中，他慧眼識寶，用重金買下了《孫武兵法》八十二篇圖九卷漢簡。西元一九二三年，張瑞璣辭職回家專門研究整理這些漢簡。張瑞璣去世後，其子張聯甲遵照父訓，終將此書竹簡整理成冊。文革時期，張聯甲恐漢簡兵書「惹禍」，採取「毀簡保兵法」策略，主動將竹簡燒掉。在紅衛兵監督疏忽時，從火中抽出一捆即將點燃的竹簡（即八十二篇中的第三十一篇），從而幸運地保存了一件漢竹簡原物和張瑞璣父子梳理竹簡的墨跡手稿。如今，這些珍貴的漢竹簡原物和張氏父子的手稿保存在了張家第三代張敬軒的手中，被人稱為「中華民族燦爛的古文化寶庫中嶄新的華章」。

如果這些文物被證屬實，那麼《孫子兵法》應該是八十二篇而不是十三篇，然而這則轟動一時的消息沒過多久，就遭到很多人的質疑。許多歷史學家和軍事專家從科學的角度進行考證，結果發現漏洞百出。

其一，張瑞璣之後的身世是否屬實？據考證，張聯甲與張瑞璣根本無血緣關係，所謂張聯甲是張瑞璣的兒子之說純屬捏造。這就使「張氏三代護國寶」的故事不攻自破，漢簡來自「張氏家傳」的說法也就成為無稽之談。

其二，從科學的角度分析，竹簡在沒有科學儲藏條件的情況下，在地上經歷兩千年而不腐是不可能的，何況是經歷了那麼多折騰而保存完好。其三，張敬軒拿出的所謂抄自其父於「民國十二年」的抄本原件，據專家考證，實際上是抄於二十世紀七〇年代以後，這說明抄本也不是真品。其四，先秦著作一般不是出自一人之手，大多為同一派系的人累世完成。即使是《孫子兵法》十三篇，也可以看出有後人增益的成分，何況是篇幅更多的八十二篇！而據張敬軒介紹，孫武不僅獨立完成了八十二篇巨著，還用自己的名字命名為《孫武兵法》，這也存在著許多的不合常理之處。

總之，新發現的《孫武兵法》八十二篇，無論從發現過程上還是從內容結構上，都存在許多可疑之處，其可信度也是讓人持保留態度的。因此《孫子兵法》的八十二篇與十三篇之爭仍在持續，懸案仍未解決。人們希望盡快看到被張敬軒收藏的八十二篇手抄本全文，只有這樣，才能盡早地揭開歷史謎案，給這場爭論劃上一個完滿的句號。

和氏璧下落之謎

春秋戰國時期「卞和獻玉」、「完璧歸趙」的故事家喻戶曉，這件玉璧也被戰國各諸侯國奉為價值連城的「天下所共傳寶」。各個諸侯國為了把玉璧據為己有，想盡辦法互相爭奪，許多無辜的性命也搭在了這塊玉璧上。然而這件珍貴的玉器最後竟不知落到何處，成為歷史上一大疑案。

最早記錄和氏璧的是《韓非子．和氏篇》，春秋時期，有一個楚國人名叫卞和，一天他在荊山採到一塊玉璞，為了表示自己對君主的忠心，他把這塊玉璞獻給了楚厲王。玉璞是一種天然玉料，如果不經鋸割，外表看來和普通的石塊沒什麼區別。楚厲王找來相玉家進行鑒定，但是玉工沒有辨識出來，認為它是一塊普通的石頭，沒有什麼價值。於是厲王大怒，認為卞和在戲弄自己，命人砍掉了卞和的左足，並把卞和驅逐出楚國。

楚厲王死後，楚武王繼位，卞和又去獻寶，玉工仍鑒定為石頭，武王又以欺君之罪砍掉了卞和的右足。又過了幾十年，武王之子文王繼位，這時的卞和還想去獻寶，無奈自己已是風燭殘年，又被砍掉了雙腳，行動很不方便，眼看自己的願望無法實現，卞和便懷抱玉璞來到楚山下痛哭三天三夜不止，眼淚都流盡了，眼睛直往外滴血。楚文王聽說了這件事，派人接來卞和問：「天下被砍足的人很多，你為何哭得如此悲傷呢？」卞和答道：「我並不是因為被砍掉雙腳而痛哭，而是因為明明是寶玉卻被誤認為石頭，忠貞之士被當作欺君之臣，我是為大王哭泣，他是非顛倒，黑白不分啊！」文王聽後，讓玉工進行打磨，果然得到一塊潔白無瑕、光潤晶瑩的寶玉。因為是卞和所獻，便取名「和氏璧」，後人遂用「楚玉、荊玉、卞玉、卞寶」等，泛指美玉或玉，用以稱譽人的才德之美，形容物的質地純真；用「獻玉、卞和三獻、美玉三獻」等表示奉獻才藝或傑作。

傳說中的卞和得玉處：保康縣五道峽

據《山海經》記載：「景山其上多金玉。」景山也就是荆山，五道峽就在荆山腹地。《中國地名詞典》記載，五道峽內「有抱玉岩、響水洞等名勝古蹟，抱玉岩相傳為春秋楚國卞和得玉處」。

春秋戰國時期，各國交往，往往以玉為使臣信物，而玉中極品和氏璧更是國家君位的象徵。就這樣，和氏璧被楚國奉為國寶收藏著，然而和氏璧的消息很快傳到了各諸侯國，各國的國君都想親眼看看這件寶玉。西元前三三三年，楚國吞滅越國，楚威王因為宰相昭陽在消滅越國的過程中立下了赫赫戰功，於是將和氏璧賜給了昭陽。昭陽某日請客時，出璧讓各賓客觀賞，席散時卻不翼而飛。雖多方搜查也毫無下落。國寶的不翼而飛震驚了朝廷內外，楚王下令全國搜尋這件價值連城的寶物，但是最終沒有結果。

人們把懷疑的目光投向了張儀，因為張儀當時正在楚國遊說，曾與昭陽一起飲酒，人們認為他有機會偷竊和氏璧。楚王命人對張儀嚴刑拷打，張儀拒不承認，楚王無奈，只好將張儀無罪釋放。張儀受辱後輾轉到了秦國，後來成為秦國的宰相，為秦國日後的強大立下了汗馬功勞。楚國為一件國寶損失了一個人才，這是他們所沒預料到的。

和氏璧就這樣銷聲匿跡了幾十年後，有一天突然在趙國出現，至於和氏璧是怎樣流落到趙國的，至今仍是一個謎。趙惠文王時，一個名叫繆賢的宦官從一名外人手中購買到這塊玉，經過鑒定後，才知道正是失蹤多年的和氏璧。趙王得知後，便下詔將這件寶物強行奪進宮中。趙國得到和氏璧的消息很快傳到了秦昭王的耳中，秦昭王對這件稀世之寶產生了覬覦之心，於是派人送信給趙王，希望用十五座城來換取和氏璧。趙王明知秦國想強取豪奪，但懾於秦國勢力，怕得罪秦國招來滅國之災，只好派藺相如持璧出使秦國。

藺相如到秦國後，把和氏璧獻給秦王，秦王看到玉璧，非常高興，將玉璧傳給左右嬪妃大臣觀看，眾人皆呼萬歲。藺相如見秦王根本無意割城給趙國，就走上前去說：「璧上有點瑕疵，讓我指給大王看。」秦王將玉璧遞還給藺相如，藺相如持璧而立，大怒道：「大王您想得此璧，派人送信給趙王。趙王召集群臣商議時，群臣們認為秦國依勢欺人，拿十五座城換玉璧只不過是一句空話。可我認為百姓之間交往都不會欺騙，何況秦國是一個大國呢！趙王採納了我的建議，為了表示對秦國的尊重，趙王齋戒五日後，才派我將璧送給您。可大王您在召見我時無禮傲慢，還將璧傳給眾人看，這是在戲弄趙國。我看大王您根本無意割城易璧，就取回此璧。您若再逼我獻出玉璧，我的頭就和這玉璧一起撞碎在這柱子上！」秦王唯恐玉璧被撞碎，連忙道歉，並召人拿來地圖，指出給趙王割去的十五座城。藺相如看出這不過是秦王的緩兵之計，就對秦王說：「趙王派我送璧之前曾齋戒五日，現在大王您也應齋戒五日，並設九賓之禮，這樣我才會獻出玉璧來。」秦王沒有辦法，只好同意。藺相如回到賓舍，認為秦王根本不可能割城給趙國。於是便派手下人喬裝打扮，懷揣玉璧，連夜逃回了趙國。

五天之後，秦王在宮廷內設九賓之禮，命人宴請藺相如。藺相如進宮後對秦王說：「秦國從繆公以來二十餘位君主，沒有一位是信守誓約的。我擔心因您的失約而辜負趙王對我的重託，所以已經派人把玉璧送回了趙國。秦國強盛而趙國弱小，如果大王先割城給趙國，趙國怎麼會留璧而得罪您呢？我知道欺君之罪當殺，要殺要剮，您看著辦吧。」秦王和眾位大臣聽後面面相覷。秦王想即使殺了藺相如也得不到玉璧，而且還會使兩國的關係惡化，不如厚待藺相如，自己也可得一個明君的聲譽。於是秦王在宮廷內以隆重的禮節款待藺相如，並將他送回趙國，這就是歷史上「完璧歸趙」的故事，藺相如以自己的勇敢和智慧保住了和氏璧。

西元前二二八年，趙國還是被強大的秦國吞併，趙幽王投降，獻出了和氏璧。秦王嬴政統一六國，建立了強大的秦王朝，和氏璧最終落到了秦王嬴政的手裡。但從此以後，和氏璧便從歷史記載中消失得無影無蹤了。

有一種說法認為：秦始皇得到和氏璧後，命玉工將宰相李斯書寫的「受命於天，既壽永昌」八個鳥蟲形篆字雕刻在和氏璧上，作皇帝的玉印。這樣，和氏璧就成了國璽，代代相傳。有人甚至還找到了用刻璽的邊角料所製作的玉塊。秦始皇死後，趙高利用和氏璧篡權。劉邦率兵攻

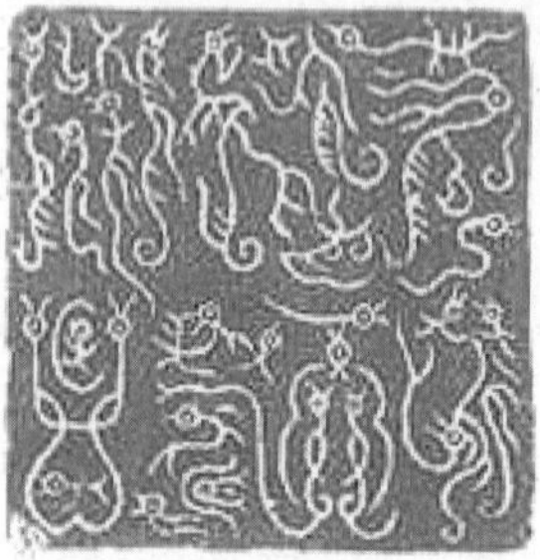

現存的「傳國玉璽」

乾隆三年（一七三八年）二月二十日，疏通河道的民夫在江蘇省寶應縣界首挖得一方玉璽。印文為「受命於天，既壽永昌」，江蘇河道總督高斌得到後，認為是漢代失傳的傳國玉璽，便進呈給乾隆皇帝。乾隆認為此璽是好事者仿刻，命人藏於別殿。後來清室善後委員會清點物品時在乾清宮西暖閣發現它，現藏故宮璽冊庫。

入咸陽時，國璽又落到了他的手中。劉邦建立漢朝後就把玉璽作為漢朝的國印，從此和氏璧成為了「傳國璽」，在劉邦之後，傳了九代皇帝。

西漢末年，王莽篡權。當時因小皇帝劉嬰年幼，傳國璽由皇太后代管。王莽讓弟弟到長樂宮去要玉璽，皇太后氣憤地把傳國璽摔到地上，罵道：「得這塊亡國璽，看你兄弟有什麼好下場！」傳國璽被摔缺了一角，後來王莽用黃金鑲補，但無濟於事，還是留下了缺痕。

但是，歷史文獻中關於秦國傳國玉璽來龍去脈的記載還比較詳細。《晉書．輿服志》、唐徐令信《玉璽譜》等記載「色綠如藍，溫潤而澤」，指明秦國傳國玉璽是用藍田玉製成的，因此用和氏璧製成傳國玉璽的說法是沒有根據的。

那麼，和氏璧到底流落到何處呢？目前有兩種推測：第一種推測認為和氏璧被作為隨葬品埋在了秦始皇陵墓內，並沒有流傳後世。如果這樣，將來有朝一日成功發掘秦始皇陵墓地宮，我們還有機會一睹和氏璧的風采。另一種推測認為和氏璧可能在秦末戰爭中丟失或者被項羽掠奪而去。秦末，項羽率兵進攻咸陽，焚燒秦宮殿，挖掘秦陵墓，掠奪寶物、美女，和氏璧可能就在其中。但隨後而來的楚漢戰爭中，項羽兵敗，又使和氏璧下落不明。玉璽或許藏在項羽的都城彭城（今江蘇省徐州市），或許遺落在項羽敗死的垓下（今安徽省靈璧縣）。

和氏璧是中國歷史上一件非常有名的無價之寶，在它流傳的幾百年間，多少人的命運、多少國家的命運都和它緊密地連繫起來，而它神祕地失蹤，又成為中國歷史上的一大懸案。

西施失蹤謎案

西施，名夷光，春秋戰國時期出生於越國薴羅村（今浙江省諸暨市薴蘿村）。因為天生麗質，貌美絕世，遠近聞名，所以人們不喊她的名姓，只把這位西村的施家姑娘，稱作西施。當時，吳王夫差為報殺父之仇，領兵打進越國，俘虜了越王勾踐，越王夫婦被押到吳國做奴隸。三年以後，吳王夫差放回了勾踐，勾踐回國以後，臥薪嘗膽，力圖報仇雪恥。「十年生聚，十年教訓」，他採用范蠡所獻美人計，把西施獻給吳王夫差。西施忍辱負重，以身許國，憑藉她的傾國傾城之貌和高超的琴棋歌舞之技，成為吳王最寵愛的妃子。從此吳王日日沉迷酒色，不理朝政，最後落得眾叛親離，為勾踐的東山再起起了掩護的作用。在她的內應下，勾踐終於滅吳復國。最後，吳王夫差拔劍自裁，結束了持續幾十年的吳越戰爭。西施榮歸故里，可是她回越以後又怎麼樣了呢？

對西施的結局，歷來也有不同的說法。第一種說法是：她隨范蠡歸隱於五湖。西施和范蠡本來是情侶，後來西施為了救國，兩人只能為國犧牲自己的愛情。待到西施功成歸國後，范蠡認為勾踐可以共患難而不可以共安樂，再待下去會有危險，建議西施隨他一起逃走，歸隱江湖，不知所終。因為有范蠡泛於江湖的傳說，或許是後人不忍這位絕代佳人落得悲慘的結局，就流傳出西施和范蠡歸隱五湖的美滿故事，以寄託對他們的同情。

這種說法似乎有一定的根據。根據歷史記載，勾踐這個人很有心計，早在他被吳國俘虜做人質之時，一次夫差生病，勾踐前往探病，竟口嘗了夫差的糞便。夫差很奇怪勾踐的這種做法，忙問其故，勾踐說：「臣聞嘗糞便之類，可知病情的發展：味甘則不佳，味苦則漸癒，今味苦，知大王之聖躬無礙也。」通過勾踐的這些話，可以看出他是一個心狠手黑、城府極深的人。范蠡輔佐勾踐幾十年，對勾踐算是看透了，所以等到越國滅吳復國之後，范蠡便退隱江湖，不失為一種明智的選擇。縱觀中國歷史上的許多統治者，功成以後就殺功臣，這似

肥城范蠡墓

乎是一個定律，所以勾踐也不會輕易地放過西施。

但是問題的關鍵在於，即使西施逃走，為什麼一定會跟范蠡一起逃走呢？唐朝的《吳地記》轉引東漢《越絕書》這樣記載：「吳之後，西施復歸范蠡，同泛五湖而去。」唐代詩人杜牧所作《杜秋娘詩》這樣寫道：「西子下姑蘇，一舸逐鴟夷。」（這裡的「鴟夷」代指范蠡，《史記．越王勾踐世家》有關於范蠡這樣的記載：「浮海出齊，變姓名，自謂鴟夷子皮。」）根據這些記載，明代的戲曲作家梁辰魚編成了頗具影響的《浣紗記》。他說：「范蠡和西施早已定情。吳亡後，立下了汗馬功勞的范蠡卻認為越王凶殘陰狠，可共患難，不可共富貴，於是急流勇退，在一個風清月白的夜晚，帶著西施，駕著一葉扁舟，泛五湖而去。」據說范蠡和西施歸隱五湖後，每天早上，西施對著青銅鏡梳妝，隨手將脂粉水倒入湖中，以致湖中螺呈五色。宋有張堯同詩云：「少伯曾居此，螺紋吐彩絲，一奩秋境好，猶可照西施。」清人朱彝尊也寫過這麼一首詩：「落花三月葬西施，寂寞城隅范蠡祠。水低盡傳螺五色，湖邊空掛網千絲。」說的也就是這件事。

然而今傳的《越絕書》卻並無「同泛五湖去」這段文字，另外幾段關於范蠡和西施歸隱江湖的記載都是根據唐朝版本的《越絕書》，這是歷史更迭的時間鏈中的佚文，還是唐朝人自己杜撰的美好愛情故事，我們就不得而知了。

第二種說法是西施被沉水而死。這種說法最早見於記載的是《墨子．親士》，記載說：

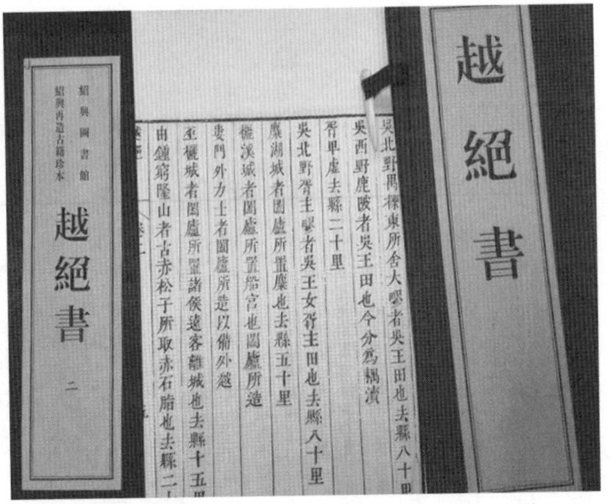

《越絕書》書影

《越絕書》是記載早期吳越歷史的重要典籍，它所記載的內容，以春秋末年至戰國初期吳、越爭霸的歷史事實為主幹，上溯夏禹，下迄兩漢，旁及諸侯列國，對這一時期吳越地區的政治、經濟、軍事、天文、地理、曆法、語言等多有所涉及。

「比干之殪，其抗也；孟賁之死，其勇也；西施之沉，其美也；吳起之裂，其事也。」（「沉」，古作「沈」）這句話把西施被沉於水中的原因解釋為是因為她的美麗。《修文殿御覽》轉引東漢趙曄所撰《吳越春秋》有關西施的記載說：「越浮西施於江，令隨鴟夷以終。」這裡的「浮」字也是「沉」的意思。「鴟夷」，就是皮囊。這句話的意思是：吳國滅亡後，越王把西施裝到皮囊裡沉到江裡去了。

馮夢龍的《東周列國志》和柏楊的《皇后之死》根據《吳越春秋》這段史實附會了如下情節：越王把西施擄回了越國，第一天晚上勾踐就叫她侍寢，說：「夫差能夠與妳同床共枕，我為什麼與妳不能？」越王妻子醋勁大發，妒而生恨，背著越王，把西施沉入水中，還說：「此乃禍水，豈可久留？」

同為苦命人的林黛玉也支持西施沉水的說法，她在《西施》詩中寫道：「一代傾城逐浪花，吳宮空自憶兒家。效顰莫笑東村女，頭白溪邊尚浣紗。」詩中後兩句的意思是：不要去笑東鄰那個效顰的醜女，她卻能平平安安地在溪邊浣紗直到白髮。這詩的主旨就是說，靚女命短，醜女長壽。絕色美女的生命之所以逐浪花而去，是因為往往被政治家用作「美人計」，成為男人爭權奪利的犧牲品。而在事情大功告成之時，也就是這些薄命女子的壽終之日了。

當然，還有人認為西施被沉水並非皇后所為，而是她的戀人范蠡。這種說法頗為殘酷，說吳國滅亡以後，越王因為西施的美貌想要將她留在身邊，但是范蠡堅決反對，他要越王吸取吳王教訓，不能被美色誘惑。他設下計策，派人用越王的車把西施騙到太湖，又把她騙上船，到湖心的時候把西施從船上推下，西施就溺死於太湖中了。這種說法是經不起推敲的，因為范蠡並非無情無義之人，既然他已決意離開越國，他對於自己的戀人還不至於下此毒手。

還有一種觀點認為，西施沉水是勾踐吃醋而為。《吳越春秋》記載，越王「乃使相者國中得薴蘿山鬻薪之女，曰西施、鄭旦，飾以羅縠，教以容步，習於土城，臨於都巷，三年學服而獻於吳」，西施在宮中三年學習期間，與范蠡之間深深埋下了愛情的種子。越王勾踐顯然也被西施的美貌打動，但他為了成就自己的偉業，只能將西施獻於吳王。為了使西施死心塌地替他完成使命，勾踐和范蠡約定，滅吳之後，將西施賜予范蠡，這樣不僅可成全二人的一番相戀，同時也穩住了西施的心，使之能身在吳宮，心存越國。但是滅吳之後，陰險的勾踐變了卦，他不會讓自己心愛的女人落到別人的手中，於是下令將西施沉江。

另外還有西施不慎落水而卒的說法。人們並不希望西施這位無辜的弱女子有個悲慘結局，於是找出初唐詩人宋之問《浣紗》一詩：「一朝還舊都，靚妝尋若耶；鳥驚入松網，魚畏沉荷花。」以此為依據，認為吳國滅亡後西施回到故鄉，在一次浣紗時，不慎落水而死。今天位於諸暨城南薴蘿山麓的西施故里，唐朝時就建有浣紗廟，西元一九八六年重修，建築群包括西施殿、鄭旦亭、古月臺等。浣紗江畔，有西施浣紗處，臨江岩石上有王羲之所書「浣紗」二字。唐朝詩人李商隱曾作《景陽井》絕句一首：「景陽宮井剩堪悲，不盡龍鸞誓死期；腸斷吳王宮外水，濁泥猶得葬西施。」另一詩人皮日休也有詩題《館娃宮懷古》共五首，第五首是：「響屧廊中金玉步，采蘋山上綺羅身；不知水葬今何處，溪月彎彎欲效顰。」從這兩首詩可以看出，唐代也流傳過西施被沉於水的說法，可是都沒有談到西施與范蠡有什麼關係。西施不慎落水而卒的說法似乎最理想，可是最缺乏證據，只是人們的一種猜測罷了。

顯然，這幾種說法儘管存在分歧，但是都認為西施被沉水中是可信的。現在在沿海的泥沙中有一種似人舌的貝類，大家都說這是西施的舌頭，所以稱牠為「西施舌」。二十世紀三〇年代著名作家郁達夫在福建時，亦稱讚長樂「西施舌」是閩菜中最佳的一種神品。

自古紅顏多薄命，西施本是農家女子，只是因為天生麗質，做了越王政治鬥爭中的工具，事成之後，「兔死狗烹」，也是情理之中的事。至於西施到底是隨范蠡歸隱五湖還是被沉江底，只能由後人自己評說了。

秦始皇生父懸案

秦始皇（前二五九年—前二一〇年），統一中國的秦王朝開國皇帝。史書記載，他有三個名字：一曰嬴政，他是秦莊襄王之子，「秦人嬴姓」，由於生於正月，故起名為正，古代通政，因此寫作政，所以追根而論為嬴政；二曰趙政，先秦時，有以出生地為姓的習俗。秦始皇在秦昭襄王四十八年（前二五九年）正月生於趙國首都邯鄲，故以趙為姓，稱趙政；三曰呂政，秦始皇又怎麼會姓呂？這就牽扯到了秦始皇的身世問題。

據《史記．呂不韋列傳》記載，嬴政的父親子楚在趙國做人質時，當時趙國的政治投機商人呂不韋鑽了秦國宮廷的空子。呂不韋先與一個能歌善舞的趙姬同居，知道趙姬有身孕後，讓趙姬去勾引秦太子子楚。不久子楚愛上趙姬，呂不韋便把趙姬獻給子楚。趙姬足月後生下嬴政，子楚於是立趙姬為夫人。後來子楚回國繼承王位，死後把王位傳給子政。這種說法被班固所接收，於是《漢書》直接稱嬴政為呂政。東漢高誘為《呂氏春秋》作注，他的序記載的情形跟司馬遷的記載基本一致：「不韋取邯鄲姬，已有身，楚見說之，遂獻其姬，至楚所，生男，名之曰正，楚立之為夫人。」唐司馬貞《史記索隱》這樣解釋：「呂政者，始皇名政，是呂不韋幸姬有娠，獻莊襄王而生始皇，故云呂政。」從兩漢到宋元時期，一直都信奉秦始皇為私生子之說，未有異議。

秦始皇果真是私生子？這是一個千古之謎，由於年代久遠，事實已無法查實。然而有人從動機上開始懷疑《史記》記錄的真實性，由於司馬遷因禍遭到殘酷的宮刑，在他的筆下，歷代酷吏、暴君多少被塗上不良的痕跡，所以也不能排除司馬遷在記錄秦始皇時，因反感而誇大其詞。

在明代，便有人開始對《史記》提出異議。明人湯聘尹以為，秦皇乃呂不韋之子是「戰國好事者為之」。清代學者梁玉繩也提出異議，認為《史記》是從傳聞得來，非從考實得來，並從行文剖析，以為司馬遷在記述中即有所保留。明朝的王世貞則更進一步，他在《讀書後記》提出兩條理由：一是呂不韋為使自己長保富貴，故意編造自己是秦始皇父親的故事；二是秦滅六國後，原六國的貴族或失去他們的食邑、或家破人亡，他們除了進行言論攻擊外別無辦法對秦朝進行報復，於是在極端的憤恨中他們散播對秦始皇身世的這一言論：「秦始皇是呂不韋的私生子。秦宗室的香火到了這裡也就熄滅了。六國雖亡，但秦國也同樣滅亡。」

郭沫若在《十批判書》中也懷疑呂不韋為秦始皇生父之事，他指出三個疑點：其一，僅見《史記》，而為《戰國策》所不載，沒有其他的旁證，這未免不讓人產生懷疑。《戰國策》是研究戰國時期的重要史料，而秦國是戰國時期重要的國家之一，為什麼對於呂不韋偷天換日、有關秦朝血脈的事情隻字不提，一直等到西漢時期的《史記》才來記載？

其二，關於秦始皇故事的情節與春申君和女環的故事如同一個刻板印出的文章，情節類似小說。春申君與女環的故事大致是這樣的：趙國有個人叫李園，他想把自己的妹妹環獻給楚王，但是聽說楚王不能生育，唯恐妹妹進宮由於沒有子嗣而得寵愛不長久。於是他跟妹妹商量，先將她獻給春申君，等到懷孕的時候再獻給楚王。事情果真如願，春申君果真使李園的妹妹懷上了孩子。事情至此也就到了關鍵時刻，這時李園的妹妹引誘春申君說：「今妾自知有身矣，而旁人莫知。妾之幸君未久，誠以君之重而進妾於楚王，王必幸妾。妾賴天而有男，則是君之子為王也，楚國封盡可得，孰與其臨不測之罪乎？」春申君被說服，遂將女環獻於楚王，生了個兒子，即後來的楚幽王。這段故事與呂不韋和趙姬的故事如此相似，郭沫若據其推斷，呂不韋和趙姬的故事可能流行於西漢初年呂后執政時期，是呂氏集團成員仿春申君和女環的故事編造的，目的是為呂氏稱制製造輿論。

其三，《史記．呂不韋列傳》記載秦始皇的母親是邯鄲的歌姬，但是記載子楚回到秦國時候又說「子楚夫人，趙豪家女也」，歌姬和豪家女，這二者之間的差距實在是太大，難以自圓其說。

但《史記》的歷史地位還是讓許多學者不肯輕易懷疑它記載事件的真實性，他們認為，明清學者以及郭沫若的論斷都只是對於史實的一種臆測，論據不足。司馬遷的記述雖然有矛盾之處，但以嚴謹、直筆而不是獵奇而著稱，所以他對於呂不韋和趙姬的記述不可能是空穴來風。

當代有的學者就對郭沫若的三點質疑，做了針鋒相對的批評，認為：第一，《史記》的記載有不少是《戰國策》沒有載過的，這正是《史記》流傳千古，受人稱頌的原因之一。沒有旁證，照樣能保持《史記》的真實性。例如：司馬遷的《史記》詳細地描述了夏朝的世系，然而司馬遷距商代已有千年之遙，以後也基本沒有實證。所以二十世紀之前許多學者尤其是西方學者對夏代的有無產生懷疑，但是二十世紀初發現的殷墟甲骨文獻，卻雄辯地證明了司馬遷記錄的高度準確性。第二，呂不韋和趙姬的故事與春申君和女環的故事類似，只能說明這種鬥爭手段，在當時是被不少政治上的風雲人物所運用的。第三，關於《史記》記載矛盾的地方，其實並不矛盾，二者還是有相通之處。假如子楚果真看上了呂不韋的小妾，這無疑給呂不韋提供了另外一個機會，因為一旦子楚回國即位，他和歌姬肚子裡的孩子就有可能成為皇帝，這一想法符合呂不韋的野心。呂不韋是一個冷靜的人，他善於處理各方面的關係，也知道如何利用這種關係。他能想到異人看上了歌姬，也就想到歌姬肚子裡的孩子能夠有承國的希望，所以他會盡一切能力掩飾歌姬的真實身分，為歌姬營造一個良好的家庭背景，所以才會出現《史記》記載的「趙豪家女也」。另外，根據常理分析，當時的子楚做為一名王孫，娶妻納妾總要有一定的排場，否則又怎能名譽盛於諸侯？這也會要求歌姬有一定背景，所以就出現了稱謂前後矛盾的地方。

且不論《史記》也好，《戰國策》也好，都記載了秦王政當上皇帝之後，呂不韋與太后私通之事。如果呂不韋以前和太后沒有任何關係的話，呂不韋必然會愛惜自己的政治生命，不會去和太后私通。只有呂不韋有所依仗（包括呂不韋認為秦王政就是自己兒子），或者和太后早有私情，才會冒險與太后私通的，否則，一個後院美女如雲的丞相，如不是有什麼隱情，冒著生命危險與太后私通，讓人難以理解。

轉眼間，兩千多年過去了，有關秦始皇身世的爭論仍未取得一致看法。但不論趙姬是否是有娠而嫁，還是嬴政真為皇室血脈，這些議論均無法掩映他在中國歷史上的重要地位及作用。也許正是由於秦始皇的雄才大略和撲朔迷離的身世，才使得許多電視劇一部接一部地戲說下去。

秦始皇是怎麼死的

始皇三十七年（前二一〇年），被稱為「千古一帝」的秦始皇死於他第五次東巡的途中。或許秦始皇註定是一名歷史上爭議頗多的人物，他的死如他的身世以及雄才大略，同樣引起了後人的爭議。

目前史學界有兩種截然不同的觀點：一說死於疾病，一說死於非命。

持第一種觀點的人認為，關於秦始皇之死，《史記》記述很多，分別見於〈秦始皇本紀〉、〈李斯列傳〉、〈蒙恬列傳〉等處，死因已明，無可置疑。西元前二一八年，秦始皇東巡時遭人行刺，身後的一輛副車被刺客用重鎚砸得粉碎。隨後，又發現了刻有「始皇帝死而地分」的隕石和出言「今年祖龍死」的「仙人」。秦始皇很迷信，這些現象使他感到恐懼不安。為了消災避難，尋找長生不老藥，秦始皇聽從了一名相卜者的建議，準備第五次巡遊。然而由於一路勞頓，秦始皇到平原津（今山東省平原縣附近）就病倒了。趙高奉命寫遺書，給受命監軍河套的秦始皇長子扶蘇：「與喪命咸陽而葬。」信還未發出，秦始皇就死在沙丘行宮（今河北省邢台市廣宗縣附近）。

據《史記》記載，秦始皇自幼有疾，所以體質較弱。他為人又剛愎自用，事無巨細都要親自裁決；每日批閱文書一百二十斤，工作極度勞累；加以巡遊中七月高溫，以上諸因素促使他在途中病發身亡。至於他死於何病，有人認為他死於癲癇。癲癇發作一般分四個時期：起初頭暈、胃部不適，繼而突然意識喪失、膈肌痙攣、面色青紫、瞳孔散大、呼吸暫停，然後全身肌肉抽動、口吐白沫，最後數十分鐘才能清醒。郭沫若根據《史記．秦始皇本紀》記載：「秦王為人蜂准[1]，長目，鷙鳥膺，豺聲，少恩而虎狼心……」推測秦始皇幼時患有軟骨症，又時常有支氣管炎，所以他長大後胸部和鷙鳥一樣，聲音似豺狼。加上後來政務繁重，又引發腦膜炎和癲癇等病症。南巡時秦始皇渡黃河，癲癇病發作，後腦殼撞在青銅冰鑒上，

秦始皇陵

秦始皇陵位於陝西省西安市驪山北麓，它南依驪山的層巒疊嶂之中，山林蔥郁；北鄰逶迤曲轉、似銀蛇橫臥的渭水之濱。陵墓規模宏大，氣勢雄偉。陵園總面積為 56.25 平方公里，陵上封土原高約 115 公尺，現仍高達 76 公尺。陵園內有內外兩重城垣，內城周長 3840 公尺，外城周長 6210 公尺。內外城郭有高約 8 ～ 10 公尺的城牆，今尚殘留遺址。墓葬區在南，寢殿和便殿建築群在北。

加重了腦膜炎的病情，人處於昏迷狀態。當車趕到沙丘後第二天，趙高、李斯發覺秦始皇早已死去多時。

持第二種觀點的人從幾篇有關秦始皇死亡情況的史書推敲，發現了可疑之處。趙高是一名宦官，他的父母都是秦國的罪人，他的父親受秦宮刑，母親是一名官奴婢。趙母在秦宮中生下趙高兄弟幾人，都是生而為奴。後來秦始皇聽說趙高身強力壯，懂點「獄法」，提拔他為中車府令。趙高在秦始皇病重和死後的種種表現，使人不得不懷疑秦始皇的死與趙高有關。這次出遊隨從人員主要有趙高、李斯、公子胡亥等人，上卿蒙毅也在隨行之列。蒙毅是蒙恬的親弟弟，扶蘇的親信，可是當秦始皇在途中病重時，蒙毅被遣返回邊關。從突然的人事變動來看，這似乎是趙高等人的計謀。因為蒙恬領兵三十萬隨公子扶蘇駐防上郡，從秦始皇的身邊遣走蒙毅，也就是去掉了扶蘇的耳目；加之趙高曾被蒙毅治罪而判死刑，後因秦始皇赦免，趙高才恢復官爵，趙高從此對蒙毅恨之入骨，發誓要滅掉蒙氏一族。趙高在秦始皇病重時遣走蒙毅，也為自己後來計謀的實施清掉了一塊絆腳石。

秦始皇死後，趙高採取了說服胡亥威脅李斯的手法，三人經過一番密謀，假造秦始皇發布詔書，由胡亥繼承皇位。同時，還以秦始皇的名義指責扶蘇為子不孝、蒙恬為臣不忠，讓他們自殺，不得違抗。在得到扶蘇自殺的確切消息後，胡亥、趙高、李斯這才命令車隊日夜兼程，

1 蜂准：鼻梁高隆。

迅速返回咸陽。為了繼續欺騙臣民，車隊不敢捷徑回咸陽，而是擺出繼續出巡的架式，繞道回咸陽。由於暑天高溫，秦始皇的屍體已經腐爛發臭，為掩人耳目，胡亥一行命人買了許多魚裝在車上，迷惑大家。到了咸陽後，胡亥繼位，是為秦二世，趙高任郎中令，李斯依舊做丞相，但是朝廷的大權實際上落到了趙高手中。趙高陰謀得逞以後，開始對身邊的人下毒手，他布下陷阱，把李斯逐步逼上死路。李斯發覺趙高陰謀後，就上書告發趙高，但秦二世胡亥不僅偏袒趙高，還將李斯治罪。最後李斯被腰斬於咸陽，趙高升任丞相，由於他是宦者，可以出入宮禁，特稱「中丞相」。

趙高的最終目的是要做皇帝，而他不能支配活的秦始皇，所以秦始皇在第五次出巡途中病重，對他來說是天賜良機，只有在秦始皇死後，他才能假傳遺詔，一步一步實施他的計謀。秦始皇是病死還是被害，目前尚無定論，如果是被害，趙高又是如何致秦始皇於死地呢？

郭沫若曾寫過一篇歷史小說《秦始皇之死》，裡面這樣描述秦始皇死時的症狀：右耳流黑血，右耳孔內有一根寸長的鐵釘。郭沫若認為這是胡亥害怕夜長夢多，擔心趙高、李斯發生動搖而下的毒手，這事李斯和趙高事先也不知道。實際上趙高進行謀害的可能性比胡亥大，因為詔書、玉璽都在趙高手中，繼承王位的決定權也掌握在他與李斯手中。而胡亥即使弒父，如果得不到趙高和李斯的配合，不僅得不到王位，反而有殺身之禍。而趙高常隨侍在皇帝左右，趁機行事不露痕跡，所以比胡亥方便得多。

然而趙高為什麼要謀害秦始皇？主要原因就是趙高唯恐扶蘇繼承王位。趙高曾對李斯講：「長子（即扶蘇）剛毅而武勇，信人而奮士，即必用蒙恬為丞相。」如前所述，由於趙高對蒙恬、蒙毅恨之入骨，他不希望蒙氏受尊崇，所以必須阻止扶蘇即帝位。但是秦始皇寵愛長子扶蘇，只有伺機殺掉秦始皇，才可擁詔立十八子胡亥。秦始皇平時居於深宮，戒備森嚴，趙高根本無法下手，現在他在旅途中病倒，這真是天賜良機，正如趙高勸胡亥時所說：「狐疑猶豫，後必有悔，斷而敢行，鬼神避之，後有成功。」所以他果敢地對重病中的秦始皇下毒手，提前結束其生命，這完全是有可能的。

那麼，趙高是否敢冒著弒君的罪名，去做這風險極大的勾當呢？事實上，趙高的言行已作出了最好的解釋，他對胡亥說：「臣聞湯武殺其主，在下稱義焉，不為不忠。衛君殺其父，而衛國載其往，孔子著之，不為不孝。」趙高不僅有以上的弒君議論，後來還有弒君的公開行動，當秦二世拜趙高為中丞相後不久，大澤鄉陳勝、吳廣揭竿而起，燃起農民鬥爭之火，這時，趙高認為天下已亂，準備篡位稱帝。可朝中大臣有多少人能聽他擺布，有多少人反對他，他心中沒底。於是他導演出一齣「指鹿為馬」的鬧劇，準備試一試自己的威信，同時也可以摸清敢於反對他的人。

後來，趙高認為直言為鹿的都是反對他的人，便將他們一一暗害，而對那些在事實面前表示沉默的人，特別是對那些存心說假話而巧於阿諛奉承的小丑，則成了趙高網羅的對象。趙高摸清了底細，不久便派他的女婿咸陽令閻樂率士兵千餘人，喬裝謊稱為盜，闖入望夷宮，逼胡亥自殺，胡亥苦苦求免，閻樂驕橫地說：「臣受命於丞相，為天下誅足下。」胡亥無奈，只好自殺身亡。事後，趙高把玉璽佩在自己身上，欲自立為帝，可是群臣一致反對，他無可奈何，只好立胡亥的姪子子嬰為王。從這般逼宮的行徑就可以看出，趙高這種心狠手辣的人，弒君並不為怪。

這種觀點認為秦始皇之死，實質上是一場宮廷政變，而這場政變的導演是趙高，扶蘇、蒙恬、蒙毅、李斯、胡亥等人是被他支配的犧牲品。至於趙高怎樣使秦始皇身亡，這正是歷史上的缺頁。

是病故還是被害？這兩種觀點至今尚無定論，不過，人們對解開此謎充滿信心。據考察，秦始皇陵沒受破壞，秦始皇可能遺體尚在，而且墓中大量的水銀形成的水銀蒸氣對遺體有冷凝防腐的作用。待秦始皇陵發掘之時，秦始皇死亡之謎自然就可以真相大白了。

秦始皇坑儒之謎

秦始皇統一六國以後，採取了一系列措施加強中央集權。在完成政治上許多舉措之後，秦始皇開始了精神上的控制。西元前二一三年，秦始皇在咸陽宮為儒生大擺酒宴，在宴會上，眾多儒生圍繞著是否實行分封制，發生了激烈的爭論。王綰、博士生淳于越等人主張實行分封，而丞相李斯等贊同實行郡縣制，並指責淳于越等「不師今而學古」、「道古以害今」。最後秦始皇支持李斯的觀點，並採用李斯的「焚書」建議，下令除秦紀（秦國史書）、醫藥、卜筮、農書以及國家博士所藏《詩》、《書》、百家語之外，凡列國史籍、私人所藏的儒家作品、諸子百家著作和其他典籍，統統焚毀。同時，禁止談及《詩》、《書》和「以古非今」，違者定當嚴懲乃至判死罪。

秦始皇稱帝以後，力求長生不老，先後派徐福、侯生、盧生等人尋求仙藥。侯生與盧生當初是秦始皇身邊的方士，長期為秦始皇求仙人和仙藥，卻始終沒有找到。依照秦朝法律，求不到仙藥就會被處死。於是，侯生、盧生悄悄地遠走他鄉，這使秦始皇十分惱怒，便下令對所有在咸陽的方士進行審查訊問，欲查出侯生、盧生兩人下落。秦始皇最後把圈定的四百六十餘人，都在咸陽挖坑活埋。

這就是秦始皇的焚書坑儒，是一段非常殘酷的歷史，史籍對此多有記載，歷史學家也多有論述。但是各類書籍只對焚書作了詳細記載，對坑儒一事則顯得十分籠統。並且在坑儒的問題上，還出現了分歧：對於坑儒的次數，有的說只有一次，有的說有過兩次坑儒；對於坑儒的數量，一說坑了四百六十餘個，一說坑了一千六百餘人。更有甚者，說秦始皇只焚書，沒有坑儒。

秦坑儒谷

秦坑儒谷位於陝西省驪山，《史記．秦始皇本紀》云：「始皇三十五年（前二一二年），書生議政有犯禁者四百六十餘，皆坑於咸陽。」據《漢書．儒林傳》顏師古注：「今新豐縣溫湯之處號愍儒鄉，溫湯西南三里有馬谷，谷之西岸有坑，古老相傳以為秦坑儒處也。」唐玄宗時，建旌儒廟於此，命中書舍人賈至撰文勒石影祭先賢，西元一九七〇年於此遺跡中，發掘出古唐刻儒生像一尊，現存陝西臨潼博物館。

在秦朝的歷史上到底是否有過坑儒事件？如果有這一事件，那麼究竟是幾次？秦始皇到底坑過多少個儒生？這一系列問題，至今仍眾說紛紜，莫衷一是。

爭議之一，秦始皇是否坑過儒？焚書坑儒一直被人們引為秦始皇尊法反儒的重要證據。然而，有的學者認為，所謂秦始皇坑儒實是坑方士之訛。持論者主要從以下兩個方面進行了論證。

第一，史籍中對此事件所提及的具體人物為侯、盧二生，以及韓眾、徐市等四人，《史記》載明他們的活動僅限於訪仙和求仙藥，四人皆為神仙學派的方士。他們為秦始皇求仙，求不死藥也純粹是方士活動，後來沒有成功，秦始皇感到上當受騙，發怒殺了這些人。這與後世君主肆意殺人的性質一致，只不過這次株連面過寬，冤假錯案太多，所以才引起了人們的注意。侯、盧二生指責秦始皇無道，與儒家觀點類似，但是這與儒家的政治主張或學派觀點無關。司馬遷記錄焚書坑儒事件，用的是方士或方術士，明確指出是神仙學派之士。漢初大儒如賈誼、董仲舒等對秦政多有評論，屢屢譴責焚書，但也從未論及坑儒之事。漢朝離秦朝時間之近，以賈、董之博學，焚書坑儒的事情應當知曉，假如秦始皇所坑確實是儒，尊儒的賈誼、董仲舒等絕無不議之理。據此可以判斷，坑方士之說，才是更接近歷史的真實情況。只是到了東漢以後，時間距秦已遠，「劇秦」之社會輿論、儒家獨尊之地位、加以「今文學派」虛指浮誇甚至作偽之學風日盛，提供了炮製秦始皇坑儒這一情節的土壤。班固用術士一詞，其詞義就更加廣泛，他在《漢書．儒林傳》中寫道：「及至秦始皇兼天下，燔《詩》、《書》，殺術士，六學從此缺矣。」

從這段話可以看出，他所謂的術士已有隱指儒生之意，於是就被後人附會為焚書坑儒。

第二，對被殺者所定罪名是「誹謗」皇帝，而並非因信仰或傳播儒家學說。也就是說，引起秦始皇憤怒的並不是某一派的政治主張或某一學派的議論，而是方士們從他那裡騙得「費以巨萬計」的賞賜，可是「終不得有藥」。反而卻作誹謗之言，最後一個個逃跑了。皇帝上當受騙，於是懲處他們，這就是坑儒為坑方士的直接原因。所謂坑儒，實際是皇帝個人報復的恣意行為，並不是秦王朝的政策。秦始皇一怒之下，共殺所聘之「文學、方術士」四百六十餘人。因此，即便四百六十餘人中確有儒生之流，但秦始皇並非因信仰或傳播儒家學說而定罪殺人，所以不能稱為坑儒。而且，據《史記．秦始皇本紀》所記始皇三十四年（前二一三年）焚書，所焚者為民間私藏之「百家語」，而非針對儒家。

根據以上兩點，不能說被殺的四百六十餘人中沒有儒生而全是方士，但由其代表人物為侯、盧二生可推知，被殺者的主體應是方士，其被殺的原因更與儒家的政治主張或學派觀點無關。因此，不能說秦始皇是坑儒，只能說是坑方士。但是，關於焚書坑儒，占主導的觀點還是贊同傳統的說法，即秦始皇坑的是儒，而非僅僅是方士。只是在坑儒的次數上，頗有爭論。

爭議之二，秦始皇坑儒次數以及人數。對於這一問題，《史記》、《資治通鑒》、《藏書》以及現代的《中國通史簡編》，都說始皇坑儒僅有一次，即西元前二一二年的那一次。歷史學家翦伯贊主編的《中國史綱要》也認同這一觀點，書中這樣寫道：「第二年（前二一二年）又發生了坑儒事件。起因是有些書生對始皇不滿，說他『專任刑律』、『樂刑殺為威』等等，秦始皇以為他們『或為妖言，以亂黔首』，就把他們逮捕，嚴刑拷問。先後逮捕了四百六十多名儒生，最後全部在咸陽坑殺。」但也有一些材料記載：秦始皇起碼坑了兩次儒。第一次是在咸陽坑儒四百六十餘人，這是公開坑殺。其目的是想「殺雞駭猴」，「使天下知之」，以儆效尤。第二次規模更大，一下坑了七百餘人，不過採取的是祕密暗害的手段，方法也更為「巧妙」和殘忍。東漢衛宏在《詔定古文尚書序》中記載，秦始皇在驪山溫谷挖坑種瓜，以冬季瓜熟的奇異現象為由，誘惑博士諸生集於驪山觀看。當眾儒生爭論不休、各抒己見時，秦始皇趁機下令祕密填土埋殺，七百多名儒生全部被活埋在山谷裡，外人不得而知，一直隱瞞了二百餘年之久。後來唐朝張守節編寫《史記正義》時，將這段史料編入了史書，唐朝顏師古注《漢書．儒林傳》也引用了這段故事。

有人認為，既然載入了《史記．儒林傳》、《史記正義》，秦始皇驪山坑儒應當是事實，只不過因為手段祕密，當時人知之者甚少，極少數知情者又不敢公開罷了。不過，也有人雖不否認驪山坑儒的史實，但卻認為秦始皇坑儒只是一次，主張咸陽坑儒和驪山坑儒是一件事的兩次不同記載。不過，這種說法的支持者不多，因為這兩次坑儒的差異太大：一次是在咸陽公開坑殺，另一次是在驪山溫谷祕密坑埋；前一次是四百六十餘人，後一次是七百餘人。尤其需要指出的是，首次記述秦始皇第二次坑儒的衛宏是一名治學態度相當嚴謹的學者，他的著作都是經過長期的深入採訪、研究、整理才寫出的，學術價值很高。加之東漢光武帝比較開明，重視學術研究，所以衛宏揭露的秦始皇第二次坑儒真實度很高。

這一說法得到了不少人的認同。元代史學家在《文獻通考》卷四十《學校考》記載：「始皇使御史案問諸生，轉相告引，至殺四百六十餘人。又令冬種瓜驪山，實生，令博士諸生就視，為伏機，殺七百人。」《太平御覽》所引《古今奇字》記述也同意這一說法：「秦始皇密令人種瓜於驪山溫谷處，瓜實成，使人上書曰：瓜冬有實。詔下博士諸生說之，人人各異。則皆使往視之，而為伏機，諸儒生皆至，方相難不決，因發機，從上而填之以土，皆壓死。」

有人據此認為，秦始皇坑儒不止發生一次，並且進一步指出秦始皇第二次坑儒的原因：因為第一次只坑殺了在京都的四百六十餘博士、諸生，廣大儒生還散布在全國各地，更加強烈地繼續反對秦始皇的暴政，就連秦始皇的長子扶蘇也說：「天下初定，遠方黔首來集，諸生皆誦法孔子，今上皆重法繩之，臣恐天下不安，唯上察之。」這種說法也有一定的道理，有其當時的歷史背景。所以秦始皇坑儒到底幾次，多少人，至今沒有統一的答案。

其實，四百六十人也好，七百人也好，焚書坑儒（即使所坑是方士）屬於一種極端殘忍的野蠻行為，秦始皇也因坑儒之舉背上千古罵名。然而，直到今天，秦始皇究竟有沒有坑儒以及數量等謎團還是有待解開。

◆◆◆韓非為何被殺◆◆◆

韓非（約前二八一年—前二三三年）是戰國後期重要的思想家，「喜刑名法術之學」，後世稱他為韓非子，和李斯都是荀子的弟子。當時的韓國很弱，常受鄰國的欺凌，他多次向韓王提出富強的計策，但未被韓王採納。韓非寫了《孤憤》、《五蠹》等一系列文章，這些作品後來集為《韓非子》一書。秦王嬴政讀了韓非的文章，極為讚賞，他對左右說：「寡人得見此人與之遊，死不恨矣。」大有相見恨晚之意。但是韓非到秦國之後，並沒有如秦王所言那樣，反而被投進牢獄，不久就被處死。有關他的死因，從西漢起就有不同的說法，至今學術界仍無定論。

一種意見認為，韓非死於李斯的嫉賢妒能。據《史記．老子韓非列傳》記載：韓非出身於韓國貴族世家，曾與後來在秦國飛黃騰達的李斯同為荀況的學生。他不善言談，但很會寫文章，連李斯也自認不如他。韓非曾上書韓王實行變法，但他的建議未被採納，只得退而著書立說，以闡明其思想。他的著作傳到秦國，秦王讀後大為欽佩，於是秦王下令攻韓國，韓王便派韓非出使秦國。秦王得到韓非後很高興，這使李斯非常嫉妒，害怕自己的地位被韓非所取代，於是夥同大臣姚賈，在秦王面前說韓非壞話，伺機將他置於死地。韓非因而被關進監獄，不久在獄中服毒自殺，而送給他毒藥的就是李斯。《史記・老莊申韓列傳》對此也有記載：「李斯、姚賈害之，毀之曰：『韓非，韓之諸公子也。今王欲並諸侯，非終為韓不為秦，此人之情也。今王不用，久留而歸之，此自遺患也，不如以過法誅之。』秦王以為然，下吏治非。李斯使人遺非藥，使自殺。韓非欲自陳，不得見。秦王後悔之，使人赦之，非已死矣。」此外《史記・秦始皇本紀》也記載：「韓非使秦，秦用李斯謀，留非，非死雲陽。」根據司馬遷的意思，韓非是死於李斯的嫉妒陷害。

有的學者認為上述意見不能成立，因為《史記》中的記載，不僅歪曲了歷史的本來面目，也使李斯等人蒙上了不白之冤。他們的理由是，當秦王讀到韓非的文章後，認為「得見此人與之遊，死不恨矣」時，向他推薦韓非的正是他的同門李斯，如果李斯有妒賢嫉能之心，又何必多此一舉？另外，韓非被囚禁進而被殺，不是在秦王重用他時，而是在還未信用的情況下發生的，根據當時的情形，韓非並未對李斯構成任何威脅，根本談不上什麼嫉妒的。李斯在秦二世繼位之後，甚至被投放監獄的時候，還多次引用「韓非之言」，勸二世實行韓非之術，這足以證明李斯對韓非一直是敬重的，故暗害之說無從談起。

還有一種意見認為：韓非之死固然與李斯、姚賈有關，但關鍵因素在於秦王的多疑。秦王為人「少恩而虎狼心」，他對韓非學說的傾倒，並不能消除他對韓非的不信任。韓非使秦是韓國弱秦計畫的一個重要步驟，他的到來是為存韓之目的，因而處處站在韓國的立場上考慮問題。秦王對他的到來疑慮很多，於是下了毒手。如果秦王沒有殺韓的打算，李斯是不敢輕舉妄動的。首先，韓王曾找韓非詳細商量過對付並削弱秦國的問題，正當秦國派兵攻打韓國的時候，韓王把韓非派來秦國，難免引起秦王的懷疑。其次，《史記》雖然記載了韓非死後秦王很後悔，但是他既沒有為韓非平反，也沒有追究李斯、姚賈二人的誣陷罪，可以推測出當初殺韓非的確是出自秦王的本意。

也有人不同意這一觀點，他們認為秦王對韓非的著作一直賞識至極，為了得到韓非其人，可謂絞盡腦汁，甚至不惜調動千軍萬馬發動戰爭，這才使韓國被迫交出韓非，秦王得到了自己想要的人才，他還不至於「葉公好龍」，當韓非真的來到他身邊的時候，忽然心生猜忌，不僅不重用他，還將他置於死地。

《韓非子》書影

《韓非子》是戰國末期韓國法家集大成者韓非的著作。《韓非子》一書，主要宣揚韓非的法、術、勢相結合的法治理論，達到了先秦法家理論的最高峰，為秦統一六國提供了理論武器，同時也為以後的封建專制制度提供了理論根據。

第三種意見認為，韓非的死因與當時秦韓兩國的政治鬥爭有關。韓非咎由自取，百般阻撓秦國的統一大業，具體表現為：第一，遊說秦王進攻趙國。戰國後期，秦國勢力強盛，擴張勢頭很猛，韓國首當其衝，對此「韓王患之，與韓非謀弱秦」。韓國的「弱秦」計畫，開始是派水工鄭國到秦遊說，抓住秦王好大喜功這一點，用興修水利的計策來消耗秦之國力，但此事不久即敗露，並且修建的「鄭國渠」不僅沒有「弱秦」，反而使秦更趨富強。在不得已的情況下，韓非親自出使秦國，到達秦國後，立即拋出上秦王書，旨在破壞李斯的計畫，企圖把秦軍引向趙國，從而達到「存韓」的目的。第二，破壞秦之君臣關係。這一點西漢劉向在《戰國策・秦策》中有所提及：楚、燕、趙等國想聯合起來對付秦國，秦王招大臣商議，姚賈自願出使四國，姚賈的出使制止了四國的聯合行動，回秦後得到重賞。然而韓非對此頗為不滿，就到秦王面前說姚賈的壞話。開始時攻擊姚賈用秦國財寶賄賂四國君王，「以王之權，國之宜，外自交於諸侯」；接著對姚賈進行人身攻擊，說他是「梁之大盜，趙之逐臣」，認為重賞這種人是不利於「厲群臣」的。秦王召姚賈質問，姚賈對答如流。堅持以財寶賄賂四君是為秦國利益考慮，如果是「自交」，又何必回秦國；對自己的出身他也毫不隱諱，並列舉姜太公、管仲、百里奚等人為例，說明一個人的出身低賤和名聲不好並不礙於效忠「明主」。他勸秦王不要聽信讒言，於是秦王信任姚賈而殺了韓非，從這裡看，韓非似乎咎由自取，妒忌別人而終害自己。

持相反意見的論者指出這一觀點的缺陷。第一，《戰國策》這部書相當龐雜，雖然經過劉向校錄，但是仍然錯誤百出。而司馬遷對於史料的鑒別相當認真和慎重，他在《史記》中採用了《戰國策》的材料十幾處，但是唯獨沒用《秦策》「四國合一」的內容，可見這一段的真實性值得懷疑。第二，韓非「為人口吃，不能說道」，在韓國時，他只是「數以書諫韓王」，為何到了秦國後能一反常態，在秦王面前唇槍舌戰起來？所以這種韓非之死是咎由自取的觀點並不可靠。

還有幾種觀點比較有新意，但都屬於一家之言，沒有史學根據。一種觀點認為韓非之死是與李斯爭權奪利失敗所致。這種觀點認為人們總把韓非視為愛國者，為「存韓」而死，實際上並不然。韓非和李斯都是戰國時代的縱橫遊說之士，換一種說法就是政客。韓非到秦國去是與李斯爭權奪利，要說嫉妒之心兩人都有，兩人鉤心鬥角的結局則是李勝韓敗罷了。

另一種觀點認為韓非之死是文人的性格所致。這種觀點上升到了很高的理論高度，認為知識分子最大的毛病在於不忘政治，在文章中每一句話甚至每一個字都有政治上的微言大義。搞政治時與寫文章混為一談，只會引經據典作長篇大論或者上萬言書，對現實中的人性、利害關係與權力結構一無所知。韓非在自己的文章中宣稱按照某一標準或某種法令某人該殺某人該流放，其實只是書生意氣，並沒有針對具體的人。但是言者無意，聽者有心，韓非這樣說難免會被某些人理解成為採取某些行動的先兆。而秦王做為一名政治家，他對韓非學說的傾倒，並不能消除對韓非的不信任。他需要的是能實現他統治野心的工具，不能充當這種工具的人，不論學問多好，也沒有存在的價值。所以韓非之死，為中國封建歷史上文人從政的悲哀。

第三種觀點認為，韓非的死是由於沒有遵守說客的道義。揚雄《法言》中這麼認為，韓非的死是因為「說不由道」。這裡的「道」，有天道、禮義、仁德等含義。韓非遊說秦王，他的指導思想是與「道」相背離的。做為說客，韓非知道說服他人服從自己的意願是件很難辦的事情，所以，他為了達到自己的目的便不擇手段：為秦國謀劃，不惜出賣、滅亡自己的祖國。最終，他背叛了做為說客的準則，導致了自己的人生悲劇，並為史家所不齒。司馬光評論韓非之死時說：「臣聞君子親其親認及人之親，愛其國以及人之國，是以功大名美而享有百福也。今非為秦畫謀，而首欲覆其宗國，以售其言，罪固不容於死矣，烏足湣哉！」

總之，對於韓非之死，歷來爭議頗大。或許，真實的歷史總是被隱藏在各種各樣被裁減過的文字裡，也許我們永遠都無法知道真相，韓非之死，也就成為千古懸案了。

徐福東渡之謎

徐福東渡一事，最早出現於司馬遷的《史記》。據《史記・秦始皇本紀》記載：秦始皇二十八年（前二一九年），「齊人徐福等上書，言海中有三神山，名曰蓬萊、方丈、瀛洲，仙人居之。請得齋戒，與童男女求之，於是遣徐福發童男女數千人，入海求仙人。」秦始皇三十七年（前二一〇年），徐福再次求見秦始皇。因為九年前第一次入海求仙藥，花費了巨額錢財未果，這時徐福謊稱由於大魚阻攔未能成功，於是請求配備強弩射手再次出海，秦始皇便相信了徐福的謊言。徐福第二次出海，率「童男童女三千人」和「百工」，攜帶「五穀種子」，乘船泛海東渡，成為迄今有史記載的東渡第一人。對於徐福東渡，《史記・淮南衡山列傳》也有記載：「（秦始皇）遣振男女三千人，資之五穀種種百工而行。徐福得平原廣澤，止王不來。」

徐福東渡把秦代文明傳入日本，促進了日本社會質的飛躍，徐福因此在日本被尊為農耕神、蠶桑神和醫藥神，日本紀念徐福的祭祀活動歷千年而不衰。但是，自從司馬遷在《史記》中第一次記載徐福東渡活動以來，也把與徐福有關的疑謎留給了後人。

疑團之一：徐福東渡是否到達日本？關於徐福目的地的問題，學術界大多數學者認為，徐福東渡確實到了日本，甚至有人提出，徐福到日本後建立了日本王朝，徐福就是神武天皇；也有學者對此一說法提出質疑，認為他是到了海南島或者是朝鮮，還有人提出到了美洲。

據《史記・淮南衡山列傳》中的記載：「徐福得平原廣澤，止王不來。」可以推測徐福登陸地是一平原。日本是一個由三千多個小島組成的島國，本州、九州、四國與北海道是其中四個大島，總面積達到三十七萬八千平方公里，全國有百分之二十四的面積為平原，較大的平原有關東平原、濃尾平原、畿內平原等。除日本列島外，其他島嶼沒有「平原廣澤」的地理特徵。

另外，徐福東渡日本，在後世的史書資料中也有記載。在《三國志・吳書・吳主傳》中也有記載：「長老傳言秦始皇遣方士徐福將童男女數千人入海，求蓬萊神山及仙藥，止此洲不還。」《後漢書》中，把徐福入海求仙事件附在倭國之後。五代時期義楚和尚所寫《義楚六帖》中提到：「日本亦名倭國，在東海中，秦時，徐福將五百童男，五百童女止此國。」在日本學術界，也有不少史料記述徐福到日本的情況，有《神皇正統記》、《林羅山文集》、《異稱日本傳》、《同文通考》等文獻。松下見林在《異稱日本傳》中說：「夷洲、澶洲皆日本。相傳紀伊國熊野之山下有徐福墓。熊野新宮東南有蓬萊山，山前有徐福祠。」新井君美在《同文通考》中說：「今熊野附近有地曰秦住，土人相傳為徐福居住之舊地。由此七八里有徐福祠。其間古墳參差，相傳為其家臣之塚。如斯舊跡今猶相傳，且又有秦姓諸氏，則秦人之來往乃必然之事。」和歌山新宮町《秦徐福碑文》這樣描述：「今東海可當蓬萊者，無可舍皇國他求，則謂日本國，得其實也必矣。」

然而，有些學者認為，徐福東渡日本只是傳說。日本古文獻中載有徐福傳說者以《神皇正統記》（一三三九年）為最早，其他大約是十七八世紀的記載，因此他們推斷是受了宋、元以來中國文獻的影響。在隋唐時期，日本與中國交往極為頻繁，但在文獻之中卻罕見「徐福」二字。又有學者認為，徐福東渡是歷史事實，但不是去了日本，而是美洲，因為徐福東渡的時間與美洲瑪雅文明的興起相吻合。前上海暨南大學教授、南京古物保存所所長衛聚賢在《中國人發現美洲》考證，美洲特產的四十多種動植物礦產為先秦人民所知。衛聚賢認為哥倫布在發現美洲之前，已有多位中國人到過美洲，故徐福後來東渡美洲是很有可能的。吳人《外國圖》指出「亶洲去瑯琊萬里」，根據距離分析根本不是日本，而是美洲。最早記述倭國的《後漢書》是把亶洲與日本區別開來的，因為「亶」字有大島的含義，美洲大陸像「亶」字。故以字形命名。現在檀香山還遺有帶有中國篆書刻字的方形岩石，三藩市附近也有刻存中國篆文的古箭等文物出土，所有這些都是

日本的御手洗井

御手洗井位於日本佐賀縣，據說是徐福東渡到日本後為了取得乾淨的水，在離上岸地點不遠的地方挖了井，用井水洗手，故被稱為御手洗井。這個井曾在西元八世紀時被修繕過一次，由高僧命名為「照江」。之後連續發生火災、瘟疫等，又改名為「寺井」，並由僧侶加了蓋。

徐福東渡美洲的明證。

疑團之二：徐福為何東渡？關於徐福東渡的原因，據《史記》所言，秦始皇不惜以鉅資支持徐福東渡，是為了尋神山仙藥，求長生不死藥。《十洲記》也這樣記載：「秦始皇時，大宛中多枉死者橫道。數有鳥銜草，覆死人面，皆登時活，有司奏聞始皇。始皇使使者齎[2]此草，以問鬼谷先生，云是東海中祖洲上不死之草，生瓊田中，一名養神芝。其葉似菰，生不叢，一株可活千人。始皇於是謂可索得，因遣徐福及童男童女各三千人，乘樓船入海，尋祖洲不返。」

並非所有的言論都支持這種說法，還有不少史書提出了「避禍說」，《漢書》及《後漢書》中都有相應的記載。《漢書．郊祀志下》這樣說：「徐福、韓終之屬多齎童男女入海，求神采藥，因逃不還，天下怨恨。」《後漢書．東夷傳》說：「又有夷洲及澶洲，傳言秦始皇遣方士徐福將童男女數千人入海，求蓬萊神仙不得，徐福畏誅不敢還，遂止此洲」。唐代詩人汪遵《東海》詩也寫道：「漾舟雪浪映花顏，徐福攜將竟不還。同舟危時避秦客，此行何似武陵灘。」作者把徐福入海不歸比作陶淵明《桃花源記》所寫的武陵郡漁人避秦亂而移居桃花源之事。南宋祖元和尚為了逃避元代的統治，也東渡到了日本。他有一首祭徐福的詩：「先生采藥未曾回，故國山河幾度埃。今日一香聊遠寄，老僧亦為避秦來。」祖元把自己去日比作徐福避秦。日本新宮市徐福墓碑文也寫道：「蓋徐生之避秦……」

還有一些人持「海外開發」的觀點。他們認為，以秦始皇的雄才大略，絕不會輕信長生仙藥之說，他派徐福出海，可能跟海外開發有關。《呂氏春秋．為欲篇》指出了秦國統治者的理想：「北至大夏，南至北戶，西至三危，東至扶木，不敢亂矣。」「扶木」就是「扶桑」，即後來所說的日本。秦始皇一再派徐福等入海尋找三神山，絕不是單純為了採神藥，而是為了把東方疆土開拓至日本。

秦始皇統一天下只有十二年的時間，但是四次到東方沿海巡視，這說明他對東方諸島的極大關注。有的學者說：「始皇東巡的根本目的在於實現東至扶木的理想，而徐福探海東渡正是實現始皇理想宏願的具體行動。」秦始皇在瑯琊刻石中說：「普天之下，摶心揖志。器械一量，同書文字。日月所照，舟輿所載。皆終其命，莫不得意。」又說：「西涉流沙，南盡北戶。東有東海，北過大夏，人跡所至，無不臣者。」從中可以看出，秦始皇早有吞併日本之意，徐福東渡，或許正與此有關。

疑團之三：徐福的船隊從哪裡起航？關於這一點的主要說法有：河北省的秦皇島和黃驊附近說、浙江省慈溪和舟山說、江蘇省海州一帶（現在的連雲港市贛榆區）說、山東省登州灣（龍口市黃縣）及膠州灣徐山（青島）瑯琊和成山頭說。

對於河北省出海說的說法，持這一觀點的人認為徐福入海確有其事，無棣溝入海處即徐福入海處，至今猶存的古秦臺舊址就是見證。秦始皇二十八年（前二一九年），秦始皇東巡至瑯

2 齎：音同「機」，拿、持之意。

琊，徐福第一次請求入海。因入海地點選擇不當，中途受阻而歸。秦始皇三十七年（前二一〇年），秦始皇再次來到琊琊，徐福請求再次入海。他根據秦始皇的旨意，更換了出海地點，在原齊孟姜女國舊地饒安（今鹽山縣舊縣鎮），經無棣溝入海。這次東渡到達日本後一直未歸。

然而，最有可能的一種是瑯琊出海說。徐福的渡海求仙，與瑯琊的關係最為密切。秦始皇巡視天下曾三臨瑯琊，其間兩次召見徐福。由於他上書地點在瑯琊，其出海準備工作和入海地點自然就是瑯琊。《史記》這樣記載：「（秦始皇巡幸江南）還過吳，從江乘渡，並海上，北至瑯琊。方士徐福等入海求神藥，數歲不得，費多，恐譴，乃詐曰：『蓬萊藥可得，然常為大鮫魚所苦，故不得至，願請善射與俱，見則以連弩射之。』始皇夢與海神戰，如人狀。問占夢，博士曰：『水神不可見，以大魚蛟龍為候。今上禱詞備謹，而有此惡神，當除去，而善神可致。』乃令入海者齎捕巨漁具，而自以連弩候大魚出射之。自瑯琊北至榮成山，弗見，至芝罘（今山東省煙臺市內），見巨魚，射殺一魚，遂並海西。至平原津而病。」司馬遷明確地指出，秦始皇與徐福自瑯琊啟航北上，繞成山至芝罘，射殺一巨魚後，秦始皇返回至平原津而病，不日逝世。而徐福則自芝罘射巨魚後即遠航異域，從中可以看到，徐福船隊的啟航港應是瑯琊港。

迄今為止，仍有眾多有關徐福的疑謎無法作出肯定或否定的結論。大海茫茫，徐福東渡之謎，遂成千古懸案。

徐福祠

徐福祠位於江蘇省連雲港市贛榆區金山鎮，是為紀念東渡日本的秦代方士徐福而建造，占地面積 2400 平方公尺，建築面積 132. 62 平方公尺，仿漢古建築，造型精美，古色古香。祠內設有正殿、東西配殿、東西長廊及祭壇、香爐、鐘、鼓等附屬設施。正殿供有高 3. 79 公尺、古銅色的徐福塑像，面向東南，目視遠方。

◆◆◆孟姜女哭倒長城傳說◆◆◆

孟姜女哭長城的故事，是中國古代著名的民間傳說，它以戲劇、歌謠、詩文、說唱等形式，廣泛流傳，可謂家喻戶曉。這個故事的大致梗概是這樣的：秦朝時期，秦始皇發動八十萬民工修築萬里長城，蘇州有個書生叫萬喜良，為了逃避官府的追捕，四處躲藏，誤入孟家花園，結果因此結識孟姜女，後來結為夫妻。然而新婚不到三天，萬喜良就被公差抓去修長城了。半年過去，萬喜良一點消息也沒有。這時已是深秋季節，孟姜女惦記丈夫，就啟程到萬里長城尋夫。一路上吃盡千辛萬苦，誰知到了工地後才知道萬喜良已經累死了，屍骨被填進了城牆裡。聽到這個消息，孟姜女傷心地痛哭起來，直哭得天愁地慘，日月無光。忽然聽得一聲巨響，長城崩塌了幾十里，露出了數不清的屍骨。孟姜女咬破手指，把血滴在一具具的屍骨上，她心裡暗暗禱告：如果是丈夫的屍骨，血就會滲進骨頭；如果不是，血就會流向四方。最後，孟姜女用這種方法找到了丈夫的屍骨。這就是孟姜女哭倒長城的傳說。

當然，根據常識來判斷，孟姜女哭倒長城是不可能的，那麼孟姜女的故事是怎樣產生、流傳與演變的呢？有人認為，孟姜女的故事發生在齊國。齊為姜太公的封國，《東周列國志》等書中出現的「〇姜」，一般是齊國人。孟姜者，姜氏之長女也。所以，他們認為，孟姜女傳說的雛形是《左傳》記載的孟姜。孟姜為齊將杞梁之妻，杞梁於西元前五四九年在伐莒戰爭中戰死，齊莊公在郊外見到孟姜，對她表示弔慰。孟姜認為郊野不是弔喪之處，拒絕接受，於是莊公專門到她家裡進行了弔唁。孟姜除了知禮外還有善哭的記載，淳於髡曰：「杞梁之妻善哭其夫而變國俗。」在齊地產生了孟姜哭調。嚴格說來，這時的孟姜女故事和杞梁妻故事之間，還是有一定的差距的。

首先，杞梁的身分與萬喜良的身分不同，一個是齊國的貴族戰將，一個是蘇州的書生、秦國的築城民夫。其次，從二者行為的性質看，貴族杞梁不貪敵賄，戰死疆場；萬喜良則是不堪辛苦，偷偷逃走。再次，從二位女人哭的原因來看，同樣是哀哭崩城，貴族杞梁之妻是表達心中悲哀；民女孟姜女則是為尋求被築在城中的丈夫遺骸，哭到長城崩倒，白骨盡出。最後，從二人哭的地點看，杞梁妻是在城郊等候迎接亡夫的棺柩，再撫屍而哭；孟姜女則是自己前往長城，哭倒長城。

隨著故事的流傳，情節進一步地增加和完善。西漢劉向的《說苑》，增加了「夫死後向城而哭，城為之崩」的情節。他的《列女傳》中，又添了「投淄水」的情節。這樣，杞梁妻的故事到了漢代，開始接近於孟姜女了。到東漢時期，王充的《論衡》、邯鄲淳的《曹娥碑》進一步演義，說杞梁妻哭崩的是杞城，並且哭崩了五丈。西晉時期崔豹的《古今注》繼續誇大，說整個杞城被孟姜女哭倒。到西晉時，杞梁妻的故事已經走出了史實的範圍，演變成文學作品了。到了唐代，杞梁妻更加接近孟姜女，詩僧貫休在詩歌《杞梁妻》中，把春秋時期的事情挪到了秦代，把臨淄的事搬到了長城內外，把城牆演化成長城。這樣，杞梁妻的故事開始向「孟姜女哭長城」的傳說靠近。到了明代，政府大修長城，招致民怨沸騰，老百姓為了發洩對封建統治者的不滿，又改杞梁妻為「孟姜女」，改杞梁為「萬喜梁」，加了諸如招親、夫妻恩愛、千里送寒衣等情節，創造出全新的「孟姜女哭長城」傳說。

有些人不同意杞梁妻演化成孟姜女這種觀點，他們的根據是現在山東省北部長城鋪村的傳說。故事梗概是這樣的：在泰山西邊有一條由齊國通往魯國的交通要道，在這條大道的咽喉處，南北排列著幾個村莊，最南邊的叫界首，中間的叫皮家店，再往北的村莊叫鋪子。當時這裡正是齊魯兩國的交界點，魯國為了防禦強大的齊國，就在邊界一帶由西向東修建了一道邊防寨牆，

姜女廟

姜女廟位於山海關東十三里的望夫石村北鳳凰山上，建成於明萬曆二十二年（一五九四年），清代重修。殿內懸有「萬古流芳」匾和乾隆皇帝題寫的《姜女祠》等詩。東面牆壁上嵌有從山海關東門樓臨摹下來的「天下第一關」門額石刻，西面牆壁上嵌有歷代文人墨客所作詩文的刻石。

只在路口處留有寨門，有屯兵把守。不久，就形成了一個村莊，取名叫界首。之後為了經商的方便，齊國商人便把貨物運到兩國邊界附近的地方安頓下來，並在這裡建商鋪客店，很快形成了村落，村名也就被稱為鋪子和店子。

有一年鋪子村遷來一戶齊國都城臨淄的姜姓人家，生了個女孩，取名叫孟姜。小孟姜聰明伶俐，十分招人喜愛。隨著年齡的增長，小孟姜不僅長得越來越漂亮，手也越來越靈巧，爹娘一直都把她當成掌上明珠。當孟姜長到十七八歲的時候，上門求親的人家絡繹不絕，最後爹娘為她選中了一戶也由都城臨淄遷來的萬姓人家的青年，青年的名字叫萬杞梁。

小夫妻結婚後，二人恩恩愛愛，相敬如賓。但他們結婚不久，齊國為了加強防禦，就在國內大力徵調人力修築長城。當時的青壯年幾乎都被徵調，萬杞梁也在其中。起先他在家鄉一帶修長城，雖然又苦又累，但因為離家近，所以孟姜女隨時能到山上探望丈夫，送衣送飯。經過幾年的艱苦修築，在鋪子村的東西山上都建起了高大的長城。泰山以西的長城修築完以後，萬杞梁又被徵調到沂山以東去修築長城，一去幾年，音信皆無。有一年冬天特別寒冷，孟姜女心疼在外的丈夫，便連夜趕製棉衣，沿著長城向東，為丈夫千里送寒衣。她一路經歷幾多艱難險阻，最後終於在莒國打聽到丈夫的消息，但此時的丈夫早已經累死，被埋在了長城之下。

孟姜女十分悲傷，如萬箭穿心，再也忍受不住心頭的悲痛，一頭撲向埋葬丈夫的城牆邊上，號啕大哭起來。就這樣，孟姜女哭了十天十夜，感動了上天，長城崩塌了一大片，丈夫萬杞梁的屍體也完好地顯露了出來，她撲上去為丈夫穿上了新做的棉衣，並選了背風向陽的地方，重新埋葬。孟姜女本想隨夫而去，但為了照顧公婆，她強忍淚水返回家鄉。不久後公婆從別人嘴裡得知兒子已死的消息，傷心過度去世，孟姜女在萬念俱滅的情況下，投進村東的紅石江而死。鋪子村的村民為了紀念孟姜女，便把村子改名為長城鋪，後又改成長城村，並在城門閣樓的東邊修建了孟姜女廟，廟內香火不斷。孟姜女哭長城的故事，也就世世代代地流傳了下來。

這個傳說並非沒有任何根據。杞梁妻哭夫的故事最早的記載是西元前五四九年，這時的秦長城還沒有修建，而根據歷史學家的考證，齊長城西段早在周靈王十五年（前五五七年）就已完成。《史記．楚世家》正義引《齊記》載：「齊宣王乘山嶺之上，築長城，東至海，西至濟州，千有餘里。」可見孟姜女哭的是齊長城，而不是秦長城。至於山海關附近的孟姜女墓，已有史可查，是清朝把一座貞女墳改成的孟姜女墓。齊長城考察隊對齊長城進行了全面考察後，認為孟姜女的原型就是杞梁妻，孟姜女埋完丈夫後，回到長城鋪，痛哭一場，投村東紅石江（現有殉情遺址）。通過這個傳說，可以看出孟姜女在長城鋪哭夫，進而演化為孟姜女哭長城。

孟姜女故事的原型到底是誰，這兩種說法似乎都有一定的道理。顧頡剛是中國研究孟姜女故事的專家，他對傳說故事進行精細和系統性的考證，寫出了《孟姜女的故事轉變》和《孟姜女故事研究》，從縱橫兩方面提出了故事的歷史系統和地理系統，對孟姜女的傳說進行了研究。研究結果表明，從孟姜女故事已看不清杞梁妻的真正歷史面目了，所以顧頡剛提出唐代以來孟姜女故事由春秋時杞梁之妻演化而來的說法，即第一種觀點。不少學者同意顧頡剛的上述論點，例如民俗學家鍾敬文就認為：「民間傳說，是民間文學（口頭文學）的一種形式。在流傳過程中不斷變化，正是這種文學的重要特點。」「孟姜女這個故事，流傳了兩千多年，傳播地區幾乎遍全國，它的變化多姿是必然的。」「孟姜女傳說，由原來的齊國杞梁之妻，逐漸演變，到了隋唐之前，急劇轉變為孟姜女哭倒埋夫屍的萬里長城，正是口頭文學這種規律的表現。」

當然，並非所有的專家都同意顧頡剛的觀點。蘇聯漢學家李福清在一九六一年出版的《萬里長城的傳說與中國民間文學的體裁問題》一書中指出：「顧頡剛在分析各種有關孟姜女的作品時，並沒有把民間文學創作與人民的生活連繫起來。」「顧頡剛認為孟姜女傳說起源於古籍資料，這一結論是不能令人同意的。」

近期，中國部分文物專家聚會於山東省長清縣齊長城遺址，參加「中國齊長城文化藝術研討會」，與會專家確認了在中國流傳久遠的孟姜女哭長城的故事發生在山東省長清縣境內。

孟姜女故事的原型，專家尚且存在爭議，我們就更不清楚她到底是誰了。

楚漢爭霸決戰何處

楚漢戰爭進行到西元前二〇三年，楚強漢弱的形勢已經徹底改變了。劉邦後方穩固，兵強馬壯，而項羽卻三面受敵，糧草不繼，戰略形勢明顯處於劣勢。項羽沒有辦法，只能與漢王講和，約定以鴻溝為界，雙方相安共處。但是，劉邦在張良、陳平等人的勸說下，很快背棄和約，向楚軍進軍，雙方在垓下進行了慘烈的決戰，這次戰役漢軍大獲全勝，而楚軍近十萬精銳部隊全軍覆沒，一度叱吒風雲的西楚霸王項羽，也走向了窮途末路，自刎烏江。垓下之役是楚漢戰爭最終的一次大決戰，是劉漢王朝奠定霸業的關鍵性一戰。

然而，楚漢戰爭至關重要的地點「垓下」的詳細位置到底在何處，歷來爭議很大。目前史學界對垓下有兩種截然不同的說法：著名史學家范文瀾認為垓下為今天的鹿邑，他在《中國通史簡編》寫道：「垓下在河南省鹿邑縣境。」這一觀點的根據是唐代張守節《史記正義》的記載：「高崗絕岩，今猶高三四丈，其聚邑及堤，在垓之側，因取名焉。今在亳州真源縣東十里，與老君廟相接。」范文瀾這樣分析，唐朝的真源縣是秦漢時的苦縣，故城在今河南省鹿邑縣，老君廟即今天鹿邑城東的太清宮，所以垓下在今天的鹿邑。此說由於晚出，因而從其說者較少。

史學泰斗郭沫若認為垓下應該是靈璧，他在《中國史稿》中這樣寫道：「垓下在安徽省靈璧縣南、沱河北岸。」郭老的觀點是根據下列史書記載的，《漢書．地理志》沛郡侯國這樣注釋：「垓下，高祖破項羽處。」《水經注．淮水篇》載：「洨水東南流，經洨縣故城北，縣有垓下聚，漢高祖破項羽所在也。」唐《元和郡縣圖志．河南道五》也在宿州虹縣下載言：「垓下聚，在縣西南五十四里，漢高祖圍項羽於垓下，大破之，即此地也。」這種觀點是最傳統的說法，絕大多數學者都支持這一觀點。

然而，根據陳可畏最新的研究，上述兩種說法均不能成立。陳可畏推斷垓下應該是陳縣（即今河南省淮陽縣）。他首先指出探究垓下的一條重要資訊，即在楚漢之爭中，項羽被圍垓下之前與劉邦發生的一場固陵之戰（固陵在河南省淮陽、太康、鹿邑縣境內）。

劉邦與項羽以鴻溝為界平分天下之後，劉邦的軍事實力逐漸強大。後來劉邦採用張良的建議背棄和約，於西元前二〇二年十月率軍渡過鴻溝進擊項羽。劉邦追殺項羽的部隊到陽夏（河南省太康縣）以南，並約定與大將韓信、彭越等人相會，在固陵一帶消滅項羽。但是，劉邦率軍到固陵後，韓信、彭越的軍隊卻沒有按期到達，致使劉邦兵敗又被項羽追殺。劉邦率眾退守固陵，在固陵城周圍堅壁不戰，使得楚漢兩軍在固陵城一帶形成暫時的對峙局面。固陵戰場方圓百里，運師數十萬，楚軍在固陵城附近阻擊漢軍，以防漢軍東進或南下。劉邦被困固陵，危急中以裂土封王為代價，封韓信為齊王，彭越為魏王，以換取韓信、彭越等及時出兵。

西元前二〇二年十二月，韓信、彭越等部約四十萬人分別從齊、梁等地出發夾擊項羽，劉邦也在固陵開始反擊。同時漢將灌嬰也率部從彭城西進，參與了這場決定楚漢成敗的固陵之戰。項羽的軍隊被漢軍以十倍之師層層包圍在垓下達三個月之久，兵少糧缺，陷於困境，楚軍軍心大亂。劉邦等人見時機成熟，深夜用楚歌瓦解楚軍心防。這樣，才引出了項羽悲壯的「霸王別姬」。後來項羽率八百隨從衝出重圍，連夜逃亡，於凌晨到達烏江一帶（今安徽省和縣東北）。然而，項羽自嘆無顏見江東父老，自刎身死。

陳可畏認為，根據《史記》、《漢書》記載，固陵之戰以後，漢王退保固陵縣城，深塹拒守。其時楚軍集結在附近進行阻擊，以防止漢軍繼續東進或南下。而至垓下之圍前，史書並沒有項羽從固陵附近敗走的記錄，也沒有漢王從固陵追擊至垓下的記載，那就是說，垓下應距固陵縣城不遠，否則兩軍無法交戰。而垓下如在今安徽靈璧的話，相隔二百多公里，楚軍根本無法阻止漢軍東進。況且，靈璧一帶，自古是平川，縣東南是古蘄水、古波水、澳水、沱水、唐水的五河河網地帶，既不能攻，又不能守，根本不適合兵團作戰。

垓下也不可能在今鹿邑縣。理由主要有三點：第一，鹿邑縣城東距固陵約有七十公里左右，不可能近距離作戰，楚軍當然也不可能阻止漢軍東進南下。第二，據史書記載，漢軍包圍垓下前，灌嬰的軍隊由彭城（今江蘇省徐州）西進，降留、薛、沛、酇、蕭、相諸縣，破苦縣（今鹿邑縣）、譙縣（今安徽省亳縣），又西至苦縣之頤鄉駐軍，最後才破楚軍於垓下。如果垓下在鹿邑的話，灌嬰軍就應來回穿越項羽大軍的駐地，而史書上沒有這樣的記載，事實上也沒有發生這種情況，因此，垓下不可能在鹿邑。

推翻了上述兩種觀點，陳可畏舉出垓下在陳縣（即今河南省淮陽縣）的理由。首先，《史記》、《漢書》中幾個參加此次決戰的將領的傳記中，有明確的記載。如《史記．樊酈滕灌列傳》記：樊噲「從高祖擊項籍……圍項籍於陳，大破之」；夏侯嬰也「從擊項籍，追至陳，卒定楚」；灌嬰「從擊項籍軍於陳下，破之」。《史記．曹相國世家》亦云：「韓信為齊王，引兵至陳，與漢王共破項羽。」《漢書》的記載也與此相同，這些史料都不可能是憑空杜撰的。其次，陳縣北部正與固陵相接，垓下在陳縣，正與楚軍阻止漢軍東進或東南進的軍事形勢相符。從軍事防禦的觀點看，楚軍無論是單純的防守還是以攻為守，駐軍於距固陵不遠的陳縣北部是最恰當的。不僅如此，陳縣北部古代有很多丘陵和山岡，利於防守。所謂「垓」，階次也。有山有岡的地方，自然會形成階梯地形，垓下正是這階梯地形之側。其三，史書記載項羽從垓下突圍，是在夜間率騎南逃，平明始達淮河北岸。如果垓下是在安徽靈璧的話，靈璧離淮河很近，騎馬南奔，不需要一個晚上的時間。最後，陳縣是一個軍事戰略要地，它傍鴻溝，接潁水、淮水，有邗溝直通江南，最宜於屯兵駐軍。據考古發現，淮陽「貯糧臺」遺址有屯糧的痕跡，有人推測這實際上就是楚漢決戰時楚軍的軍糧倉。當時，項羽不派文官而派武將利幾為陳縣縣令，就是要利幾保護至關重要的軍糧倉。

垓下之爭在史學界延續了很久，如今又出現了陳可畏的新觀點，究竟哪一種是正確的呢？事實上，現在很難說到底誰的觀點正確。引發垓下之爭的原因是多方面的，首先，垓下作為一個地區名，並沒有明顯的標誌，史書等記載又僅記其名，這樣一些地名等因文言簡記，而會產生一些不同的解釋或推斷。如「垓下」可理解為「垓」之下，即山之階梯之下，也可理解為「垓下」，為一個地名。其次，史志書籍的轉摘沿用等，也會產生一些謬誤，有時甚至會以訛傳訛。許多史志書籍都有參考前人，甚至轉摘前人的現象。若底本記載有誤，就會引出許多後來者的誤解，如「垓下聚」和「垓下」在史志中的解釋並不一樣。再次，附會現象、攀附心理也能引起史志地名或事件的誤傳。中國人傳統思想中都有一種攀附心理，攀名人、名地、名事等，正因為這種心理，才會把一些名人名事附會到各處，民間的梁祝故里之爭、三顧茅廬之爭、垓下位置之爭等等都沒有擺脫這種觀念。

如今，《中國歷史地圖集》把垓下標在安徽靈璧的東南部；大型工具書《辭海》釋「垓下」條目：「在今安徽靈璧東南沱河北岸」；各種歷史教材對此也眾口一詞。假設陳可畏的論點成立，那麼這些書籍將要改寫。然而，楚漢之爭地點的定義，並不是很容易能夠推翻的。或許，再過幾十年，還會有人推翻陳可畏的言論，提出新的觀點。

◆◆◆ 韓信是該殺還是冤殺 ◆◆◆

韓信（？—前一九六年），秦漢之際的著名軍事家。韓信原本是項羽手下的一員大將，後來歸附劉邦，協助劉邦制定了定三秦以奪天下的方略。楚漢戰爭期間，韓信率兵數萬，開闢北方戰場；破魏之戰，針對魏軍部署，明修棧道，暗渡陳倉，攻其不備，俘獲魏王豹；井陘之戰，背水為陣，使將士死地求生，奮勇爭先，大破趙軍；淮水之戰，借助河水，分割楚軍，各個擊滅；參與指揮垓下決戰，擊滅楚軍。

韓信熟諳兵法，戰功卓著，為劉邦奪取天下立下了汗馬功勞。司馬光《資治通鑒》中稱：「漢之所以得天下者，大抵皆信之功也。」漢高祖劉邦也盛讚韓信的功勞。西漢建立後，他分析楚漢成敗原因時說：「夫運籌帷幄之中，決勝千里之外，吾不如子房（即張良）。鎮國家，撫百姓，給餽饟，不絕糧道，吾不如蕭何。連百萬之軍，戰必勝，攻必取，吾不如韓信。此三者，皆人傑也，吾能用之，此吾所以取天下也。項羽有范增而不能用，此其所以為我所擒也。」然而，這位百戰功臣卻不能壽終正寢，在漢高祖十一年（前一九四年），被呂后、蕭何設計誘殺，他全族也遭誅，落得一個可悲的結局。

對於韓信的死因，有人說他是因謀反而遭殺戮的，罪有應得；有人說是劉邦不容人，他是含冤而死。那麼真實情況是如何呢？這兩種完全對立的觀點，誰是誰非呢？

持謀反說法的人主要有以下佐證：漢高祖四年（前二〇三年），平定齊地後，韓信派人對劉邦說：「齊人偽詐多變，是一個易於反覆的國度，如果不設王位來鎮守，大局難穩定，希望你委派我當個假王。」此時劉邦正被項羽圍困在滎陽，日夜盼望韓信前來增援，見到韓信使者帶來的信，震怒異常，罵道：「我被困在這裡，早晚盼他來援救我，他竟然想自立為王！」身旁的張良和陳平見勢不妙，湊近他的耳朵說：「漢軍正處困境不利，怎麼能禁止韓信稱王？不如做個人情，就此立他為王，好好善待他，讓他為我們守一方之地。否則……」劉邦經提醒，頓然醒悟，連忙改口，說道：「大丈夫平定了諸侯後就是真王了，又何必還要當假王！」於是，他派張良赴齊，立韓信為齊王。之後，徵調韓信的部隊與項羽會戰於垓下，大破項羽。楚漢之爭結束後，劉邦就奪了韓信的兵權，並改封他為楚王，從此埋下了對韓信的戒心。

項羽兵敗後，他的逃亡將領鍾離昧因素來與韓信關係很好，就投奔了韓信。劉邦記恨鍾離昧，聽說他在楚國，就下令楚王逮捕他。那時韓信初到楚國，到各縣鄉邑巡察進出都派軍隊戒嚴。漢高祖六年（前二〇一年），有人告韓信謀反，劉邦用陳平的計策，說天子要出外巡視會見諸侯，通知諸侯到陳地相會，說：「我要遊覽雲夢澤。」其實是想要襲擊韓信，韓信卻不知道。

劉邦將到楚國時，韓信打算起兵謀反，但又認為自己無罪；想去謁見劉邦，又怕被擒。這時有人向韓信建議：「殺了鍾離昧去謁見漢高祖，高祖必定高興，也就不用擔心禍患了。」於是韓信把此事與鍾離昧商議，鍾離昧說：「劉邦之所以不攻打楚國，是因為我在你這裡，如果想逮捕我去討好劉邦，我今天死，隨後亡的定是你韓信。看來你也不是位德行高尚的人。」結果鍾離昧自殺而亡，韓信持鍾離昧首級去陳謁見劉邦。劉邦令武士把韓信捆綁起來，放在隨從皇帝後面的副車上。韓信說：「果然就像人家說的，『狡兔死，良狗烹；高鳥盡，良弓藏；敵國破，謀臣亡』。現在天下已經安定了，所以我也應該死了！」高祖劉邦卻說：「我抓你是因為有人告你謀反。」說完就給韓信戴上械具。回到洛陽，劉邦沒有馬上殺掉韓信，而是赦免了他的罪過，改封他為淮陰侯，讓他寓居長安整天無所事事。韓信怏怏不樂，常常稱病不上朝。

韓信部將陳豨被封為巨鹿郡郡守，前來向韓信辭行。韓信屏退左右，拉著陳豨的手嘆道：「你所管轄的地方，是屯聚天下精兵的地方，而你又是陛下親信寵愛的臣子，若有人說你謀反，陛下一定不相信；如果再有人告你謀反，陛下就會產生懷疑；如果第三次有人告你謀反，陛下定會大怒而親率軍隊征討。我為你在京城做內應，就可圖謀天下了。」陳豨平素就瞭解韓信的才能，相信他的計謀，表示一切聽從韓信的指示。後來陳豨果然謀反，劉邦親自率兵前去征討，韓信稱病不隨高祖出征，暗地裡派人到陳豨處聯絡。韓信與家臣謀劃，可以在夜裡假傳詔旨，赦放那些在官府中的囚徒和官奴，率領他們去襲擊呂后和太子，與叛將陳豨裡應外合。這時韓信的一位門客得罪了韓信，韓信囚禁了他並準備殺他，那位門客的弟弟就向呂后密告韓信要謀反的事。呂后打算把韓信召來，又恐怕韓信不肯就範，於是與相國蕭何商議，假裝有人從皇上那裡來，說陳豨已被殺死，諸侯群臣都前來進宮朝賀。蕭何欺騙韓信道：「雖然您有病，還是要勉強朝賀一下。」韓信入朝進賀，呂后派武士把韓信捆縛起來，在長樂宮中的鐘室裡斬殺了他，並誅滅三族。

持冤殺觀點的人認為，韓信無意反漢，他是被屈殺的功臣。一些學者指出，所謂韓信密謀假傳詔旨，赦放官府中的囚徒和官奴，率領他們去襲擊呂后和太子，並試圖與叛將陳豨裡應外合，都是沒有實據的。首先，告發者是韓信準備處死的一個罪犯的弟弟，有挾怨誣告的嫌疑，即使韓信確有密謀，也不可能讓這個人知道；其次，當年韓信雄踞齊地，握有重兵，有人勸他反漢並與楚聯合，三分天下稱王，韓信卻認為劉邦待他不薄，不忍心背叛劉邦。在絕對有利條件下尚且不反，而在閒居長安，既無兵權，又無武裝的情況下，韓信為什麼又要造起反來？再次，韓信被擒之後，未經審訊，立即被斬於長樂宮鐘室，假設謀反有證據，為什麼不昭示群臣？最後，劉邦平定陳豨是在漢高祖十一年（前一九四年）年底，而韓信「謀反」卻在第二年春正月，此時陳豨已經兵消瓦解，韓信又怎能與他裡應外合？劉邦平叛歸來後，對於韓信的死，「亦喜且憐之」。所喜者，心腹之患已經除掉，所哀憐者，大臣無辜遭誅殺。從這種心情也可以看出，劉邦本人也並不認為韓信真會謀反。

也有人認為，韓信雖有可疑之處，但沒有謀反之心，他的被殺完全是劉邦猜忌的結果。在漢初的功臣中，若論滅楚興漢的功勞，韓信當數第一。韓信其人，雖有大將之才，但在個人品行上是有懈可擊的。據《漢書．韓信傳》記載，韓信擊殺楚將龍且後，項羽派武涉勸說韓信背漢降楚，反覆陳說利害，都被韓信謝絕。而韓信帳下策士蒯通，更為韓信進行透徹的形勢分析。確如蒯通所言，當時「天下權在信」，韓信「為漢則漢勝，助楚則楚勝」，成為左右大局的關鍵性人物。如果韓信採納蒯通建議，與項羽、劉邦三者鼎足而立，改寫歷史並非沒有可能。這一點，具有卓越軍事才能的韓信不會想不到。蒯通分析韓信如果不自立，「必履危道，此乃勢也」，這一點韓信有所考慮，但是始終不能斷然突破感情上的束縛，不忍背叛漢朝。所以，韓信對於漢室，大節無虧。

淮陰侯廟

淮陰侯廟位於江蘇省淮安市淮陰區碼頭鎮境內，原來為韓侯祠，始建於漢惠帝四年（前一九二年），此後文人墨客紛紛來憑弔，留下許多優美的詩文辭賦。北宋蘇東坡非常崇拜韓信，將韓侯祠更名為淮陰侯廟，並親題《淮陰侯廟記》，刻碑立於院內。

但劉邦對於韓信，早存防範猜忌之心。早在楚漢爭霸期間，他就兩次奪走韓信所率部隊，垓下之戰後，劉邦立即「馳入齊王信壁，奪其軍」，馬上削奪韓信兵權，並且改封為楚王。此後，有人控告韓信圖謀造反，劉邦根本不加核實，利用韓信朝見機會，予以逮捕，雖然查無證據，但仍削去王爵，改封淮陰侯。最後韓信被牽連進陳豨叛亂事件之中，遭受夷滅三族的慘禍。還有學者指出，韓信「謀反」是由呂后一手編導的，先被誣造反，由楚王貶為淮陰侯；再又被誣造反，慘遭殺戮。韓信功高震主，加以「貪」、「驕」相循，因而招致殺身滅族之禍。

另外，有人分析漢初全部異姓諸侯王的命運，將他們分為三類：一類是與韓信一樣，並沒謀反，也無他罪，但最終以謀反藉口被殺貶，如梁王彭越、趙王張敖；第二類是由於劉邦的疑忌、逼迫以致走上反叛道路的，如淮南王英布、燕王盧綰；第三類是免於殺戮的，如勢力最小的吳芮。根據上述分析，凡那些功高震主的將領，不管是否謀反，皇帝總是要找理由殺掉的。劉邦對於韓信，雖然佩服他那「連百萬之軍，戰必勝，攻必取」的軍事才能，但是對他這種才能極不放心，一旦奪取全國政權，其才不可留，終下殺手。這樣，韓信當然免不了一死。謀反云云，只不過是劉邦在政權到手之後殺戮的藉口而已。

總之，韓信有無謀反之心，是否參與陳豨叛亂，目前史學界尚未論定。韓信被殺真相，如處迷霧，難以認清。

董仲舒是否提出「罷黜百家，獨尊儒術」

西漢初期，漢武帝採納董仲舒的建議——「罷黜百家，獨尊儒術」，這一政策的核心是罷黜諸子百家，只允許通曉儒家學說的人做官，以此來統一思想，加強專制主義中央集權制度。在這一政策下，漢朝在太學設立五經取士，用儒家經典來教育貴族子弟；選拔官吏，也以儒家學說為標準，從此，儒家成了中國封建社會唯一的統治思想，成為維護封建統治的正統思想。這是國中課本都有的歷史事實，理論界把它當作一個千真萬確的學術信條，在古今中外涉及儒學的著述中被廣泛徵引，然而有人對這一觀點提出了質疑。

持這種觀點的人認為，漢武帝從未採納董仲舒的建議，更未真的有過「罷黜百家，獨尊儒術」的實際行動，他只是「絀抑黃老，崇尚儒學」。「罷黜百家，獨尊儒術」與漢初的政治、經濟以及思想鬥爭的實際情況不符，也與漢武帝以後的整個中國思想史不合。因此，漢武帝「罷黜百家，獨尊儒術」是學術謊言。這一觀點提出後，在學術界引起了軒然大波，贊同和反對聲一直不斷。

為什麼會將「罷黜百家，獨尊儒術」的思想與董仲舒連在一起呢？主要由於董仲舒在著名的《天人三策》中提出：「《春秋》大一統者，天地之常經，古今之通誼也。今師異道，人異論，百家殊方，指意不同，是以上亡以持一統，法制數變，下不知所守。臣愚以為諸不在六藝之科、孔子之術者，皆絕其道，勿使並進。」因此，董仲舒長期以來因「獨尊儒術」成為儒家元老，也因此一度而成為罪魁。那麼，董仲舒該不該為這一思想的提出負責呢？關鍵在於董仲舒的《天人三策》在哪一年提出。

據《漢書．武帝本紀》記載：「建元元年，詔舉賢良方正、直言極諫之士。丞相（衛）綰奏：『所舉賢良，或治申、商、韓非、蘇秦、張儀之言，亂國政，請皆罷。』奏可。」這就是說，在建元元年（前一四〇年）就已經有了「罷黜百家」之說。在元光元年（前一三四年）歲首《孝武本紀》記載，「竇太后治黃老言，不好儒術，使人微得趙綰等奸利事，召案綰、臧，綰、臧自殺，諸所興為者皆廢。」又在五月記載了漢武帝詔賢良對策的事，「五月，詔賢良……於是董仲舒、公孫弘等出焉。」如果董仲舒在元光元年剛剛被舉孝廉並參加對策，那麼，他就不是「罷黜百家」的創始人了。

反對者認為，歷史上宣傳的漢武帝採納董仲舒的建議「罷黜百家，獨尊儒術」，實際上指的是從漢武帝元年（前一四〇年）開始到漢武帝六年（前一三五年）截止的幾次大的思想鬥爭或學術鬥爭。根據司馬遷的《史記》和後來班固的《漢書．武帝紀》記載，漢武帝初期有儒家學者進行了兩次大的思想鬥爭：一是罷「申商韓蘇張」之言，其中心人物是丞相衛綰；二是「議立明堂」，其參加者有趙綰、王臧、申公、竇嬰、田蚡，反對者是竇太皇太后。第一次進行得較順利，第二次則遭受了慘重的失敗。王、趙被殺，申、竇、田被免官。不過，經過這番較量，儒學反而更深入人心了。《史記・儒林列傳》載：「及竇太后崩，武安侯田蚡為丞相，絀黃老、刑名、百家之言，延文學儒者數百人。」董仲舒提出的「罷黜百家，獨尊儒術」的建議，晚於田蚡的「絀黃老、刑名、百家之言」，而且根本就沒參與漢武帝六年以前的所有尊儒活動。因此，不是「漢武帝採納董仲舒的建議『罷黜百家，獨尊儒術』」，而是田蚡「絀黃老、刑名、百家之言」後才出的董仲舒，董仲舒只是「延文學儒者數百人」時所延的一個儒者。

既然漢武帝從未採納董仲舒的建議，那麼這一說法是怎麼產生的呢？史學家司馬遷在《史記》中絕口未提此事，他自始至終認為是田蚡「絀黃老、刑名、百家之言，延文學儒者數百人」。「罷黜百家，獨尊儒術」這一說法的始作俑者是東漢史學家班固，他在《漢書・董仲舒傳》的結尾處有這樣一段話：「自武帝初立，魏其、武安侯為相而隆儒矣。及仲舒對冊，推明孔氏，抑黜百家。立學校之官，州郡舉茂材孝廉，皆自仲舒發之。」

班固這段話既背離了《史記》，也背離了其《漢書》的〈武帝紀〉和〈儒林傳〉。唐代韓愈寫《原道》時，根本未將董仲舒列為漢代重要的儒學傳人。到了宋朝，班固的說法被司馬光借鑒，他在其史學名著《資治通鑑》之〈漢紀〉中這樣寫道：武帝元年「冬，十月，詔舉賢良方正直言極諫之士，上親策問以古今治道，對者百餘人。廣川董仲舒對曰：『……《春秋》大一統者，天地之常經，古今之通誼也。今師異道，人異論，百家殊方，指意不同，是以上亡以持一統，法制數變，下不知所守。臣愚以為諸不在六藝之科、孔子之術者，皆絕其道，勿使並進，邪辟之說滅息，然後統紀可一而法度可明，民知所從矣！』天子善其對，以仲舒為江都相。會稽莊助亦以賢良對策，天子擢為中大夫。」同時，司馬光在《通鑒考異》中解釋：「今舉孝廉在元光年十一月，對策在下五月，則不得云自仲舒發之，蓋〈武紀〉誤也。」司馬光在這裡把董仲舒在元光元年（前一三四年）賢良對策的時間提到了建元元年（前一四〇年）。

南宋人洪邁不同意司馬光的說法，他認為應該是元光元年，「對策者百餘人，帝獨善莊助對，擢為中大夫。後六年，當元光元年（五月），復詔舉賢良，於是准仲舒出焉。」清人王先謙也贊同此說，並作補充說：董仲舒對策中有「夜郎康居，殊方萬里，說德歸誼」之語，據《漢書．西南夷傳》記載，夜郎之通，在建元六年（前一三五年）發生，次年，也就是元光元年（前一三四年）董仲舒對策時才可能說出夜郎歸德的話。

千百年來，建元元年和元光元年五月兩說對峙，直至今日。史學家施丁同意並證明了元光元年之說，因為董仲舒對策中有「今臨政而願治，七十餘歲矣」之語，漢自建立至建元元年並沒有七十年，而到元光元年，正好有七十二年，這一論斷與《董仲舒傳》中的「皆自仲舒發之」不矛盾，這裡的「發」可以理解為「發揮」、「發表議論」。況且，設置《五經》博士，也並非從建元元年開始，在文景之時就有了。

孫景壇教授則堅持建元元年之說。他認為，元光元年的詔賢良與建元元年的舉賢良不同，前者對策的內容為《五經》，後者為百家。《五經》對策，必須以五種經學內容為理論根據來回答皇帝的提問，用其他理論回答均不對。《漢書．武帝紀》記載，武帝五年才「置《五經》博士」，如果沒設置《五經》博士，是不可能用《五經》策問的，所以不可能有董仲舒「罷黜百家，獨尊儒術」的建議。張大可也同意孫景壇的說法，並作了補充。他認為，從史實上看，武帝一朝舉賢良名系列傳的有董仲舒、馮唐、袁故生、嚴助、公孫弘等五人，據《史記》、《漢書》記載，這五個人都是建元元年舉賢良，沒有一個人為元光元年舉賢良。由此這兩人認為，把董仲舒對策的時間提到建元元年是站不住腳的。董仲舒對策不是武帝「絀黃老、刑名、百家之言，延文學儒者數百人」的起因，而是其結果。司馬遷與董仲舒生活在同一個時代，而司馬光不僅跟董仲舒的時代相隔久遠。《資治通鑒》的基本原則是「謹名分」，董仲舒是宋明理學的思想先驅，司馬光有可能給董仲舒「謹名分」，所以偽造「漢武帝採納他的建議『罷黜百家，獨尊儒術』」。

總之，董仲舒的《天人三策》作於何時關係到他是否提出「罷黜百家，獨尊儒術」，由於古代史書對這一時間的記述出現了偏差，所以導致了現在對董仲舒是否提出「罷黜百家，獨尊儒術」的疑問。至於這一爭議何時休止，除非出現確鑿的史料證明，否則將會永無休止地繼續下去。

《左傳》的作者是誰

《左傳》是中國第一部詳細完整的編年體歷史著作，它以豐富的史料和優美的文筆，聞名於世，為「十三經」之一。因為《左傳》和《公羊傳》、《穀梁傳》都是為解說《春秋》而作，所以它們又被稱作「春秋三傳」，《左傳》又名《春秋左氏傳》。也有人認為《左傳》是一部獨立的自成體系的歷史著作。此書西漢時已經定型，東漢許慎《說文解字．敘》記載：「北平侯張蒼獻《春秋左氏傳》。」司馬遷撰寫《史記》，多採《左傳》材料，王莽時劉歆大力推崇，「教子孫，下至婦女，無不誦讀」，《左傳》才得以廣為流傳。兩千多年來人們一般都認為《左傳》的作者為左丘明，此說最早見於《史記》。《史記．十二諸侯年表序》云：「……孔子明王道，干七十餘君，莫能用，故西觀周室，論史記舊聞，興於魯而次《春秋》，上記隱，下至哀之獲麟，約其辭文，去其煩重，以制義法，王道備，人事浹。七十子之徒口受其傳指，為有所刺譏褒諱挹損之文辭不可以書見也。魯君子左丘明懼弟子人人異端，各安其意，失其真，故因孔子史記具論其語，成《左氏春秋》。」這一說法自兩漢至隋的學者都奉之為權威，但是從唐以來，就有學者產生了質疑。

《左傳》的作者到底是誰呢？目前主要的說法有三種：

一說左丘明所作。《左傳》稱魯國為「我」，對魯國國君單稱「公」，記述魯國的事情非常詳盡，並且都站在魯國立場上敘事評論。所以有人認為作者為魯國人無疑。再觀《左傳》的行文，其中敘述孔子之言時多稱孔子之字「仲尼」，而孔子學生在《論語》中都是尊稱其師為「子」，從未稱字，所以「仲尼」之稱應為孔子的好友對他的稱謂。孔子的好友是誰呢？就是左丘明。《左傳》深得《春秋》之微言大義，較《公羊傳》、《穀梁傳》為勝，其人必親與夫子論史，而深明夫子之理。至於《左傳》中某些預言要到戰國時才應驗，而且又記載了些戰國時的歷史，這應該是後人增添，而全書之絕大部分還是寫成於春秋晚期。而孔穎達引前人語曰：「孔子將修春秋，與左丘明乘，如周，觀書於周史，歸而修春秋之經，丘明為之傳，共為表裡。」

然而，在這同一看法中，尚有許多分歧。對於作者的名字，有人認為「左」是官名，「丘」是姓，「明」是名，劉師培《左傳答問》這樣解釋：「以丘明為魯太史，左史即太史，左其官，丘其姓，明其名。其不稱丘氏傳，而稱左氏傳者，以孔門弟子諱言丘也。」也有人認為「左丘」是複姓，劉寶楠《正義》說：「史記自序：『左丘失明，厥有論語。』史公以左丘連文，則左氏是兩字氏，明其名也。左丘亦單稱左，故舊文皆言左傳，不言左丘傳。」按這個說法，司馬遷所記《國語》的作者複姓「左丘」，而寫《左氏春秋》的作者則姓左名丘明。

另外，這一觀點還有不少人持反對意見。他們認為，如果說《左傳》為左丘明所作，那麼裡邊有許多不能解釋之處。《左傳》成書於戰國時期，進一步說成書於西元前四〇三年至前三八六年之間。而根據《史記》、《論語》等一些資料記述，左丘明生活在魯國的襄、昭、定、哀公時期，年齡大約與孔子相仿。由此計算，即使左丘明年齡小於孔子二三十歲並且高壽，也活不到西元前四〇三年。

二說為戰國時人所作。這一派學者認為《左傳》是戰國時人根據各國史料輯錄而成。宋代就有人如此主張，例如王應麟在《困學記聞．六》中說：「王介甫疑左氏春秋為六國十人者十一事。」葉夢得在《春秋考．卷三》中也認為《左傳》的作者「殆戰國周秦之間人無疑也」。鄭樵在《六經奧論．卷四》、朱熹在《朱子語類．卷八》中也都認為左氏是六國時楚人。到了現代，以錢穆、郭沫若為代表的一些學者也贊同《左傳》是戰國時期的作品，並且進一步指出其作者為吳起而非左丘明。錢穆在《先秦諸子繫年．吳起傳〈左氏春秋〉考》中，從《左傳》的預言是否應驗來看其成書的年代，進而判定《左傳》一書出於吳起而與左丘明沒有關係。

郭沫若也主張《左傳》成書於吳起而非左丘明。他在《青銅時代．述吳起》中認為：「吳起去魏奔楚而任要職，必已早通其國史；既為儒者而曾仕於魯，當亦讀魯之《春秋》；為衛人而久仕於魏，則晉之《乘》亦當為所嫻習；然則所謂《左氏春秋》或《左氏國語》者，可能是吳起就各國史乘加以纂集而成。」還有人指出，《左傳》尊奉季孫氏，而《韓非子》記載，「季孫新弒君，吳起仕焉。」吳起對季孫感恩戴德。《左傳》中之晉史尊魏氏，而魏文侯正是重用吳起。《左傳》之楚史尊王而貶臣，吳起在楚國受到楚王重用，而大臣反對他，阻撓其變法。吳起是大軍事家，而《左傳》正是長於描寫戰爭。吳起為「衛左氏人」。所以吳起應該為《左傳》之作者，但某些預言的應驗又是吳起不能看到的，某些內容可能為其門人所添加。

三說為劉歆偽作。此說源自於清代經學家劉逢祿《左氏春秋考證》，而強烈認為此書為偽書的，則是康有為。他在其所著的《新學偽經考．漢書藝文志辨偽》中大張其說，斷言《左傳》是西漢末年劉歆的偽作，梁啟超總結了康有為的觀點：「一、西漢經學，並無所謂古文者，凡古文皆劉歆偽作。二、秦焚書，並未厄及六經，漢十四博士所傳，皆孔門足本，並無殘缺。三、孔子時所用字，即秦漢間篆書，即以『文』論，亦絕無今古之目。四、劉歆欲彌逢其作偽之跡，故校中祕書時，於一切古書多所羼[3]亂。五、劉歆所以作偽經之故，因欲佐莽篡漢，先謀湮亂孔子之微言大義。」崔適也同意這一觀點，他在《史記探源》中進一步闡述《左傳》是劉歆根據《國語》編造而成的偽書這一主張。他說：「劉歆破散《國語》，並自造誕妄之辭，與釋經之語，編入《春秋》逐年之下，托之出自中祕書，命曰《春秋古文》，亦曰《春秋左氏傳》。」錢玄同也曾多次著文，力證《左傳》是劉歆將原本《國語》一書瓜分為二的。此論一出，引起學術界的激烈爭辯。

錢穆強烈反對這一觀點。他認為：第一，劉歆沒有作偽的時間。劉向死於漢成帝綏和元年

3 羼：音同「懺」，攙雜、混雜之意。

（前八年），劉歆復領校五經在綏和二年（前七年），劉向死離劉歆領校五經才幾個月，劉歆「何得遍偽群經？」「在數月之間，欲偽撰《左氏傳》、《毛詩》、《古文尚書》、《逸禮》諸經，固為不可能。」第二，從劉歆個人的經歷及同時代人的言論上判斷，古代的書籍由繁重的竹簡製成，以劉歆一人之力難以偽造出群經。如果說是眾人所為，那麼與劉歆同時代的學者，有的還與劉歆共同參加整理五經的工作，為什麼沒有一人洩露其祕密說劉歆偽造諸經？第三，劉歆沒有必要偽造群經以助莽篡漢。錢穆考證，劉歆為古文諸經爭立博士時，王莽剛剛退職，劉歆沒有必要為一個失勢的外戚大臣造假獻媚。當時流行著陰陽五行學說，陰陽輪換、五行轉移、漢運將終的觀念早已流行於世間，劉歆不可能憑一己之力逆轉風氣。再者，他也沒有必要，也不可能為王莽篡漢製造「符命」。因此，錢穆認為《左傳》作為史書是非常可信的。本書一定是春秋之間瞭解各國史料者所記。劉歆憑一己之力是沒有這個能力偽造此書的。《左傳》真偽之所以是一件大學案[4]，就是由於康有為的發揮才成所謂的「學案」的。

總之，關於《左傳》作者的爭議，從前爭議不斷，現在也沒有一個定論。《左傳》作者是誰，當然還有其他的觀點。然而其他諸說，論據不足，難以信服。自唐朝以來，就有不少人對左丘明作《左傳》質疑，並且也能出示論據，但是直到現在也沒有定論。這三種主要的觀點也沒有確鑿之證據表明《左傳》確為某人所作，所以《左傳》的作者究竟為何人我們也沒有辦法證明，其真偽及其作者的爭論和研究，必然仍將進行下去。

造紙術是蔡倫發明的嗎？

在紙出現以前，人類曾經使用過許多材料來寫字記事。最初是把文字刻在龜甲上或獸骨上，叫做甲骨文；商周時代，人們又把文字鑄在青銅器上，或者刻在石頭上，叫做鐘鼎文、石鼓文；到了春秋末期，人們開始使用新的書寫記事材料，叫做「簡牘」，「簡」就是竹片，「牘」就是木片。把文字寫在竹片、木片上，十分便捷，可是連篇累牘，很是笨重。當時，也有用絹帛作書寫材料的，但絹帛價格昂貴，一般人用不起。

伴隨著生產的發展，社會的進步，人類不斷地在尋找新的書寫材料，最終發明了理想的書寫材料，那就是紙。造紙術的發明，不但改變了「簡重而帛貴」的現狀，而且促進了人類文明的進程。那麼造紙術是誰發明的呢？長期以來一般都歸功於東漢時的宦官蔡倫，《後漢書・蔡倫傳》明確記載：「自古書契多編以竹簡，其用縑帛（即按書寫需要裁好的絲織品）者謂之為紙。縑貴而簡重，並不便於人。倫乃創意（發明、創造）用樹膚、麻頭及敝布、漁網以為紙。元興元年（一〇五年），奏上之。帝善其能，自是莫不從用焉，故天下咸稱『蔡侯紙』。」由

4 學案：敘述學派源流及其學說並略加論斷的書籍。

於《後漢書》作者對這一事件的記錄非常明確，而且《後漢書》在當時和歷史上都具有重要意義和地位，所以在沒有其他歷史文獻為證的情況下，後人認定，是東漢蔡倫發明了造紙術。一些學者把蔡倫向漢和帝劉肇獻紙的西元一〇五年，作為紙的誕生年份。

但自從西元一九三三年，已故考古學家黃文弼在新疆羅布淖爾地區發現了一片西漢中葉古紙後，部分學者開始對造紙術的發明問題產生了不同的看法。這是一片麻紙，長約四十公分，寬約一百公分，紙面可清晰見到麻，在同一遺址中還發現有漢元帝元年（前四八年）的木簡，因此，黃文弼認為該紙當為西漢時期的文物，比「蔡倫造紙」早了一個半世紀。其後是一九五七年，在西安市東郊的灞橋再次出土了比新疆羅布淖爾的紙還要早約一個世紀的西漢初期古紙，而且有數十張之多，灞橋紙主要由大麻和少量苧麻的纖維所製成。在此之後，一九七三年在甘肅居延漢代金關遺址出土了西漢時的麻紙居延紙，一九七八年在陝西省扶風縣中顏村漢代窖藏中，也出土了西漢時的麻紙扶風紙。一九七九年在敦煌漢代烽燧遺址中掘出的馬圈灣紙，一九八六年，在甘肅天水市附近的放馬灘古墓葬中，出土了西漢初年文、景二帝時期（前一七九年—前一四一年）的繪有地圖的麻紙放馬灘紙。一九九〇年，在敦煌甜水井西漢郵驛遺址中發掘出了多張麻紙，其中三張紙上還有書寫文字。二〇〇二年，甘肅敦煌懸泉置遺址出土了二百多片紙文書殘片和麻紙，定名為蔡倫前紙——懸泉置紙。從同時出土的紀年簡牘和烽燧磚塊看，遺址的上限為漢武太始三年（前九四年），下限至魏晉，歷時四百年左右。主

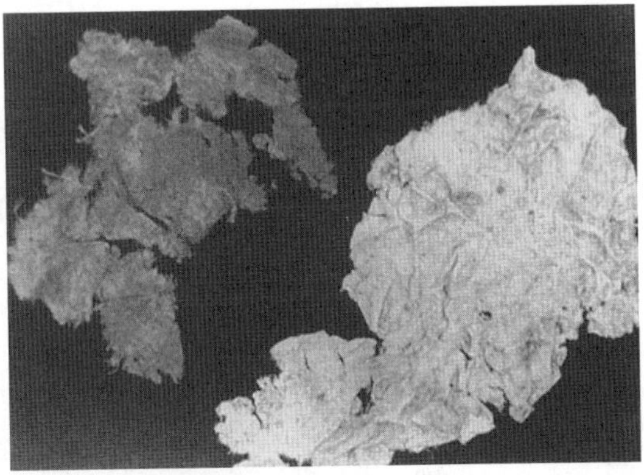

考古發現的西漢時期的紙

西元一九三三年考古學家黃文弼在新疆羅布淖爾發現了西漢時期的紙，其共存物的絕對年代為西漢宣帝黃龍元年（前四九年）。後來西安灞橋又出土了一些西漢紙，年代為武帝時期（前一四〇年－前八七年間）。

要用麻織物和很細的絲織物製作，用於書寫文件、信件及包裹物品。

這部分學者指出，除此以外，早在蔡倫以前，在史籍裡也有一些關於紙的記載。如《三輔舊事》上曾說：衛太子劉據鼻子很大，漢武帝不喜歡他。江充給他出了個主意，教他再去見武帝時「當持紙蔽其鼻」。太子聽從了江充的話，用紙將鼻子掩蓋住，進宮去見武帝。漢武帝大怒。這件事發生於西元前九一年。又如《漢書．趙皇后傳》記載：漢武帝寵妃趙飛燕的妹妹趙昭儀要害死後宮女官曹偉能，就派人送去毒藥和一封「赫蹄書」，逼曹偉能自殺。據東漢人應劭解釋，「赫蹄」就是「薄小紙也」（後人稱為絲綿紙）。再如《後漢書．賈逵傳》說，西元七六年年漢章帝令賈逵選二十人教以《左氏傳》，並「給簡、紙經傳各一通」。以上有關紙的文獻記載，都早於西元一〇五年，即蔡倫向漢和帝獻紙那一年。

綜合考古發現和史書記載，持否定造紙術是蔡倫發明的學者認為，「發明造紙術的是西漢人民。東漢人民在繼承西漢造紙技術後，又有所改進、發展和提高。至和帝時，尚方令蔡倫組織少府尚方作坊充足的人力、物力，監製出一批精工於前世的良紙，於元興元年奏上，經推廣後，『自是天下莫不從用焉』。」這是爭論中的一種意見，現在學術界傾向於這一種觀點，就連國中教科書也將「蔡倫發明紙」改為「蔡倫改進紙」。

然而，另一種意見則堅持認為，蔡倫是中國造紙術的發明者。這部分學者指出，根據漢代許慎《說文解字》中有關紙的解釋，在蔡倫之前古代文獻中所提到的紙，都是絲質纖維所造的，實際上不是紙，只是漂絲的副產品。根據造紙的一般原理，要造成一張中國式的植物纖維紙，一般都要經過剪切、漚煮、打漿、懸浮、抄造、定型乾燥等基本操作。二十一世紀考古學家發現的幾種「紙」，實際上都不符合這一特徵。

例如灞橋紙，經過實體顯微鏡和掃描電子顯微鏡對其紙樣進行觀察，不少纖維束橫過整個紙狀物表面，而且大多數纖維在自然端部並未斷開，從紙狀物的邊緣又折回到其表面上來。這說明所謂灞橋紙基本上未經過造紙過程必不可少的重要環節——剪切。顯微鏡還觀察到灞橋紙纖維壁光滑完整，無帚化分絲起毛現象，又說明所謂灞橋紙未經過造紙的另一個關鍵環節——打漿。灞橋紙沒有經過剪切、打漿等造紙的基本操作過程，不能算真正的紙。或許只是漚過的紡織品下腳料，如亂麻、線頭等纖維的堆積物，由於長年墊襯在古墓的銅鏡之下，受鏡身重量的壓力而形成的片狀。並且灞橋紙的發現過程也值得懷疑，當時出土物已經離開了現場，是四天之後在工人宿舍存放的出土物中撿到的，而且撿來之後散亂地放置在取土處一旁的空地上，長時間無人管，並非是外界宣揚的從西漢墓取出。有的研究者還從出土的灞橋紙上辨認出上面留有與正楷體相仿的字跡，酷似新疆出土的東晉寫本《三國志．孫權傳》上的字體，據此認為灞橋紙可能是晉代的產品。

對於蔡倫前紙——懸泉置紙被定為西漢紙，同樣證據不足。懸泉置紙出土的遺址一年中大多數時候風沙強勁，風沙攪動地表隨時可擾亂廢棄堆積物（古紙主要是從垃圾堆積坑中掘得的）。歷史上，懸泉驛站曾多次翻修重建，旁邊有魏晉烽燧遺址，烽燧亦多次坍塌重建和修繕，驛站本身曾被掩過、被大火燒過。在這諸多的因素下，考古中的土層和器物的關係就顯得有些複雜，許多時候需要考古人員用經驗去識別和判斷，如果死板地僅僅依據土層和器物共生的關係，難免會捉襟見肘。譬如在第一層（表土層），就出土了不應該同時出現的西漢紀年竹簡和宋明時的器物。並且根據書法學家鑒定，懸泉西漢紙上的字跡明顯地顯示了魏晉時代的書法特徵，這與西漢紙出現了時間上的錯位。

另外幾種西漢紙，經現代技術檢測，居延紙與扶風紙屬同一種類型，它們雖具備了紙的初步形態，但它們只經過部分最簡單的製作環節，非常粗糙，只能算作紙的雛形。馬圈灣紙被鑒定為雙面塗布紙，而加填和塗布工藝是很晚的時候才出現的工藝。有專家曾鑒定此紙為唐紙。至於放馬灘紙，也有不少疑點，假設此紙地圖是從西漢墓中取出，該墓內已被積水長年浸潤，而且死者衣服屍骨皆蕩然無存，一張經過兩千餘年風化的薄脆的紙怎麼能完好存世呢？

這部分學者也舉出史書記載與否定蔡倫造紙的學者針鋒相對：第一、《後漢書》有關蔡倫造紙的記載主要取自劉珍的《東觀漢記》。劉珍和蔡倫是同時代的人，應為可信。第二、王隱在《晉書》中記載：「蔡倫以故布搗剉作紙。」第三、晉人張華在《博物志》中說：「蔡倫煮樹皮以造紙。」第四、東漢人桑軟在《水經》中稱蔡倫「搗故漁網為紙」。第五、《後漢書集解》引用了《晉書》版本之一，稱「蔡倫搗故布、漁網抄作紙」。

總之，對於「造紙術發明人是否是蔡倫」的爭論，四十多年來，學術界也一直未能達成統一意見。堅持「蔡倫造紙」的學者認為，中國的重大歷史問題不應輕易否定；而否定者則認為，在考古實踐與文獻記載發生矛盾時，應該以考古事實修正文獻記載。其實，不論蔡倫是造紙術的發明者，還是造紙術的改良者，造紙都是中國的偉大發明之一，是對世界文明的傑出貢獻，這一歷史定論是無可非議的。

傳國玉璽失蹤之謎

「璽」在秦以前尊卑通用，官、私印均可稱「璽」。漢蔡邕《獨斷》云：「璽者，印也；印者，信也。」到了秦始皇時，秦始皇下令鐫刻皇印，宣稱只有皇帝印才可稱璽，奉為天命的象徵；又獨以玉，作為歷代帝王相傳之印璽，所以叫「傳國玉璽」，又稱「傳國璽」。

傳國玉璽方圓四寸，上紐交五龍，正面刻有李斯所書「受命於天，既壽永昌」八篆字，以作為「皇權神授、正統合法」的信物。秦始皇死後，歷代帝王都以得此璽為符應，奉若奇珍，尊為國之重器。得到此璽則象徵其「受命於天」，失去此璽則表示其「氣數已盡」。如有皇帝登大位而沒有此璽，就被譏為「白版皇帝」，顯得底氣不足而為世人所輕蔑。這更加促使後世皇帝對這塊傳國玉璽的爭奪，致使這塊寶物屢易其主。然而，它在流傳一千多年後，卻神祕地失蹤了。幾千年來，有關它的傳說也無不充滿著神祕的色彩。

傳國玉璽就材於和氏之璧。春秋時，楚國人卞和在山中得到一塊璞玉，獻給厲王。楚王讓玉工辨識，玉工鑒定為石頭，楚王以欺君罪斷卞和左足。後來武王即位，卞和又獻玉，但仍以欺君罪再斷右足。西元前六九〇年，文王即位，卞和抱玉痛哭。文王派人問他，他說：「吾非悲刖也，悲夫寶玉而題之以石，貞士而名之以誑。」文王讓人把璞剖開，果然是寶玉，便稱之為和氏璧。楚威王時，相國昭陽滅越有功，威王將和氏璧賞賜給他。但是不久後昭陽就將它丟失了，有人懷疑是他的門人張儀偷走，拘留張儀審訊。張儀一氣之下，離楚入魏，後來到了秦國，被拜為秦相。

戰國時，趙惠文王從太監繆賢處得到了和氏璧，秦昭王得知後，打算強取，後來藺相如據理力爭，將和氏璧「完璧歸趙」。秦王政十九年（前二二八年），秦王嬴政破趙，得和氏璧。嬴政一統天下，稱始皇帝。命李斯篆書「受命於天，既壽永昌」八字，咸陽玉工孫壽將和氏璧磨平，雕琢為璽，即為傳國玉璽。秦王政二十八年（前二一九年），秦始皇過洞庭湖口，這時風浪驟起，龍舟將傾，於是始皇將璽拋入湖中，祈神鎮浪，傳國玉璽就此第一次失蹤。而八年後，華陰平舒道有人又將此傳國玉璽奉上。從此，傳國玉璽隨著江山易主，盡嘗坎坷流離之苦。

秦子嬰元年（前二〇七年）冬，劉邦率軍入咸陽至霸上，秦王子嬰投降，奉上始皇璽。秦亡後劉邦即天子位，傳國玉璽得歸劉漢。因御服其璽，世世傳授，稱為「漢傳國璽」，也稱「漢傳國寶」。

西漢末年，王莽專權，當時皇帝孺子年僅二歲，傳國玉璽置於長樂宮，由元帝王皇后代為掌管。王莽篡位，建立新朝，派他的弟弟舜前去索要，太后大罵：「我老已死，如而兄弟，今族滅也！」將傳國玉璽摔在殿廷，玉璽被摔碎一角，後來用黃金鑲補。地皇三年（二二三年），王莽被殺，璽被校尉公賓就所得，獻給綠林軍將領李松。又由李松派人送給更始帝劉玄。劉玄為赤眉軍所擄後，傳國玉璽落入赤眉軍擁立為帝的劉盆子手中。後來劉盆子兵敗，將傳國玉璽拱手奉與東漢光武帝劉秀。東漢末年，宦官專權，外戚何進謀誅宦官不成，反為宦官所害。袁紹領兵入宮誅殺宦官，宮中大亂，漢少帝劉辯夜出北宮避難，倉促間未帶傳國玉璽，返宮後傳國玉璽杳無下落。

東漢末年，董卓叛亂，天下豪強在袁紹、袁術的率領下討伐董卓，洛陽城內一片混亂，董卓棄城逃往長安。孫堅率兵駐紮在洛陽城南宮殿中，一天突然發現宮殿中一口井內閃著五彩的光，孫堅感覺奇怪，於是命令手下人下井探望，不想卻撈著一位宮女的屍體，此女的脖子上戴著一個錦囊，打開一看，內有一個用金鎖鎖著的朱紅小匣，啟開小匣，裡面有一玉璽，上面有篆文八字「受命於天，既壽永昌」，玉璽缺一小角。孫堅知道這正是秦始皇的傳國玉璽，竊喜這莫非是天意讓他當皇帝。孫堅將璽祕藏於妻吳氏處，沒想到他手下的一個士兵與袁紹是同鄉，將此事告知袁紹。袁紹早有篡奪帝位之心，當然想占有傳國玉璽，他下令扣押了孫堅的妻子，孫堅被逼無奈，只好交出玉璽。後來袁氏兄弟敗在了曹操的手下，傳國玉璽又回到了漢獻帝的手裡。

曹魏代漢，傳國玉璽作為「君主神授」的象徵，落入曹丕之手。曹丕使人在傳國玉璽肩部刻下八個隸字「大魏受漢傳國之璽」。西晉受禪，傳國玉璽又落入司馬氏手中。此後，北方陷於五胡十六國分裂動盪的局面，傳國玉璽幾經輾轉，又落入東晉征西將軍謝尚之手，謝尚把它用三百精騎連夜送至首都建康，獻給晉穆帝，傳國玉璽重歸晉朝司馬家。西元四二〇年，劉裕廢東晉恭帝自立為帝，國號宋，史稱劉宋；在南朝，傳國玉璽歷經了宋、齊、梁、陳的更迭。南朝梁武帝時，降將侯景反叛，攻破宮城，劫得傳國玉璽。不久侯景敗死，他的部將侯子鑒將玉璽投到了棲霞寺的井中，有一個寺僧將玉璽撈出收存，後來他的弟子將玉璽獻給了陳武帝。楊堅建立隋朝後，西元五八九年，滅陳統一全國，傳國玉璽入了隋宮。唐初，太宗李世民因無傳國玉璽，於是刻數方「受命寶」、「定命寶」等玉璽，聊以自慰。西元六三〇年，李靖率軍討伐突厥，同年，蕭皇后與隋煬帝之孫背東突厥而返歸中原，傳國玉璽歸於唐朝。唐末，天下大亂，群雄四起。朱溫篡唐後，傳國玉璽又遭厄運。後唐廢帝被契丹擊敗，登樓自焚，玉璽也遭焚燒，下落不明。郭威建後周後，遍尋傳國玉璽不著，無奈鐫「皇帝神寶」等印璽兩方，一直傳至北宋。北宋哲宗時，有一個農夫在耕田時發現了傳國玉璽，送至朝廷。經十三位大學士依據前朝記載多方考證，認定這就是秦始皇所製傳國玉璽。但是朝野也有一些有識之士懷疑它的真偽。宋靖康元年（一一二六年），金兵破汴梁，徽欽二帝被擄走，傳國玉璽也被大金國掠走，隨後便銷聲匿跡。

西元一二九四年，元世祖忽必烈去世，傳國玉璽忽然出現於大都集市，伯顏命人購買，玉璽從此歸入大元。伯顏曾將元帝國從各處收繳來的歷代印璽磨平，分發給王公大臣刻製私人印章。西元一三六八年，朱元璋在建康稱帝，建大明，大元朝廷逃往蒙古草原。明朝初，明太祖遣徐達入漠北，追擊遁逃的大元朝廷，期望得到傳國玉璽，最終還是空手而返。至此，經歷了一千五百多年風風雨雨的傳國玉璽就此湮沒在漫漫的歷史長河中。

明清兩代，偶爾有傳國玉璽現身之鼓噪，但都是附會、仿造之贗品。明弘治十三年（一五〇〇年），有一名陝西人得到一塊玉印，據稱為傳國玉璽，呈獻明孝宗，但明孝宗對此深表懷疑，沒有採用。明末，相傳由元順帝帶入漠北的傳國玉璽，為其後裔林丹汗所有，林丹汗兵敗之後，璽落入後金太宗皇太極手中，皇太極因此稱皇帝，定國號為「大清」，表示要占領中原，取代明朝的統治。

清朝初期，故宮交泰殿藏御璽三十九方，其中一方刻有「受命於天，既壽永昌」八字的玉璽被稱為傳國玉璽。但乾隆欽定御璽時，卻將這塊玉璽剔除在外，由此可見，這是一塊傳國玉璽的贗品。直到西元一九一二年十一月，馮玉祥發動北京政變，末代皇帝溥儀被馮玉祥驅逐出宮，此傳國玉璽復不見蹤影。當時馮部將領鹿鐘麟等人曾追索此鑲金玉璽，至今仍無下文。據說，玉璽現在臺灣的故宮博物院，但這只是一種猜測。

歷經兩千餘年的風風雨雨，傳國玉璽數隱數現，自從五代時期傳國玉璽失蹤，這塊國寶真假難辨。那麼，真正的傳國玉璽到底在哪裡？沒有人能回答。

諸葛亮是否造出木牛流馬

《三國演義》第一百○二回中，有諸葛亮製造木牛流馬的描述：「忽一日，長史楊儀入告曰：『即今糧米皆在劍閣，人夫牛馬，搬運不便，如之奈何？』孔明笑曰：『吾已運謀多時也。前者所積木料，並西川收買下的大木，教人製造木牛流馬，搬運糧米，甚是便利。牛馬皆不水食，可以晝夜轉運不絕也。』眾皆驚曰：『自古及今，未聞有木牛流馬之事。不知丞相有何妙法，造此奇物？』孔明曰：『吾已令人依法製造，尚未完備。吾今先將造木牛流馬之法，尺寸方圓，長短闊狹，開寫明白，汝等視之。』眾大喜。」

緊接著介紹了製造木牛之法：「方腹曲頭，一腳四足；頭入領中，舌著於腹。……每牛載十人所食一月之糧，人不大勞，牛不飲食。造流馬之法：肋長三尺五寸，廣三寸，厚二寸二分……眾將看了一遍，皆拜伏曰：『丞相真神人也！』」

司馬懿聽說後，派人去搶了數匹木牛、流馬，並將這些木製的牛馬拆卸開來，描圖畫形加以仿造，不到半月，竟也造出了千餘匹，一經使用，也與蜀軍所造效果一樣，奔走進退如活的一般。於是，魏軍也用它們去陝西搬運糧草，自以為得計，「往來不絕」。豈不知，這恰恰中了諸葛亮之計。原來，表面上看，魏軍造的木牛流馬與蜀軍所造幾無二致，但在這些牛馬的口舌之內卻有訣竅機關。當諸葛亮發現魏軍開始用他們仿造的木牛流馬搬運糧草時，不由得心中一陣暗喜，便派大將王平帶領一千名士兵以魏軍打扮混入運輸隊，暗中將木牛、流馬口中舌頭扭轉，牛馬便不能行動。正當魏兵懷疑為怪物時，諸葛亮又派五百名士兵裝扮成神兵，鬼頭獸身，用五彩塗面，一邊燃放煙火，一邊驅牛馬而行。魏兵目瞪口呆，以為諸葛亮有神鬼相助，也不敢追趕，諸葛亮就這樣輕而易舉地獲得許多糧草。

這麼神奇的運輸工具，能夠「人不大勞，牛不飲食」，在當時可算是巧思絕作了，因而有詩讚曰：「劍關險峻驅流馬，斜谷崎嶇駕木牛。後世若能行此法，輸將安得使人愁？」然而根據現在的品質守恆定律，木牛、流馬類似於永動機，這是不符合歷史規律的，所以不少人認為，所謂木牛、流馬純為小說家的杜撰。

然而根據史書記載，諸葛亮確實製造過木牛、流馬。《三國志．諸葛亮傳》記載：「（建興）九年（二三一年），亮復出祁山，以木牛運，糧盡退軍……十二年（二三四年）春，亮悉大眾由斜谷出，以流馬運，據武功五丈原，與司馬宣王對於渭南。」儘管上述記載沒有《三國演義》描繪的那麼神奇，但也可以從中看出諸葛亮以木牛、流馬運糧的歷史事實。那麼，木牛、流馬究竟是什麼樣的機械呢？

《諸葛亮集》中的一段文字，應該是可靠的資料：「木牛者，方腹曲頭，一腳四足，頭入領中，舌著於腹。載多而行少，宜可大用，不可小使；特行者數十里，群行者二十里也。曲者為牛頭，雙者為牛腳，橫者為牛領，轉者為豐足，覆者為牛背，方者為牛腹，垂者為牛舌，曲者為牛肋，刻者為牛齒，立者為牛角，細者為牛鞅，攝者為牛鞦軸。牛仰雙轅，人行六尺，牛行四步。載一歲糧，日行二十里，而人不大勞。」這段記載，儘管對木牛的形象作了描繪，並且下文還對流馬的部分尺寸作了記載，但是因為沒有任何實物與圖形存留後世，多年來，圍繞著木牛、流馬，人們做過許多猜測。

一種意見認為，木牛、流馬都是經諸葛亮改進的普通獨輪推車。這種說法，源自《宋史》、《後山叢談》、《稗史類編》等史籍，認為木製獨輪小車在漢代稱為鹿車，諸葛亮加以改進後稱為木牛、流馬，北宋才出現獨輪車的稱呼。這兩種獨輪車都很獨特，其車形似牛似馬，具有獨特的運輸功能。木牛有前轅，引進時人或畜在前面拉，人在後面推。而流馬和木牛大致相似，只是沒有前轅，行進時不用拉，僅靠人推。值得一提的是，三國時蜀漢偏處西南一隅，馬匹有限，並且多被用於騎兵作戰。運糧運草主要靠人力，這樣，木牛、流馬便應運而生，發揮了很大的作用。這種說法還以四川省渠縣蒲家灣東漢無名闕背面的獨輪小車浮雕等實物史料為佐證，認為這些東漢的獨輪車，都再現了木牛、流馬的模樣。但是，有人對此頗有微詞，認為四輪車與獨輪車的機械原理十分簡單，無須大書特書，諸葛亮的本領也不至於如此平庸。

還有一種意見認為，木牛、流馬是新款的自動機械。《南齊書．祖沖之傳》說：「以諸葛亮有木牛流馬，乃造一器，不因風水，施機自運，不勞人力。」意思指祖沖之在木牛、流馬的基礎上，造出更勝一籌的自動機械。以此推論，三國時期利用齒輪製作機械已屬常見，後世所推崇的木牛、流馬，不可能是漢代已有的獨輪車，很有可能是令祖沖之感興趣的、運用齒輪原理製作的自動機械。然而遺憾的是並無實物留於後世。

第三種意見認為，木牛、流馬是四輪車和獨輪車，但是何者為四輪，何者為獨輪卻觀點截然相反。宋代高承《事物紀原》卷八認為：「木牛即今小車之有前轅者；流馬即今獨推者是，而民間謂之江州車

蜀道遺址

蜀道又稱閣道、棧閣，是古代川陝之間著名遺跡。歷史上許多文人墨客曾有不少描寫，以唐朝李白的《蜀道難》最為膾炙人口。棧道開鑿始於先秦，《史記》有「棧道千里通於蜀漢」的記載。歷代續有修葺，三國時期曾用作攻曹運糧之道，今閣道已廢，岩壁上洞孔猶存。洞分上中下三層排列，中層孔洞用作插木樁，上鋪木板以作行道，下層作支撐孔眼，上層用以搭篷避雨。每個孔洞約三十公分見方，深五十公分左右。

子。」而史學家范文瀾則認為，木牛是一種人力獨輪車，有一腳四足。所謂一腳就是一個車輪，所謂四足，就是車旁前後裝四條木柱；流馬是改良的木牛，前後四腳，即人力四輪車。雖然它們的尺寸與古代的木牛流馬不相同，但工作原理差不多：木牛的載重量比較大，行進緩慢，比較適宜在平緩的道路上運行；流馬則是專門用於山區運輸的工具。並推測，當年諸葛亮北伐曹魏，所需糧草需要從遙遠的川西平原運到秦隴地區，沿途既有平原也有山地。尤其是出川的「蜀道」，艱險崎嶇，沿江的許多棧道是在峭壁上開鑿的，又窄又險，有的只有一公尺多寬，也只能容納「流馬」這種獨輪車通過。這兩種完全相左的論斷，我們也沒法評判哪一種正確。

還有一種爭論更有意思，即木牛和流馬究竟是一物還是兩物。研究三國史的專家譚良嘯認為，木牛和流馬為一物，是一種新的人力木製四輪車；新疆大學機械工程學院高級工程師王湔也認為，二者同屬一物，並製造出一種具有牛的外形、馬的步態的模型。也有其他專家認為，木牛與流馬是兩種東西，前者是人力獨輪車，後者是經改良的四輪車。上海同濟大學園林建築專家陳從周等則勘察了川北廣元一帶現存古棧道的遺跡，掌握了寬度、坡度及承重等資料，認為二者乃二物：木牛有前轅，引進時有人或畜在前面拉，後面有人推；流馬與木牛大致相同，但沒有前轅，不用人拉，僅靠推力行進，外形像馬。

上述幾種觀點，不一而足，究竟哪一種說法最符合木牛流馬的原貌，至今仍難以評說。後來，四川省博物館文物修復專家李剛把三千多塊碎陶片復原成一輛完整的三輪馬車，該車的斷

裝有立架的獨輪車

代在東漢與三國之間。他認為就是歷史上傳說的諸葛孔明的木牛流馬。這輛是一件殉葬品，只有實物三分之一大。高一點一五公尺，車廂高一公尺，全長二點五六公尺。該車有很多先進之處。首先，一般馬車只有兩個輪子，這樣，馬不僅要費力拉車，還要承擔車身的重量；而三輪馬車的出現減輕了馬的承重負擔，增加了馬車的穩定性，讓它的牽引力更大，從而運送更多更重的貨物。其次，傳統二輪馬車的車身和馬之間靠「轅」連接，「轅」的長度註定了馬車轉彎半徑大，不適合在狹窄的山路上行走；而三輪馬車在前面的輪子和後面的車廂之間有個「轉向器」，適合在狹窄山路上轉彎。不過對於「人不大勞，牛不飲食」，李剛也不能解釋清楚。諸葛亮如果九泉之下有知，一定會後悔當初沒有留下詳細的製作圖解供後人參考明白了。

曹操殺華佗之謎

華佗（約二世紀—三世紀初），字元化，沛國譙縣（今安徽省亳州市）人。他在年輕時，曾到徐州一帶訪師求學，「兼通數經，曉養性之術」。沛相陳圭推薦他為孝廉，太尉黃琬請他去做官，都被他一一謝絕，遂專志於醫藥學和養生保健術。他行醫四方，足跡與聲譽遍及安徽、江蘇、山東、河南等省。

曹操聞聽華佗醫術精湛，徵召他到許昌為自己看病。曹操常犯頭風眩暈病，經華佗針刺治療有所好轉。《三國志》對此的記載是：「佗針鬲，隨手而差。」後來，隨著政務和軍務的日益繁忙，曹操的頭風病加重了，於是，他想讓華佗專門為他治療頭風病，做自己的侍醫，但是華佗卻不願意。他藉口妻子有病，告假回家，不再到曹操那裡去了。曹操非常憤怒，派人到華佗家裡去調查，他對派去的人說：如果華佗的妻子確實有病，就送給他小豆四十斛；要是沒有病，就把他逮捕來辦罪。

傳說華佗被逮捕送到曹操那裡以後，曹操仍舊請他治病。他給曹操診斷後對曹操說：「此近難濟，恆事攻治，可延歲月。」意思是說，你的病在短期內很難徹底治好，即使長期治療，也只能苟延歲月。而要全部治好，使之不再重犯則需要先飲「麻沸散」，麻痺腦部，然後用利斧砍開腦袋，取出「風涎」，這樣才可能去掉病根。多疑的曹操以為華佗是要藉機殺他，為關羽報仇，於是命令將華佗殺害。

華佗知道曹操不會放過他的，於是抑制住悲憤的心情，逐字逐句地整理他的三卷醫學著作——《青囊經》，希望把自己的醫術流傳下去。這三卷著作整理好以後，華佗把它交給牢頭，牢頭不敢接受。在極度失望之下，華佗把它擲在火盆裡燒掉。牢頭這時候才覺得可惜，慌忙去搶，只搶出一卷，據說這一卷是關於醫治獸病的記載。華佗沒有留下專門著作，這是中國醫學的一個重大損失。

但是，華佗之死責任果真全在曹操嗎？華佗真的沒有任何過失嗎？

《三國演義》中有一節〈治風疾神醫身死，傳遺命奸雄數終〉，描寫了華佗被曹操殺害的情形。《三國演義》雖然是文學作品，其中有著大量的虛構成分，但是，華佗因為要給曹操「開顱醫病」而被曹操殺害確是不爭的歷史事實。受《三國演義》的影響，今天的許多史學家大都認為，華佗不僅醫術高明，而且醫德高尚，時刻心繫天下百姓的疾苦，不肯服侍權貴。但，華佗真是這樣的一個人嗎？

在中國古代社會裡，「萬般皆下品，唯有讀書高」和「學而優則仕」是眾多讀書人的信條。華佗所生活的東漢末期，社會上讀書做官的熱潮已經達到頂點，公卿大多數是熟悉經術者，漢順帝時太學生多達三萬人，學儒讀經成為社會風尚，而醫藥技術雖為上自帝王、下至百姓所需，但卻為士大夫所輕視，大夫的社會地位不高。這種社會風尚不能不對華佗有所影響。據《三國志．魏書．方技傳》記載，華佗年少時曾經在徐州一帶遊學，是個「兼通數經」的讀書人，在當地很有名氣。眾所周知，科舉制起源於隋朝，東漢時期普通讀書人進入仕途的途徑只有被「舉孝廉」，也就是因為品德高尚而被推薦進入官場。

沛國相陳珪和太尉黃琬都曾薦舉華佗為孝廉，徵辟他做官，但是華佗卻頗為自負，認為自己才氣大，而不屑於去做他們舉薦的那些低級文案工作。再者，華佗此時已經迷戀上醫學，他不願意為此小官而拋棄所喜好的醫學。

正如《三國志．魏書．方技傳》中寫的那樣：「然本作士人，以醫見業，意常自悔。」華佗在行醫的過程中，深深地感到大夫地位的低下。由於他的醫術高明，前來請他看病的高官權貴越來越多，他的名氣也越來越大。在這些高官權貴的眼中，華佗即使醫術再高明，也只是一個大夫而已，在同他們的接觸過程中，華佗的失落感更加強烈，性格也變得乖戾了，難以與人相處，因此，范曄在《後漢書．方術列傳》中毫不客氣地說華陀「為人性惡，難得意」。在後悔和自責的同時，他在等待入仕為官機遇的再度降臨。

恰恰在此時，曹操得知了醫術高明的華佗，而華佗也彷彿看到了走入宦途的機會。華佗正是想利用為曹操治病的機會，以醫術為手段，要脅曹操給他官爵。頭風病確實比較頑固，在古代的醫療條件下，想要徹底治癒確實很困難，華佗雖為神醫，也未必有治癒的良策。但若說即使「恆事攻治」，也只能苟延歲月，死期將近，就未免危言聳聽了，很明顯有要脅的成分在內。

但是，曹操畢竟不是一般的人物，他識破了華佗的用心。他後來說：「佗能愈此。小人養吾病，欲以自重。」意思是說，華佗能治好這病，他為我治病，想藉此抬高自己的身價。曹操對華佗的「要脅」很不滿，他並沒有滿足華佗的要求。

於是，華佗便以家中有事為藉口，請假回家。到家後華佗又託詞妻子有病，一直不回，對曹操進行再度要脅。曹操大怒，將華佗拘捕。為了治病，曹操再度容忍華佗，沒有將他處死，但是華佗卻提出了用利斧砍開腦袋，取出「風涎」，去掉「病根」的治療方法。多疑的曹操再也不能容忍，將華佗殺害。

那麼，假如曹操真的同意用此方法療病，會出現什麼結果呢？

首先，動手術便克服不了感染的問題。當時的醫療條件下，華佗所使用的器械「利斧」根本不可能做到無菌，在有菌的條件下進行頭部的手術，曹操在手術後肯定會發生顱內感染，由於當時沒有有效的抗生素，僅僅一個感染就足以置曹操於死地。現代醫學那麼發達，手術後的感染都經常發生，稍有不慎就會造成感染不利癒合。曹操那時動手術，後果就可想而知了，除非曹操的抵抗能力非常強，否則他必死無疑。然而曹操當時已經不再強壯了，他的抵抗能力能經得住華佗的折騰嗎？

其次，華佗能夠順利地進行腦部手術嗎？華佗的確是當時最傑出的神醫，但他對人的大腦研究以及是否做過腦科手術，在史書中並無一字記載。按照顱腦的解剖來看，人的大腦不同區域的功能也不同，有分管語言的語言中樞、記憶中樞、視覺中樞和味覺中樞。人類認識大腦的解剖只不過是近代的事情，就算是現在，大腦斜坡部位仍是手術的相對禁區。按照當時的認識，華佗不可能知道大腦的精細解剖結構，如果真動手術，稍有不慎，曹操就會立即命喪黃泉。

再次，華佗能否對曹操進行急救也是一個問題。開顱手術時要有起碼的急救設備，比如心電監護設備、輸血補液設施、吸氧設備等，這些起碼的設備缺一不可。一旦血壓下降或者是心跳驟停，在這些起碼的急救條件不具備的情況下，曹操開顱定是凶多吉少。

除此之外，華佗開顱面臨的醫學問題還有不少，不論哪一項不具備，開顱都是十分危險的事情。曹操不開顱尚且可以存活一段時間，如果開顱必然是九死一生。生性多疑的曹操豈能容忍這樣的結果？在這種情況下，曹操認為華佗是在故意暗害自己也是講得通的。

曹操殺害華佗雖然主要是憑藉自己的好惡，但是，從《漢律》上講，也有他的依據。曹操在「挾天子以令諸侯」的情況下，以「動以王法從事」著稱。無論是理政還是治軍，甚至齊家，誡子，曹操都以《漢律》為基本準則。依照《漢律》的規定，華佗犯了兩宗罪：一是欺騙罪，二是不從徵召罪，而令華佗命喪黃泉的主要是後者。《漢律》中有「大不敬」罪，對「虧禮廢節」之犯者要處以重刑。《漢書．中屠嘉傳》便載有人「通小臣，戲殿上，大不敬，當斬」的案例。

「大不敬」的具體內容較多，其中「徵召不到大不敬」便適用於華佗所犯之罪。在當時的情況下，曹操以此為華佗定罪，別人也就無話可說了。

曹操七十二疑塚之謎

曹操，字孟德，小字阿瞞，沛國譙縣（今安徽省亳州市）人。中國東漢末年軍事家、政治家及詩人。他出生在官宦世家，其父親曹嵩原是夏侯氏的後裔，後來成為宦官曹騰的養子。曹操文武雙全，《魏略》說他「才力絕人，手射飛鳥，躬禽猛獸，嘗於南皮，一日射雉獲六十三頭」。《三國志》說他「才武絕人」。

西元一九二年，他正式組建了自己的軍事集團「青州兵」，西元一九六年率軍進駐京城洛陽，「挾天子以令諸侯」。後來，經官渡之戰等戰役，打敗袁紹和其他割據軍閥，統一中國北部。建安十三年（二〇八年）十二月，於赤壁之戰中敗於孫權和劉備聯軍，從此形成中國歷史上魏蜀吳三國割據的局面。西元二一三年，曹操晉爵魏王，名義上雖為漢臣，但權傾朝野，實際上已是皇帝。曹操死於西元二二〇年三月十五日，終年六十六歲。

但是這樣一個權力與地位不亞於帝王的梟雄卻提倡薄葬，西元二一八年，他頒布了一道《終令》，再次提出死後不要厚葬，要將自己埋葬在瘠薄的土地上，依照地面原有的高度作為壙基，陵上不堆土，不植樹。一年後，他為自己準備了送終的四季衣服，並留下遺囑說：「我如果死了，請按當時季節所穿衣服入殮，金玉珠寶銅器等物，一概不要隨葬。」

為了防止死後陵墓被盜，在力主和實踐「薄葬」的同時，他還採取了「疑塚」的措施。傳說在安葬他的那一天，七十二具棺木從東南西北四個方向，同時從各個城門抬出。那麼這種傳說到底是不是真的呢？假如是真的，這七十二座陵墓在什麼地方呢？

一種觀點認為，曹操並沒有祕葬，更未設疑塚，只不過是主張喪葬從簡而已。從現存的史料看，曹操對自己墓葬的安排得到了認真的落實。他的兒子曹丕的《策文》、曹植的《武帝誄》中都描述了葬禮和入殮的情況，不僅交代了葬在鄴城之西，而且寫到曹操入殮時穿的是補過的衣服。晉代文人陸機、陸雲兄弟的《吊魏武帝文（並序）》等作品中，都有關於曹操喪葬和墓田情況的介紹。在《三國志》和《晉書》等史書中司馬懿、賈逵、夏侯尚等人的傳記裡也都有他們護送曹操靈柩到鄴城入葬的記載。

如果一定要說曹操設疑塚的話，那他就是在留給後人的這麼多史料上都作了假，不僅在生前，死後還有兒子、大臣以及改朝換代後的文人、史家出力，且在隨後的幾百年間無人發現，之後卻被人沒有多少切實依據而指出來，這似乎有些荒誕。

根據有關記載顯示的情況是，由於喪葬從簡，沒有建設高大堅固的祭殿，在戰火中，曹操的祭殿逐漸遭到了破壞。因為曹操的墓中沒有隨葬金玉器物，也不為盜墓者所重視，再加上沒有封土建陵，也沒有植樹，過了幾個朝代之後，曹操墓所在便無人知曉了。史料顯示，到唐代人們對曹操墓的位置還沒有什麼疑問，唐太宗李世民曾到過曹操墓，作文為祭。宋代司馬光著的《資治通鑒》中仍有曹操葬於高陵的記載，元人胡三省的注中更是指出高陵在鄴城之西。從《三國志》到《資治通鑒》，曹操的喪事和墓葬，在史書記載中沒有多少疑問。從北宋開始，雖然曹操墓的位置在史書上有記載，但在實際的地理環境中就沒有人知道其真實的所在了。

從北宋開始，因為多種原因，曹操的奸雄形象開始定型，其墓址不詳就成了反映他奸詐的一個證明。鄴城以西有北朝墓群，被傳為曹操的七十二疑塚，並從口頭傳說逐漸進入詩文，羅貫中在《三國演義》中，將傳說加以渲染，成了曹操遺命於彰德府講武城外，設立疑塚七十二。傳說成了遺命，顯示出曹操一息尚存就要行詐，渲染了其奸雄形象。南宋人羅大經《鶴林玉露》說：「漳河上有七十二塚，相傳云曹操塚也。」俞應符在《曹操疑塚》中寫道：「生前欺天絕漢統，死後欺人設疑塚。人生用智死即休，何有餘計到丘隴。人言疑塚我不疑，我有一法君未知，盡發七十二疑塚，必有一塚藏君屍。」元人陶宗儀《南村輟耕錄》也寫道：「曹操疑塚七十二，在漳河上。」

蒲松齡《聊齋志異》中也收入了一篇《曹操塚》並將地點從鄴城擴大到許昌城外，位置從地下擴大到水底，點出曹操墓可能在其設的七十二疑塚之外，更顯示出其詭詐。褚人穫《堅瓠集》續集有「漳河曹操墓」條，說有捕魚者，見河中有大石板，旁有一隙，入行數十步得一石門，「初啟門，見其中盡美女，或坐或臥或倚，分列兩行。有頃，俱化為灰，委地上。有石床，床上臥一人，冠服儼如王者。中立一碑。漁人中有識字者，就之，則曹操也。」隨著這些傑作的流傳，曹操墓之謎就更加地引人注目，也更加撲朔迷離了。在眾口相傳的民間輿論面前，史料顯得有些蒼白無力。

西元一九八八年《人民日報》發表一篇文章《「曹操七十二疑塚」之謎揭開》說：「聞名中外的河北省磁縣古墓群最近被國務院列為第三批全國重點文物保護單位。過去在民間傳說中被認為是『曹操七十二疑塚』的這片古墓，現已查明實際上是北朝的大型古墓群，確切數字也不是七十二座，而是一百三十四座。」關於疑塚的說法便被確證不是真的了。

那麼，曹操的墓葬在哪兒呢？一些人根據古詩「銅雀宮觀委灰塵，魏之園陵漳水濱。即令西湟猶堪思，況復當年歌無人」，認為曹操墓是在漳河河底。還有人根據民謠「漳河水，沖三臺，沖塌三臺露出曹操的紅棺材」，認為曹操墓在鄴城的銅雀臺等三臺之下，這幾種說法與史實明顯不符，也沒有考古發現的證據。

還有一些人認為，曹操的陵墓在其故里譙縣的「曹家孤堆」。據《魏書．文帝紀》載：「甲午（二二〇年），軍治於譙，大饗六軍及譙父老百姓於邑東。」《亳州志》載：「文帝幸譙，大饗父老，立壇於故宅前樹碑曰大饗之碑。」曹操死於該年正月，初二日入葬，如果是葬於鄴城的話，那魏文帝曹丕為何不去鄴城而返故里？他此行目的是不是為了紀念其父曹操？《魏書》還說：「丙申，親祠譙陵。」譙陵就是「曹氏孤堆」，位於城東二十公里外。這裡曾有曹操建的精舍，還是曹丕出生之地，此外，又據記載：亳州有龐大的曹操親族墓群，其中曹操的祖父、父親、子女等人之墓就在此。由此推斷，曹操之墓也當在此。但這種說法也缺乏可信的證據，遭到許多人的質疑。

近來，一些文物、文史工作者為尋找曹操墓進行了不懈的努力，並出土了可證明曹操墓位置的石碑、石刻，雖然還不能確定曹操墓的準確位置，但基本上認定了其大致範圍，即在河北省磁縣時村營鄉中南部和講武城鄉西部或河南省安陽縣安豐鄉境內，他們的依據是：曹操生前對自己墓葬位置有明確安排，《遺令》中說要葬於鄴之西岡上，與西門豹祠相近，這裡方位與之相符；《遺令》中還說要其後人時時登銅雀臺，望吾西陵墓田，經實地考察，這一帶處在從銅雀臺一帶登高西望所見的最好位置；這裡地勢較高，漳河不能灌溉，土質較差，至今這裡不少土地仍難以耕作，符合曹操《終令》中古之葬者，必居瘠薄之地的要求；《三國志》、《晉書》等正史中都有曹操葬於這一帶的有關記載；從選墓的古代堪輿學理論，這一帶也適於建造帝王陵墓。他還認為當地的地名如武吉、西曹莊、朝冠、東小屋、西小屋等也與守陵和祭祀有關。後來出土魯潛墓誌也證明了這一點，魯潛墓誌反映的曹操墓位置，與磁縣時村營鄉中南部和講武城鄉西部，只隔一條漳河，屬於一個方向。

經過多年來的考古發掘，西元二〇〇九年河南省文物局宣布於河南省安陽市安陽縣安豐鄉一帶發現了曹操墓，依據其出土文物等認定為曹操墓無疑。但又有反對者持文獻和對於挖掘出來的文物的質疑，認為文物局的依據不足，此墓並非為曹操墓。曹操墓到底是真是假？又位在何處？相信在不斷的探索下，總有一天會解開這個真假之謎。

◆◆◆劉禪並非是「扶不起的阿斗」◆◆◆

劉禪，劉備之子，於劉備去世後繼位成為蜀國皇帝。諸葛亮等賢臣相繼去世後，蜀國逐漸衰敗。後魏國大舉伐蜀，劉禪投降，劉禪被俘虜到洛陽後，司馬昭為了籠絡人心，穩住對蜀漢地區的統治，用魏元帝的名義，封他為安樂公，還把他的子孫和原來蜀漢的大臣五十多人封了侯。有一次，司馬昭大擺酒宴，請劉禪和原來蜀漢的大臣參加。宴會中間，還特地叫了一班歌女演出蜀地的歌舞。一些蜀漢的大臣看了這些歌舞，想起了亡國的痛苦，傷心地掉下了眼淚，只有劉禪看得喜笑顏開，就像在他自己的宮裡一樣。司馬昭觀察了他的神情，宴會後，對賈充說：「劉禪這個人沒有心肝到了這步田地，即使諸葛亮活到現在，恐怕也沒法使蜀漢維持下去，何況是姜維呢！」

過了幾天，司馬昭在接見劉禪的時候，問劉禪說：「您還想念蜀地嗎？」劉禪樂呵呵地回答說：「這兒挺快活，我不想念蜀地了。」（「樂不思蜀」的成語就是這樣來的。）一直陪伴劉禪的大臣郤正在旁邊聽了，覺得太不像話。回到劉禪的府裡，郤正說：「您不該這樣回答晉王（指司馬昭）。」劉禪說：「依你的意思該怎麼說呢？」郤正說：「以後如果晉王再問起您，您應該流著眼淚說：我祖上的墳墓都在蜀地，我心裡很難過，沒有一天不想那邊。這樣說，也許晉王還會放我們回去。」劉禪點點頭說：「你說得很對，我記住就是了。」後來，司馬昭果然又問起劉禪，說：「我們這兒待您不錯，您還想念蜀地嗎？」劉禪想起郤正的話，就把郤正教他的話原原本本地背了一遍。他竭力裝出悲傷的樣子，但是擠不出眼淚，只好閉上眼睛。司馬昭看了他這個模樣，心裡早明白了一大半，笑著說：「這話好像是郤正說的啊！」劉禪吃驚地睜開眼睛，傻里傻氣地望著司馬昭說：「對，對，正是郤正教我的。」司馬昭不由得笑了，左右侍從也忍不住笑出聲來。司馬昭這才看清楚劉禪的確是個糊塗人，不會對自己造成威脅，就沒有殺害他。

劉禪也因此在人們的心目中成了庸主的典型，「扶不起的阿斗」成了對庸人的戲稱。事實果真如此嗎？

一種觀點認為劉禪雖然不是一個聰明有為的君主，也不是一個完全懦弱無能的人，他起碼擁有中等的智慧，那一頂「扶不起的阿斗」的帽子，實在應該給他摘掉。理由是：

劉禪從西元二二三年登基後，至二六三年降魏下臺，稱帝在位共四十一年，是在三國時期所有國君中在位時間最長的一位。在那種群雄割據、兵連禍結的動亂年頭，能執政這麼久，沒有相當的才智是不行的。有人把劉禪安穩地做皇帝歸因於諸葛亮的輔佐。其實，諸葛亮死於西元二三四年，他死後，劉禪還做了二十九年的皇帝，很難說全是憑諸葛亮的輔佐之功的。

《三國志》記載，劉備給劉禪的遺詔中有這麼一段話：「射君到，說丞相嘆卿智量，甚大增修，過於所望，審能如此，吾復何憂？勉之，勉之。」射君是誰已不可考，但這段話的意思很明白：諸葛亮對射君稱讚劉禪的智慧，射君又將這讚詞告訴了劉備，劉備很高興予以勉勵。諸葛亮當不會是阿諛奉承之人，劉備也頗有知人之明，由此可見劉禪非魯鈍之人。

為了讓劉禪見多識廣，掌握治國本領，劉備讓其多學《申子》、《韓非子》、《管子》、《六韜》等書，並由諸葛亮親自抄寫這些書讓他讀，又令其拜伊籍為師學習《左傳》。不僅如此，還令其學武。《寰宇記》有記載：「射山，在成都縣北十五里，劉主禪學射於此。」對於劉禪的表現，諸葛亮是很滿意的。諸葛亮在《與杜微書》中評價劉禪說：「朝廷年方十八，天資仁敏，愛德下士。」這個敏字可說明阿斗並非愚蠢之人，不然諸葛亮不是有心諷刺了？《晉書．李密傳》中也記載，李密認為劉禪做為國君，可與春秋首霸齊桓公相比，齊桓公得管仲而成霸業，劉禪得諸葛亮而與強魏抗衡。

不僅如此，在北伐的問題上，劉禪的頭腦也非常清楚，諸葛亮急於北伐的時候，他規勸說：「相父南征，遠涉艱難；方始回都，坐未安席；今又欲北征，恐勞神思。」儘管諸葛亮置自己的規勸於不顧，但北伐決議一旦形成，劉禪還是全力支持諸葛亮的北伐。諸葛亮死後，劉禪馬上停止了空耗國力、勞民傷財的北伐。司馬懿率大軍征伐遼東公孫淵，劉禪唯恐蔣琬犯諸葛亮老毛病，專門下詔告誡蔣琬不要輕舉妄行，「須吳舉動，東西掎角，以乘其釁」。魏延造反，卻誣奏楊儀造反，劉禪聽完魏延表奏，馬上提出疑問，說：「魏延乃勇將，足可拒楊儀等眾，何故燒絕棧道？」魏延被殺後，劉禪也沒有對魏延一概否定，而是降旨曰：「既已名正其罪，仍念前功，賜棺槨葬之。」為了防止權臣權力太重問題，劉禪以費禕為尚書令和大將軍，主官政務；以蔣琬為大司馬，主管軍事，兩人的權力相互交叉，相互牽制，但又各有側重。蔣琬死後，劉禪「乃自攝國事」，大權獨攬，徹底解決了蜀國多年「事無巨細，咸決於丞相」的政局。

劉琰的妻子胡氏入宮祝賀太后，太后留胡氏住了一月，引起劉琰的猜疑，導致了惡性事件。劉禪接受教訓，馬上廢除了大臣的妻子母親入宮慶賀的禮節。夏侯霸因司馬氏篡位，怕受曹爽牽連逃往蜀漢，其父夏侯淵乃被黃忠斬於定軍山。劉禪在接見夏侯霸之時說：「卿父自遇害於行間，非我先人手刃也。」輕描淡寫，寥寥數語，消釋前嫌。又指著自己的兩個兒子說：「此夏侯氏之甥也。」夏侯淵之堂妹乃張飛之妻，張飛之女乃劉禪之妻，故有此說。然後又對夏侯霸厚加賞賜，封官爵。一套懷柔拉攏的手段使得十分嫻熟。

儘管劉禪與諸葛亮君臣之間也存在著些許不諧音調，但劉禪卻一直保持克制的態度，顧全大局。諸葛亮用人失誤，劉禪安慰說：「勝負兵家常事。」等諸葛亮打了勝仗，劉禪適時恢復諸葛亮的職務。諸葛亮死的消息傳來，劉禪連日傷感，不能上朝，竟哭倒於龍床之上。當靈柩運回時，劉禪率文武百官，出城二十里相迎。

此時，李邈上書，援引歷史上呂祿、霍光等人的例子，詆毀諸葛亮「身仗強兵，狼傾虎視」，說諸葛亮及時死去使其「宗族得全，西戎靜息，大小為慶」，暗指諸葛亮如果不死，早晚會圖謀不軌。李邈所說或是其真實想法，或是為了迎合劉禪。但是劉禪聞言大怒，將其下獄處死。這說明劉禪深知「君臣不和，必有內變」的道理，只要自己一時不清醒，內亂不可避免。

但是，劉禪在這件事上也很有分寸，《襄陽記》記載：「亮初亡，所在各求為立廟，朝議以禮秩不聽，百姓遂因時節私祭之於道陌上。言事者或以為可聽立廟於成都者，後主不從。步兵校尉習隆、中書郎向充等共上表曰：『臣聞周人懷召伯之德，甘棠為之不伐；越王思范蠡之功，鑄金以存其像。自漢興以來，小善小德而圖形立廟者多矣。況亮德範遐邇，勛蓋季世，王室之不壞，實斯人是賴，而蒸嘗止於私門，廟像闕而莫立，使百姓巷祭，戎夷野祀，非所以存德念功，述追在昔者也。今若盡順民心，則瀆而無典，建之京師，又偪宗廟，此聖懷所以惟疑也。臣愚以為宜因近其墓，立之於沔陽，使所親屬以時賜祭，凡其臣故吏欲奉祠者，皆限至廟。斷其私祀，以崇正禮。』」在這種情況下，劉禪也沒有固執己見。青年帝王劉禪能從長遠著眼，如此得體地處理權臣問題，也可謂亙古少有。南朝史學家裴松之評價「後主之賢，於是乎不可及」。

儘管如此，在鄧艾一支偏師突入蜀境，蜀漢主力軍隊基本完整的情況下，劉禪輕而易舉地投降，這實在讓人不解，至今仍是一個謎團。袁松就此事評論道：「方鄧艾以萬人入江由之危險，鍾會以二十萬眾留劍閣而不得進，三軍之士已饑，艾雖戰勝克將，使劉禪數日不降，則二將之軍難以反矣。故功業如此之難也。」

對於劉禪「樂不思蜀」的故事，《三國志集解》引于慎行的話說：「劉禪之對司馬昭，未為失策也……教之，淺也。思蜀之心，昭之所不欲聞也……左右雖笑，不知禪之免死，正以是矣。」同樣是投降後宣布退位的皇帝，劉禪做了八年的安樂公後壽終正寢，東吳的孫皓則被司馬昭的兒子司馬炎賜毒酒殺了，其中道理，大概在此吧。

《洛神賦》中的神祕女子

曹植，字子建。他是曹操的夫人卞氏的第三個兒子，與曹丕為同母兄弟。曹植自幼便聰穎過人，十歲的時候便能出口成詩，下筆成章，很受曹操的寵愛，在卞氏的四個兒子中曹操曾經認為曹植是「最可定大事」者，幾次都想要立他為太子，但是最終曹植還是在同長兄的爭鬥中失敗。曹丕當了皇帝以後，怕曹植日後勢力壯大，威脅到自己的皇位，便派人把曹植抓到洛陽來，想藉口殺掉以除後患。曹丕限曹植七步之內以兄弟為題，吟詩一首，其中還不能出現兄弟兩個字，如果做不到就要處死。曹植知道這是曹丕想藉機殺了自己，心中十分悲傷，忽然看到爐火中的豆秸，便做了一首《七步詩》：「煮豆燃豆萁，豆在釜中泣，本是同根生，相煎何太急！」免得一死。

曹植的作品中，除了《七步詩》，最有名的就是《洛神賦》了，文中曹植這樣描述洛神的美貌：「翩若驚鴻，婉若遊龍，榮曜秋菊，華茂春松。……延頸秀項，皓質呈露，芳澤無加，鉛華弗御。雲髻峨峨，修眉聯娟，丹唇外朗，皓齒內鮮，明眸善睞，靨輔承權，瑰姿豔逸，儀靜體閒，柔情綽態，媚於語言。」從抽象到具體，從神韻、風儀、情態、姿貌，到明眸、朱唇、細腰、滑膚，描繪得淋漓盡致，使人如聞其聲，如睹其形。此外曹植還描寫了洛神的動態美：「體迅飛鳧，飄忽若神，凌波微步，羅襪生塵。……轉眄流精，光潤玉顏，含辭未吐，氣若幽蘭，華容婀娜，令我忘餐。」曹植借飄忽的夢境，活生生把他的夢中情人幻化出來，一點痴念，萬縷相思，凝聚成一篇千古不朽的文學作品。

後來，著名的畫家顧愷之依據《洛神賦》，畫了流傳千古的名畫《洛神賦圖》，其中最感人的一段描繪是曹植與洛神相逢，但是洛神卻無奈離去的情景。在畫中，站在岸邊的曹植表情凝滯，一雙秋水望著遠方水波上的洛神，痴情嚮往。畫中的洛神梳著高高的雲髻，隨風而起的衣帶，給了水波上的洛神一股飄飄欲仙的來自天界之感。她欲去還留，顧盼之間，流露出傾慕之情。但最終在雲端中漸去，留下此情難盡的曹植在岸邊，終日思之，最後依依不捨地離去。

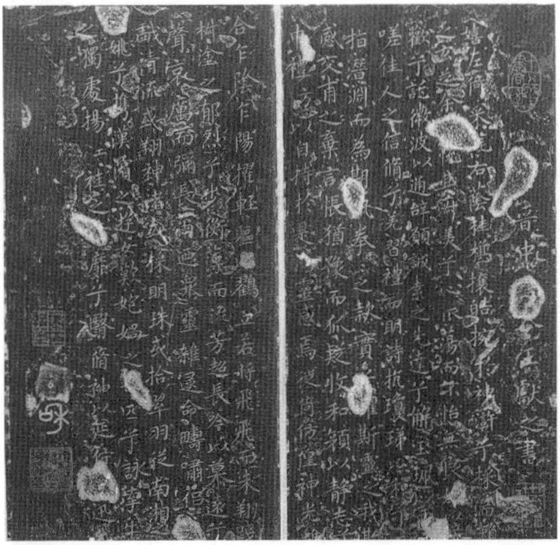

洛神賦

《洛神賦十三行》，簡稱《洛神賦》，東晉王獻之的小楷書法代表作，原來的墨跡寫在麻箋上，內容為三國著名文學家曹植的文章《洛神賦》，但流傳到唐宋時代就已經殘損並亡佚了。流傳下來的刻本為宋代根據真跡上石的拓本，包括碧玉版本和白玉版本兩種，其中碧玉版本較好，於明萬曆年間在杭州西湖葛嶺的半閒堂舊址出土，現藏於遼寧博物館。

那麼曹植所描寫的「洛神」和顧愷之畫中的「洛神」到底是誰呢？是不是就是他的嫂子甄氏呢？

據《文昭甄皇后傳載》：甄氏乃中山無極人，上蔡令甄逸之女。建安年間，她嫁給袁紹的兒子袁熙。東漢獻帝建安七年（二〇二年），官渡之戰，袁紹兵敗病死。曹操乘機出兵，甄氏成了曹軍的俘虜，曹丕見到甄氏後，驚嘆於甄氏的美貌。他對曹操說：「兒一生別無他求，只有此人在側，此生足矣！望父皇念兒雖壯年而無人相伴之分，予以成全！」話已至此，曹操不好拒絕，便使人作媒，讓甄氏為曹丕婦。甄氏見曹丕生得英俊，又因為是曹軍的俘虜，不得不從，因此也無異言。

一種觀點認為，曹植《洛神賦》中的「洛神」指的就是自己的嫂嫂甄氏。

由於曹植天賦異稟，博聞強記，十歲左右便能撰寫詩賦，所以頗得曹操及其幕僚的讚賞。早在官渡之戰時，曹植就曾在洛河神祠偶遇藏身於此的袁紹兒媳甄氏，由於憐香惜玉，曹植將自己的白馬送給了甄氏，幫助她逃返鄴城，甄氏也將自己的玉珮贈給了曹植以示感謝。而後兩人再次相見，都覺得是命運註定。當時曹操正醉心於他的霸業，曹丕也有官職，而曹植則因年紀尚小，又生性不喜爭戰，於是能夠與甄氏朝夕相處。當父兄為天下大事奔忙時，曹植與甄氏的感情迅速發展，到了難捨難分的地步。

七八年過去了，曹操已經穩穩地掌握了北方的局勢，漢獻帝以冀州十郡劃為魏國，封曹操為魏公，定都於鄴。在誰來繼位的問題上，曹操生前就十分矛盾，因為長子曹昂早亡，還有四個兒子為卞氏所生：長子曹丕，次子曹彰，三子曹植，四子曹熊。四個兒子中曹操最偏愛曹植，傾向於封曹植為世子。但曹植不治威儀，放蕩恣肆，而且三番兩次地耽誤大事，擅自開啟司馬門，使得曹操對他失望透頂。在這種情況下，曹丕順利地當上了世子。曹操死後，曹丕於漢獻帝二十六年（二二〇年）登上帝位，定都洛陽，是為魏文帝。

魏國建立後，曹丕對甄氏和曹植錯綜複雜的關係難以釋懷，因此僅封她為妃，所以甄氏始終未能得到母儀天下的皇后地位。甄妃此時已經年近四旬，而曹丕正值三十四歲的鼎盛年紀，後宮佳麗眾多，甄妃逐漸色衰而失寵，在曹丕當上皇帝之後的第二年便因激怒曹丕而被賜死。

甄氏死的那年，曹植到洛陽朝見哥哥，不知出於什麼原因，曹丕將甄氏的遺物玉鏤金帶枕送給了曹植。曹植睹物思人，在返回封地時，夜宿舟中，恍惚之間，遙見甄氏凌波御風而來，曹植一驚而醒。回到鄄城，曹植腦海裡還翻騰著與甄氏洛水相遇的情景，於是文思激蕩，寫了一篇《感甄賦》。這是一篇優秀的文學作品，人們欣賞其文字的優美，到處傳抄，幾乎到了家喻戶曉的地步。曹丕卻似乎不曾加以追究，但是四年以後（二三四年），明帝曹叡繼位，因覺原賦名字不雅，遂改為《洛神賦》。曹丕死後，群臣本來想迎立當時為雍丘王的曹植為帝，因此曹叡即位後，對於他這位才華橫溢又深得人心的叔叔，產生了莫大的戒心，因而一而再，再而三地徙封不已，曹植恍如飄萍，不堪顛沛之苦，遂鬱鬱寡歡而死。

《洛神賦圖》局部

顧愷之代表作，現藏於北京故宮博物院。

由於此賦的影響，加上人們感動於曹植與甄氏的戀愛悲劇，故老相傳，就把甄氏認定成洛神了。《太平廣記》卷三百三十一〈蕭曠〉篇和《類書》卷三十二〈傳奇〉篇，都記述著蕭曠與洛神女豔遇一節。洛神女說：「妾，即甄后也……妾為慕陳思王之才調，文帝怒而幽死。後精魂遇於洛水之上，敘其冤抑。因感而賦之。」李商隱在他的詩作之中，曾經多次引用到曹植感甄的情節，甚至說：「君王不得為天下，半為當時賦洛神。」

但是另一種觀點卻認為，所謂的「洛神」並不是甄氏，甚至曹植和甄氏也沒有發生過戀情。

他們的理由是：第一，曹植不可能愛上他的嫂嫂，曹植與嫂嫂之間的感情只是親人之間的感情。曹植年輕的時候與嫂嫂之間是一種親人關係，長大後，曹丕與曹植兄弟之間存在著緊張的政治鬥爭，曹植不會有很多的機會接近甄氏。假若《感甄賦》真是為甄氏而作，曹植這是色膽包天，曹丕不會讓這樣的文章到處流傳。

第二，在中國古代社會中，人們很看重各種倫理。圖謀兄妻，這是「禽獸之惡行」，「其有汙其兄之妻而其兄晏然，汙其兄子（指明帝曹叡）之母而兄子晏然，況身為帝王者乎？」《洛神賦》不過是由於曹植備受兄姪猜忌，建功立業的理想始終無法實現，因此藉《洛神賦》中「人神道殊」來表明自己壯志難酬、報國無門的悲憤心情。

第三，文帝曹丕向曹植展示甄氏之枕，並把此枕賜給曹植，「里老所不為」，何況是帝王呢？極不合情理，純屬無稽之談。既然曹丕沒有將玉枕贈給曹植，那麼就不會有曹植睹物生情，而為甄氏作《感甄賦》了。

第四，《感甄賦》確有其文，但「甄」並不是甄氏之「甄」，而是鄄城之「鄄」。「鄄」與「甄」通，因此應當是「感鄄」。曹植在寫這篇賦的前一年，任鄄城王。清學者胡克家在《文選考異》中認為這是世傳小說《感甄記》與曹植身世的混淆，作品實是曹植「託詞宓妃，移寄心文帝」而作，「其亦屈子之志也」，「純是愛君戀闕之詞」，就是說賦中所說的「長寄心於君王」。朱幹在《樂府正義》中指出，「感甄」之說確有，但所感者並非甄妃，而是曹植黃初三年（二二二年）的被貶地鄄城。

後人否定曹植與自己嫂嫂的愛戀關係不過是重複這些觀點。如果說有所增加，只是說十四歲的曹植不大可能愛上一個已經二十四歲的已婚女子。但是從實際情況來看，行為比較隨意的曹植是很有可能愛上不僅有美貌，又與自己有較多的相同愛好的嫂嫂的。看來，《洛神賦》中，曹植所描述的「洛神」，很有可能就是自己嫂嫂的化身。

北魏開國之君有點怪

拓跋珪，生於晉咸安元年（三七一年），死於晉義熙五年（四〇九年），鮮卑族人，北魏開國皇帝。拓跋珪出生在參合陂北，祖父是拓跋代國的建立者昭成皇帝什翼犍，故幼年生活在皇宮中。拓跋珪六歲時（三七六年），前秦皇帝苻堅率兵進攻代國，什翼犍被庶子殺死，所部眾叛親離，代國滅亡。拓跋珪臣屬獨孤部，開始早期流亡生活。此時，拓跋珪雖年幼，但性格剛強，被認為是「光復洪業，光揚祖宗者」。淝水之戰後，前秦政權顛覆，北方短暫的統一為分裂割據所取代。拓跋珪趁勢糾集諸部，於東晉孝武帝太元十一年（三八六年）一月在牛川（內蒙古錫拉木林河）召開部落大會，即代王位，定年號為登國。同年四月，改稱魏王，稱國號為魏，是為北魏。拓跋珪即代王位時，整個塞上還處於分裂狀態。為了穩固地位，統一各部，拓跋珪即位後就開始了鞏固勢力、擴大地盤的鬥

雲岡石窟的石刻

據說是按照拓跋珪的相貌刻出來的。

爭。經過南征北戰，拓跋珪成為塞外唯一的強大部落。

北魏政權得以初步鞏固後，拓跋珪開始向外擴張，試圖統一中國北方。他首先滅掉了覬覦王位的叔叔；又一舉兼併了勢力強大的獨孤部族；不久又與中原的後燕聯兵，徹底擊潰了強盛的宿敵鐵弗部；在控制塞北後，揮兵東下，迅速占領後燕的黃河以北的廣大地區。天興元年（三九八年），拓跋珪定都平城（今山西省大同市東北），設立社稷，史稱道武帝，繼而建立起了專制主義中央集權體制。拓跋珪注意文化教育，以儒家文化作為統治工具，還重視發展農業生產。為維護建立的北魏政權，拓跋珪還曾推行大族豪強遷離本土的政策。做為北魏的開國皇帝，拓跋珪為建立北魏國家北征西討，立下汗馬功勞。建國後，又採取一系列措施，從政治、經濟、文化諸方面為北魏走上封建化的道路奠定了基礎，從而建立起龐大的北魏帝國，開啟了一個胡漢分治南北的新時代——南北朝時期。

但是，三十歲以後的拓跋珪卻成了另外一副模樣。據《魏書．太祖紀》記載：「初，帝服寒食散，自太醫令陰羌死後，藥數動發，至此逾甚。而災變屢見，憂懣不安，或數日不食，或不寢達旦。歸咎群下，喜怒乖常，謂百僚左右人不可信，慮如天文之占，或有肘腋之虞。追思既往成敗得失，終日竟夜獨語不止，若旁有鬼物對揚者。朝臣至前，追其舊惡皆見殺害，其餘或以顏色變動，或以喘息不調，或以行步乖節，或以言辭失措，帝皆以為懷惡在心，變見於外，乃手自毆擊，死者皆陳天安殿前。於是朝野人情各懷畏懼。有司懈怠，莫相督攝；百工偷劫，盜賊公行，巷里之間人為稀少。」拓跋珪不僅經常殘殺大臣，他還常常坐在輦上，手裡拿劍，直刺前面抬輦人的後腦，一人死，馬上另一人代替，每出行一次就殺死幾十人。

這位橫掃天下的英雄怎麼會突然之間變成一個不可理喻的怪人呢？後人對拓跋珪的這種反常行為，曾有過多種解釋，有人斥責他生性殘暴，有人罵他是夷狄本性，以上的觀點都是以正常人的標準評價拓跋珪，其實這位蓋世英雄並非故意倒行逆施，而是患上了嚴重的精神分裂症。

那麼，拓跋珪為什麼會患上精神分裂症呢？專家們從外部因素和身體內部因素進行了分析。魏晉南北朝時期，士人提倡清淡和空談的風尚，所謂「玄學」流行於世，人們思想空虛，自認為看破紅塵和生死玄機，貪圖清靜和享樂。當時流行服食一種名為「寒食散」的藥物，寒食散也叫五石散，到了唐朝又叫乳石散，其成分主要是由雄黃、石鐘乳、青慈石、丹砂、白石英組成，屬中藥材裡面的金石類，這些成分在《本草綱目》上都有詳細說明和注解，或多或少都有毒性，現代化學技術也測定出，這些金石主要是有毒的汞、鉛、砷、硫化合物。這和道家的煉丹也有區別，顯著區別在於五石散是自然礦物，煉丹是礦物的人工煉製品。而拓跋珪正是服五石散上癮，一發而不可收。

三國魏時清談家、駙馬何晏是服用五石散的提倡者。當時，貴族中人相繼服用，一時成為風氣。服此藥後，皮膚燥熱乾裂，能夠使人精神愉悅，還有極強的增加性快感的功效。有點像今天的搖頭丸和大麻，服後必須冷食，飲溫酒，冷浴，不停地運動，穿薄布舊衣和寬大的鞋子，這樣才能將藥性散發，不會磨破皮膚。這種毒品和現代的毒品相似，久服以後極易上癮，對身體危害也極大。但當時的人們卻認為那不是服毒，相反卻認為這種服毒可以驅病強身，延年益壽。

孫思邈對這種毒品有過深刻說明：「五石散大猛毒。寧食野葛，不服五石。遇此方即須焚之，勿為含生之害。」又《備急千金要方》中說：「人不服石，庶事不佳；石在身中，萬事休泰。唯不可服五石散。」最能說明當時的人們為什麼要服這種毒品的是下面這句話：「有貪餌五石，以求房中之樂。」魯迅也說過魏晉時期的五石散和鴉片有極其相似之處。可以說，服食五石散是導致拓跋珪精神錯亂的主要因素。

拓跋珪患病與外部因素也有很大關係。在金戈鐵馬、摧城拔寨上，拓跋珪戰功赫赫，可謂得心應手，如魚得水。但在建立北魏後，他卻陷入兩難境地。他在中原建立北魏政權，但卻大量保留胡風胡俗，因而他不能像漢族皇帝一樣輕易駕馭政權，反而行動處處受人規範、制約，甚至皇位也不斷受到威脅。

拓跋儀是拓跋珪的同祖弟，穆陵部首領穆崇是早年護衛拓跋珪的舊屬，二人追隨拓跋珪東征西討，屢立大功，後來拓跋儀官居丞相。但是這兩人卻合謀在皇宮周圍埋伏武士伺機殺掉拓跋珪，以奪取皇位。陰謀被人告發後，拓跋珪考慮兩人持有軍權，黨羽甚多，如予追究，牽引太多，不好收場。而且這時西部又有戰事，正是用人之際，不宜大興殺戮，所以暫時沒有懲辦他們。這件事使拓跋珪深受打擊，也加深了他對大臣的猜疑。

西元四〇三年，拓跋珪以奢豪喜名的罪名處死平原太守和跋，並誅其全家。中壘將軍鄧淵的從弟尚書鄧暉與和跋關係很好，拓跋珪又將鄧淵賜死。西元四〇七年七月，他將戰功赫赫的常山王拓跋遵賜死；八月，又以司空庾岳「服飾鮮麗，行止風采，擬則人君」為由，將其殺死；西元四〇八年，又將宿有積怨的莫題嘲弄後滅族。

不僅如此，拓跋珪還設立侯官，以刺探臣下的活動。統治集團內部矛盾的激化使拓跋珪處於極度的矛盾之中，過分焦慮的心情也導致了他精神上的分裂。

拓跋珪的精神分裂也直接導致了他被兒子所殺的悲劇。拓跋珪年輕時，到賀蘭部見到自己母親賀太后的妹妹很漂亮，就對母親說明心意，要娶其為妻。無奈賀太后堅決不答應，說：「不可。是過美，必有不善。且已有夫，不可奪也。」於是拓跋珪祕密派人殺掉賀夫人的丈夫，納之為妃，生下清河王拓跋紹。拓跋紹自小就凶狠無賴，喜歡打劫行人，剝光人家的衣服取樂，又常常殺豬剁狗，荒悖無常。拓跋珪很生氣，有一次，他把拓跋紹頭朝下吊在井裡，垂死之時才放他出來。西元四〇九年的某一天，性情無常的拓跋珪公然大罵賀夫人，把她關在宮裡，要殺掉她。賀夫人派人向兒子拓跋紹求救，當時拓跋紹才十六歲，但其凶猛的性格卻酷似其父。他夜裡與宦官密謀，跳過宮牆，衝入天安殿，周圍侍者驚呼「有賊」，拓跋珪四處摸索半天也找不到弓刀，卻被衝進來的逆子拓跋紹一刀殺死，時年三十九歲。

又據野史記載，道武帝時有個預言很靈的巫婆說皇帝當有飛來橫禍，唯有滅「清河」，殺「萬人」才可免禍。於是拓跋珪派人屠滅清河一郡，又親手殺人，想湊夠一萬整數。最後，拓跋珪有個愛妃名字就叫萬人，與他兒子清河王拓跋紹私通。拓跋珪欲殺賀夫人，拓跋紹看到母親即將被殺，又恐私通之事洩露，於是殺掉了拓跋珪。也許道武帝臨死的一瞬間，能夠恍然大悟巫婆所說的滅「清河」殺「萬人」的讖言就應驗在身邊的兩個人身上吧。

◆◆◆隋煬帝殺父懸疑◆◆◆

隋文帝楊堅是隋朝的建立者，他結束了南北分裂的局面，統一了全國。他在位期間採取了一系列有利於完成和鞏固統一、加強中央集權的措施。使隋朝在政治、經濟、文化等方面都有了很大的發展。他本人雄才大略，勤於政事，文治武功頗有建樹，但為人失之於苛察。隋文帝在位二十四年，於仁壽四年（六〇四年）猝死於仁壽宮，終年六十三歲。關於隋文帝的死因在史學界一直存在著爭論，那麼事實的真相是怎麼樣的呢？

一種觀點認為，隋文帝死於兒子楊廣之手。楊廣是隋文帝楊堅的第二個兒子，又名楊英。父親楊堅建立隋朝後，楊廣被封為晉王，當時只有十三歲。除了王位外，還讓楊廣做并州（據說是現在的山西省太原市）的總管。

後來，隋朝興兵滅南朝的陳，剛二十歲的楊廣是統帥，雖然真正領兵作戰的是賀若弼和韓擒虎等將領，但是楊廣在這次戰爭中也起到了重要的作用。滅掉陳後，楊廣也是屢建戰功，在西元五九〇年，奉命到江南任揚州總管，平定江南高智慧的叛亂；西元六〇〇年，北上擊敗突厥進犯。這些功勞是其他皇子所沒有的。

楊廣共兄弟五人，哥哥楊勇是長子，老二便是楊廣，老三是楊俊，老四是楊秀，最後是楊諒。在隋文帝稱帝後，很快將楊勇立為太子。楊廣因為自己的戰功在哥哥之上，這使他漸漸有了取代哥哥的欲望。為了實現做太子、以後做皇帝的夢想，楊廣費盡心機地將自己偽裝起來。而太子楊勇卻缺少楊廣那樣的心機，他不僅奢侈浪費，還喜好女色，而且他冷落了母親精心為他挑選的妻子元氏，這使得父母都對他有怨氣。加上後來楊勇還過分地接受百官的朝賀，使楊堅更為不滿，這就為楊廣的奪位提供了好機會。

在這種情況下，加上大臣楊素的幫助，隋文帝楊堅終於下決心將楊勇廢為庶人，立楊廣為太子。西元六〇四年七月，隋文帝臥病在床，楊廣認為自己登上皇位的時機來了，迫不及待地寫信給楊素，請教如何處理隋文帝後事。不料送信人誤將楊素的回信送至了隋文帝手上。隋文帝大怒，隨即宣楊廣入宮，要當面責問他。正在此時，宣華夫人陳氏衣衫不整地跑進來，哭訴楊廣在她來的途中調戲她，這使文帝頓悟，拍床大罵。急忙命人傳大臣柳述、元岩草擬詔書，廢黜楊廣，重立楊勇為太子。楊廣聽說了，就將侍奉楊堅的人全部換掉，當天，楊堅死去，終年六十三歲。歷史上沒有說清他是如何死的，後來人們猜測是楊廣下的毒手。

《隋書．后妃列傳》中對隋文帝的死亡前情形是這樣記載的，曰：「初，上寢疾於仁壽宮也，夫人與皇太子同侍疾，平旦出更衣，為太子所逼，夫人拒之得免，歸於上所。上怪其神色有異，問其故。夫人泣然曰：『太子無禮。』上恚曰：『畜生何足付大事，獨孤誠誤我！』意謂獻皇后也，因呼兵部尚書柳述、黃門侍郎元岩曰：『召我兒！』述等將呼太子，上曰：『勇也。』述、岩出閣為勒書訖，示左僕射楊素。素以其事白太子，太子遣張衡入寢殿，遂令夫人與後宮同侍疾者，並出就別室。俄聞上崩，而未發喪也。」此段記載雖未明指文帝被殺，但實際上已給世人留下推猜的餘地，即文帝之死具有被謀殺的性質。

正史的記載有所顧忌，野史的記載就直截了當了。最早懷疑並直接指出隋文帝死於被弒的是隋末唐初趙毅，在其《大業略記》中曰：「高祖在仁壽宮，病甚，追帝侍疾，而高祖美人尤嬖幸者唯陳、蔡二人而已。帝乃召蔡於別室，既還，面傷而髮亂，高祖問之，蔡曰：『皇太子為非禮。』高祖大怒，齧指出血，名兵部尚書柳述、黃門侍郎元岩等令詔廢追庶人楊勇，即令廢立。帝事迫，召左僕射楊素、左庶子張衡進毒藥。帝簡驍健宮奴三十人皆服婦人之服，衣下置杖，立於門巷之間，以為之衛。素等既入，而高祖暴崩。」到了唐中期的馬揔在其《通曆》中記載說：「上有疾，於仁壽殿與百僚辭訣，並握手歔欷。是時唯太子及宣華夫人侍疾，太子無禮，宣華訴之。帝怒曰：『死狗，那可付後事！』遽令召勇，楊素祕而不宣，乃屏左右，令張衡入拉帝，血濺屏風，冤痛之聲聞於外，崩。」

正因為有諸多史載，自隋文帝死至今，民間一直盛傳煬帝弒父之說，各小說筆記均載此事，史學界也大多持此觀點。持此說者不僅引《大業略記》、《隋書·后妃列傳》、《通曆》等書為直接證據，而且還考察了楊廣一貫品行。楊堅死後，楊廣又假傳文帝遺囑，要楊勇自盡，楊勇未及回答，派去的人就將楊勇拖出殺死。楊廣既然可以公然強姦父妃，又殘忍地將自己的哥哥殺死，禽獸不如，他為何不能弒父呢？尤其是從煬帝後來對該案謀殺參與者楊素、張衡的態度可以看出些端倪。當楊素死後，煬帝曾說：「使秦不死，終當夷族。」楊素是幫他奪取儲君之位的首要人物，為何他反要夷其族呢？隋煬帝征遼東還後，張衡的妾告他心懷怨望，誹謗朝政，隋煬帝於是賜死張衡。張衡臨死，大聲喊：「我為人作何物事，而望久活！」監刑者嚇得捂住耳朵，趕緊將他弄死。這彷彿是隋煬帝謀害父親的佐證。

也有一些史學家對隋文帝楊堅是否死於楊廣之手存在質疑。他們分析說：

第一，隋文帝從四月得病到七月的病危期間，宮內的情況基本正常。他留下遺詔說：「古人有云：『知臣莫若君，知子莫若父。』……今惡子孫已為百姓黜屏，好子孫足堪負荷大業。此雖朕家事，理不容隱，前對文武侍衛，具已論述。皇太子廣，地居上嗣，仁孝著聞。以其行業，堪成朕志。但念內外群官，同心戮力，以此共安天下。朕雖瞑目，何所復恨？國家大事，不可限以常禮；既葬公除，行之自昔，今宜遵用，不勞改定。凶禮所須，才令周事，務從節儉，不得勞人。」不僅為楊廣說了很多好話，還交代了自己發病的原因是耽於女色，傷了身體。對楊廣來說，即位是旦夕之間的事情，他根本不需要冒天下之大不韙，弒父奪位。

第二，《隋書》是唐初編纂的，有可能詆毀煬帝，即便如此，也沒有找到煬帝殺父的證據，不然，是絕不會放過這個充分詆毀煬帝的機會的。鄭顯文在《隋文帝死因質疑》一文中認為，史書載的因隋煬帝逼奸宣華夫人說，經不起推敲：一、文帝病重，煬帝宮中侍疾，宣華夫人起身更衣，旁當有宮女侍候。其時煬帝尚未即位，處於仍受威脅的地位，一向以謹慎著稱的煬帝絕不會在此時做危及其繼承帝位之事；第二、其時宣華夫人二十八歲，已是半老徐娘，若她與煬帝兩人以前沒感情基礎，煬帝絕不會對她非禮。事實上，煬帝早與宣華夫人有過不正當的關係，而且這種交往使兩人感情發展很深。這從宣華夫人死後，煬帝作《神傷賦》的內容便可得到驗證。既然隋煬帝和宣華夫人早有不正當關係，那麼，宣華夫人就不可能到隋文帝面前揭露楊廣的惡行。

第三，隋煬帝與宣華夫人的豔史在後人看來具有太多荒淫之處，但在當時卻很平常，並不面臨太多道德上的譴責，也沒有我們今天想像的嚴重。因為隋唐皇室的祖先是鮮卑化的漢人，多與鮮卑人通婚，具有鮮卑的血統，又長期耳濡目染鮮卑族文化而深受影響，所以在皇室中多有行鮮卑人以繼母為妻、以寡嫂為妻的婚俗事例。到了唐朝，太宗也循鮮卑之俗而收繼弟媳。《新唐書．太宗諸子傳》云：「曹王明，母本巢王妃，帝寵之，欲立為后。」巢王就是在玄武門事變中被殺死的李元吉，巢王妃就是李元吉的王妃。後來唐高宗、玄宗的事就更不必說了。朱熹說：「唐源流出於夷狄，故閨門失禮之事不以為異。」隋唐文化本為一體，此說同樣可以解釋隋朝的諸多亂倫事件。更有甚者，還有公卿子孫，嫁賣父祖的遺妾。據《隋書．李諤傳》：「禮教凋敝，公卿薨亡，其愛妾侍婢，子孫輒嫁賣之，遂成風俗。」

以上三點，雖然不無道理，但卻不能完全說明隋文帝之死與楊廣無關。因為，已經偽裝多年的楊廣在得知楊堅病入膏肓後，急迫地給楊素寫信詢問處理之策是可能的，而且，也不能排除送信人誤將楊素的回信送至了隋文帝手上的可能性。在隋文帝看來，在那種情況下，楊廣詢問楊素處理後事之策簡直就是咒自己早死和急不可待地想要奪取皇位。隋文帝在盛怒之下要更換太子，這當然是楊廣不能接受的。因此，隋文帝楊堅暴死，楊廣的確是難逃干係！

李世民是不是少數民族

唐太宗李世民（五九八年—六四九年），唐朝第二個皇帝，傑出政治家、軍事家。他在位期間出現了歷史上稱道的「貞觀之治」，被稱為「千古一帝」。史書對李世民的記載，寥寥三百字，功過論斷，兼而有之。《唐書》記載了一個關於李世民命名的有趣故事：李淵二子即將誕生之時，李淵路遇一書生為其看相，書生驚呼：「李淵貴人也，其子也貴，有濟世安民之大任。」李淵懼，欲殺此人，書生卻不見了。歸家，二子誕，故起名「世民」，取濟世安民之意。唐太宗李世民的確勝任了「濟世安民」的重任，堪稱一代明君賢主。然而他的身世之謎卻永遠被湮沒在簡略的正史記載之中。有考古學家根據《步輦圖》留下來的唐太宗李世民的最早畫像推測，一代英明的君主李世民，是鮮卑人的後裔。此言一出，立刻引起人們的議論：李世民是鮮卑人嗎？

唐太宗李世民的一生，關於他身世的疑點很多。李世民一家祖籍在今河北省趙縣，而李淵生於關隴，自稱祖居關隴，是西涼王李皓的後代，藉以提高自己的身分地位。其中，在歷史上還有這一段插曲，本來西魏以前以山東地區的李姓一門為望族，這一地區有五大望族姓氏——

王、盧、崔、李、鄭，其中李姓又是鮮卑族中的一大姓氏。而自西魏宇文泰以關中為根據地建國，由此就硬性規定了關隴李姓為望族。有人據此認為李氏一門是破落貴族，還有人說李氏是鮮卑族大野部的姓氏。

唐朝時候少數民族與漢族的界線劃分不嚴格，唐朝之前，北方各民族大融合現象廣泛存在。如在隋煬帝時，突厥人就曾強制改穿漢裝，北魏孝文帝推行民族之間友好往來的政策，同一個等級的人可以被允許通婚。所以造成了有皇室是少數民族的情況，大臣中也有許多人是少數民族。李世民是鮮卑族的後裔，這也是有可能的。然而這邊有幾個疑點：一是李淵一門在此之前到底如何，無法從歷史上考究得知；二是李淵自稱為西涼王李皓後代，到底是事實如此還是自抬身價？

根據可考證的歷史資料證明，唐太宗李世民的祖母，即唐高宗李淵的母親獨孤氏，是隋文帝獨孤皇后的姊妹，屬於非漢族，所以李世民和隋煬帝之間還有著姨表關係。李世民的母親竇氏也是鮮卑族人，而父親李淵一方的血統還沒有足夠的歷史證據進行論證。歷史上有以下幾種說法：賜姓大野部、河南破落李姓、老子李耳的後代等。其中最有可能性的說法是李世民是受胡人影響比較深的漢族人。現在一般的習慣說法是，李世民是各民族的混血兒，民族大融合的產物。然而進一步的研究卻步履維艱，主要是由於唐太宗李世民乃一代明君，可以稱為帝王的楷模，後世人們想盡可能模糊其民族的概念，因此許多學者對考證李世民的身世問題並不積極。

但是有些人也進行了一些研究，認為李世民為鮮卑族後裔的觀點主要有以下論據：

第一，立武則天為后印證了唐朝的胡俗。唐朝人對肥碩豐腴的女子情有獨鍾。像楊貴妃的傳說、《唐代仕女圖》的記載，都證明了唐人有這方面的審美傾向。這與唐的民族融合大有關係，帶有明顯的少數民族趨向。在胡人的風俗中有父死子娶母為妻的習俗，也有一家的男人共用一妻的故事。在昭君出塞的故事裡，王昭君在死了丈夫後就嫁給了自己的兩個兒子。而在唐朝帝王史中，也有一些類似的情況：唐太宗李世民、武則天與唐高宗李治之間的關係近乎亂倫。唐太宗李世民在武則天正值其雛女妙齡之際，召其入宮為才人，他死之後，武則天入感業寺做了尼姑。唐高宗即位後，「復召武氏入宮，拜昭儀，進號宸妃」。幾年後，武則天竟做了唐高宗李治的皇后。其間，唐初的元老重臣如長孫無忌、褚遂良、于志寧、裴炎及程務挺等人曾力諫李治，武則天「曾侍先帝，眾所共知」，但是李治根本沒有在意。歷史上楊貴妃也是一例。楊貴妃本是唐玄宗之子壽王的妻子，卻被身為公公的唐玄宗討來做了妃子。

這些為李唐王朝大臣們所不齒的關係是不是李氏家族身體裡流淌的胡人血液在作怪呢？然而有的學者認為唐朝的這種風俗與胡人血統毫無關係，他們認為人性古今都是相同的。並且，在武則天十四歲入宮後李世民都已經是五十多歲的老人了，行將就木，李治自身也應該明白娶母本身就是一件不光彩的事情，但他可能因為意志薄弱受了武則天的擺布，也可能是受了美色的誘惑，最終知其不道德而為之，這不能牽強地和胡人的血統連繫起來。

歷朝歷代中，亂倫都是一種反道德的行為，絕不會為社會所尊奉，絕不是唐朝社會贊同這種道德觀念，而是與個人的道德和意志有關係，是一種個人缺失了德行的表現。還有的學者綜合了這兩種對立的觀點，認為李氏一家是深受胡人習俗影響的漢人後裔。由於在魏晉時期長期與胡人混住，從各方面都沾染了大量的胡人風俗。而且從唐朝女子的穿著以及蹴鞠、騎馬打獵的生活來看，當時的女性享受了以後歷代女子不曾享受的解放。所以對於開放、繁榮，各民族已有了相當程度融合的大唐而言，這種亂倫關係不應該算什麼大問題。

第二，從李世民的性格來判斷他的血統。李世民性格凶殘，野心勃勃，為李唐打下天下的戰功赫赫。貞觀年間，李世民平定東突厥，俘虜頡利可汗，解除了北邊的威脅；五年後，平定吐谷渾，俘其王伏允；貞觀十四年（六四〇年），又平定高昌氏，於其地置西州，並在交河城（今新疆吐魯番西）置安西都護府。晚年時，李世民戰志猶存，親征高句麗。李世民善騎射，一生過著不倦的戎馬生涯，這些都可以作為質疑他血統問題的證據。

在他的一生中，最大的政治風波莫過於使他得以登上王位的「玄武門之變」。當時，被封為秦王的李世民軍功甚多，超過了太子李建成和其弟李元吉。他們早就心懷嫉妒，結成同夥，並定下陰謀，決定在昆明湖畔殺死李世民。李世民對此早有覺察，自然也不會坐以待斃，於是於唐高祖武德九年（六二六年）六月四日黎明，在長安宮的北門玄武門布下了伏兵，射死兄弟李建成、李元吉。三天後，唐高祖李淵便冊立秦王世民為太子。再過兩個月，李世民逼使李淵退居太上皇，自己在頌德殿即帝位。

這一段歷史為我們揭示出了一個性格凶殘、充滿野心的唐太宗李世民，與「貞觀之治」中的李世民判若兩人。然而有學者對將「玄武門之變」作為李世民是胡人的依據持不同的態度。他們認為，自古宮廷皇室的權力之爭都是很殘酷的，這和他的血統沒有什麼必然的連繫，李世民發動玄武門之變也是形勢所迫，身不由己。並且從對後世的影響來看，李世民取代其兄當上皇帝，對唐朝的繁榮和後世中國的繁榮都是有積極推動意義的。李世民在李家三兄弟中是最具實力的一位，他審時度勢，發動玄武門之變，這恰好反映了他是一個真實的政治家。也有學者從歷史學的角度分析了這個問題：孔子寫《春秋》時，皇室內部爭權奪勢的事件就屢有發生，兩漢、魏晉南北朝殺父弒兄的事件都有記載，因此這還不能作為李世民是胡人的證據。

第三，李世民的唐昭陵獨特的墓葬顯示了突厥習俗。史書中關於昭陵的記載，昭陵為唐太宗李世民的墳墓，有內外兩城。外城遺址已難以考證，門內當年建有獻殿，存放李世民生前服用器物。北門稱為玄武門，又稱司馬門。原有十四個「蕃、酋」的石雕像現在已不知何處，石雕像到底有些什麼來歷，現在已是無人知曉。但是馳名中外的「昭陵六駿」浮雕，有四駿保存在西安碑林博物館石刻藝術陳列室裡。

「昭陵六駿」的確是李世民留下的又一個疑點：中國所有帝陵中，為什麼只有李世民的昭陵裡有戰馬石刻？李世民獨特的墓葬形式是否真的顯示了突厥的習俗？根據《突厥問題研究論

昭陵六駿之颯露紫

昭陵六駿之拳毛騧

昭陵六駿之特勒驃

昭陵六駿之青騅

昭陵六駿之什伐赤

昭陵六駿之白蹄烏

文集》記載：馬是突厥人不可離開的伴侶，平時生活遊牧，戰時馳騁沙場。在突厥的葬俗中，有一種奇特的祭祀悼念馬功勞的習俗，一般有三種儀式。主人死後，隨從會騎著馬繞著死者墓地轉圈，然後把馬殺掉或者活埋到墳墓裡。無論是突厥貴族，還是一般牧民，死後都要與馬共葬，只是數量多少不同。然而李世民的墳墓昭陵至今未被打開，據稱也未被盜過，所以裡面的陪葬物品到底是些什麼現在都只是猜測，或許若干年以後，我們可以從昭陵裡永久沉睡的唐太宗李世民身上得到最真實的答案。

《蘭亭序》下落之謎

王羲之（三〇三年—三六一年）字逸少，瑯琊（今山東省臨沂市）人。出身貴族，官至右軍將軍、會稽內史，人稱「王右軍」，但是他的官位遠不及他的書法名氣大。他自幼愛好書法，苦心研練，博採漢魏諸家之精華，集其大成，超脫魏國書法家鍾繇真書的境界，另闢新徑，使真書完全擺脫隸書遺跡，成為獨立的新體。他兼善隸、草、真、行，「字勢雄強，如龍跳天門，虎臥鳳閣」、「飄若浮雲，矯若驚龍」，有「右軍書在而魏晉之風盡」的稱譽，被尊為「書聖」。

東晉永和九年（三五三年）的一日，王羲之和當時的名士謝安、孫統、孫綽、支遁等四十一人，宴聚於紹興市郊會稽山陰的蘭亭溪畔，賦詩並聚詩成集，王羲之於酒酣之際乘興用鼠鬚筆在蠶繭紙上為詩集寫了一篇序，是為《蘭亭序》。王羲之在這篇序中記下了詩宴盛況和觀感，全文二十八行，三百二十四字，通篇遒美飄逸，字字精妙，有如神助。如其中的二十個「之」字，竟無一雷同，成為書法史上的一絕。之後他多次重寫，皆不如此次酒酣之作，成為中國書法史上影響最大、流傳最廣的作品之一。

然而就是這件千古傑作，卻給世世代代的後人，留下了無盡的遺憾。直到如今，《蘭亭序》

的下落仍然是一個謎。

比較公認的說法是：《蘭亭序》藏於陝西省唐昭陵唐太宗的棺材裡。

唐太宗李世民生前雄才大略，文治武功，開創了盛唐的「貞觀之治」。唐太宗喜愛書法文字，尤其喜愛王羲之的筆墨，吩咐下人在天下廣為搜尋。每每得一真跡，便視若珍寶，於興來時揣度，體會其筆法興意，領略其天然韻味之後，便珍藏身旁，唯恐失卻。不僅如此，他還宣導王羲之的書風，親自為《晉書》撰〈王羲之傳〉，蒐集、臨摹王羲之的真跡。太宗晚年，喜好王羲之更甚，雖然收藏的王羲之墨跡不少，其中也有《蘭亭序》，但始終沒有找到王羲之的《蘭亭序》真本。一國君主，卻不能得到前朝的稀世珍品，唐太宗每一想到此，便顯得悶悶不樂。

監察御史蕭翼出京調查，打聽到《蘭亭序》傳到王羲之第七代孫智永禪師處，智永臨終把它傳給了他的弟子辨才和尚。於是蕭翼做了精心設計和準備，更名改姓，扮成趕考的舉子出發南下，企圖將《蘭亭序》弄到手。

一天清晨，辨才和尚打開了永興寺門，邁出的腳踩到一個軟軟的東西上，低頭一看，原來地下躺了一人，散發出一股酒氣。辨才自語：「原來是個醉鬼！」誰知此人翻身坐起答道：「醉雖醉了，未必就是鬼呀！」辨才見此人一副飄逸瀟灑之態，便開玩笑地說：「雖不是鬼，亦不像人！」此人脫口應道：「如此便是佛了！」言畢大笑舉步下山。辨才見此人談吐不凡，便問道：「施主從何而來？」此人對曰：「我乃應試舉子，昨夜月光皎潔，在山下旅店對月飲酒，苦無知音，店主說山上師父佛法上乘，且書畫尤佳，便上山拜訪，誰知醉臥山門，有失體統，無顏面佛。」辨才對這書生很是欣賞，便邀他入寺小住讀書候試，雙方談學論禪，十分投緣。

一天扮作趕考書生的蕭翼喝得爛醉如泥，他突然從囊中取出一軸《蘭亭序》摹本，對辨才和尚說道：「這是王羲之真跡，萬金難買，你我是莫逆之交，才拿出來讓你一飽眼福。」為人忠厚的辨才不知是計，對蕭翼說：「你這個不是真跡，真跡在我的閣樓上藏著呢！」蕭翼裝作沒有聽到，昏昏睡去。辨才和尚也知道失言了，趕緊住嘴。第二天辨才和尚見蕭翼遲遲未來吃飯，前去催請，發現蕭翼已不辭而別，只見桌上放著一張感謝饋贈的紙條和許多銀兩。

唐太宗得到《蘭亭序》後非常高興。因為蕭翼智取《蘭亭序》有功，唐太宗升他為員外郎，加五品，並賞賜給他銀瓶、金縷瓶、瑪瑙碗各一只和珍珠等財寶，又賜給他宮內御馬兩匹，並配有用珠寶裝飾的鞍轡，另還有宅院與莊園各一座。

唐太宗初時還生氣辨才和尚將《蘭亭序》祕藏起來不奉獻給他這位當朝天子，稍稍平息一會兒後又考慮到辨才和尚年事已高，不忍心加刑在他身上。又過了幾個月，唐太宗賜給辨才和尚錦帛等物三千段，穀三千石，下敕書讓越州都督府衙代為支付。辨才和尚得到這些賞賜後，不敢將它們歸為己有，將這些賜物兌換成錢，用這些錢造了一座三層寶塔。塔造得特別精緻華麗，直到現在還在。他本人因為受刺激身患重病，不能吃硬飯，只能喝粥，過了一年多就去世了。得到《蘭亭序》後，唐太宗命令侍奉在宮內的拓書人趙模、韓道政、馮承素、諸葛真四人，各拓數本，賞賜給皇太子及諸位王子和近臣。

又一說：隋末，廣州一位好事的僧人得到了王羲之的《蘭亭序》，這個僧人有三樣寶物，非常珍惜地收藏著，一是王羲之手書的《蘭亭序》，二是銅製神龜，三是鐵製如意。唐太宗知道後，派去一個人用欺騙的手段，從這位僧人手裡弄到了《蘭亭序》。僧人失去《蘭亭序》後說：「第一寶物沒有了，其餘的寶物還有什麼值得珍愛收藏的呢？」於是用如意擊石，打斷扔了；又將銅龜的一隻腳摔壞了，從此不能行走。這一種說法可能是第一種說法的誤傳。無論如何，這兩種說法都承認是唐太宗得到了《蘭亭序》。然而，唐太宗千辛萬苦得到的《蘭亭序》是否是王羲之的真跡卻受到了後人的懷疑。

西元一九六五年五月二十二日起，《光明日報》連載了郭沫若寫的長文《由王謝墓誌的出土論到蘭亭序的真偽》，文中的王興之是王羲之的堂兄弟，謝鯤是晉朝宰相謝安的伯父，二人的墓誌都是用隸書寫成，和王羲之用行書寫的《蘭亭序》不一樣。郭沫若推斷當時還沒有成熟的楷書、行草，並經多方考證，認為《蘭亭序》後半部分有悲觀論調，不符合當時的思想，從而確認《蘭亭序》既不是王羲之的原文，更不是王羲之的筆跡，而是王羲之第七代孫永欣寺和尚智永所「依託」，冒名王羲之的偽作。他還進一步提出，「現存王羲之的草書，是否都是王羲之的真跡，還值得進一步研究」。郭沫若此文發表後，引起學術界的震動和極大關注。南京文史館館員、著名書法家高二適寫了《〈蘭亭序〉的真偽駁議》，認為當時就有楷書、行書的記載、傳說和故事，而且流傳至今的許多碑帖摹本也足以證明楷書字體在當時已經形成，並邁向成熟，認為《蘭亭序》「為王羲之所作是不可更易的鐵案」。

西元一九九八年八月十七日，在南京東郊與王羲之同代的東晉名臣高崧墓中，出土了兩件楷體墓誌。另外，南京及其周邊地區先後發現的三十多件同時期墓碑上，不僅有隸書，還有行楷、隸楷，說明當時多種書體並存。西元一九九九年在南京舉行的關於《蘭亭序》的學術研討會上，依然存在各種不同意見。看來這樣的學術爭論還將繼續下去，只不過在書法界的多數人以及廣大書法愛好者仍持傳統觀點罷了。

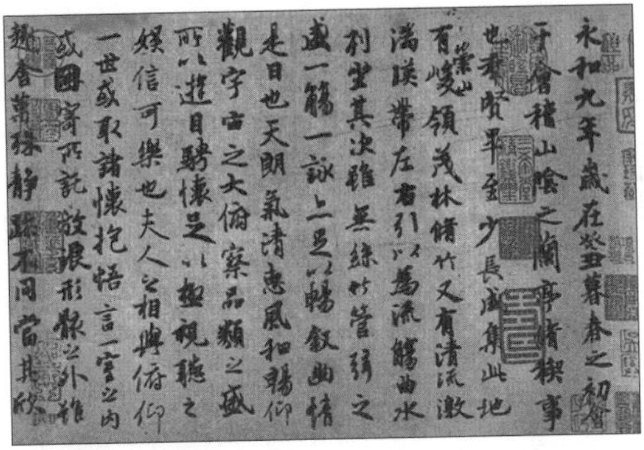

《蘭亭序》摹本

雖然後人對於《蘭亭序》存有真偽之爭，可當年唐太宗得到了《蘭亭序》卻是一致的看法。那麼，唐太宗死後，《蘭亭序》又流落何處呢？

唐太宗臨死前，他囑咐兒子李治，也就是後來的唐高宗，把《蘭亭序》放進他的棺材。李治遵命，用玉匣裝著《蘭亭序》藏在了唐太宗的墳墓昭陵裡。唐末五代的軍閥溫韜在任陝西關中北部節度使期間，史籍記載：「在鎮七年，唐帝之陵墓在其境內者，悉發掘之，取其所藏金寶。」唐太宗的昭陵自然難以倖免。由於昭陵修築得異常堅固，溫韜讓士兵費盡力氣打通了七十五丈長的墓道，進入地宮，見其建築及內部設施之宏麗，簡直跟長安皇城宮殿一樣。墓室正中是唐太宗的正寢，正寢東西兩廂各有一座石床，床上放置石函，打開石函，內藏鐵匣。鐵匣裡盡是李世民生前珍藏的名貴圖書字畫，其中最貴重的當推三國時大書法家鍾繇和東晉時大書法家王羲之的真跡。打開一看，二百多年前的紙張和墨跡如新。這些稀世珍藏，全被溫韜取了出來，但迄今千餘年來下落不明。

對此，有些人認為，史書雖然記載溫韜盜掘了昭陵，發現了王羲之的書法，但是並沒有指明其中包括《蘭亭序》，而且此後亦從未見真跡流傳和收錄的任何記載。溫韜盜掘匆忙草率，未做全面和仔細的清理，故真跡很可能仍藏於昭陵墓室裡更隱祕的某處。

但是，與之相反，也有另一種說法，就是《蘭亭序》沒有埋藏到昭陵之中，而是埋在了唐高宗李治的陵墓乾陵之中。持這種觀點的人認為，唐太宗死時，並沒有提出要將《蘭亭序》隨葬，而是將《蘭亭序》交給了同樣喜愛筆墨丹青的李治。李治多病，不久病亡，臨終前，他在病榻上傳遺詔，吩咐把生前喜歡的字畫隨葬。因此，在《蘭亭序》失傳之後，就有人懷疑《蘭亭序》並非隨葬昭陵，而是被藏在乾陵。

唐代皇陵有十八座，據說被溫韜挖了十七座，唯獨挖到乾陵時，風雨大作，無功而還。在唐之後，再沒有人見過《蘭亭序》的真跡，這也使更多人相信《蘭亭序》隨葬乾陵的說法。

總之，圍繞《蘭亭序》真跡的下落問題，成為長期以來眾說紛紜、爭論不休的一個歷史文化之謎。究竟如何，看來只有到將來昭陵、乾陵正式發掘之時，才能見分曉。

武則天無字碑之謎

武則天（六二四年—七〇五年），名曌，并州文水（今山西省文水縣）人。十四歲時被唐太宗挑入宮選為才人，太宗死後她被逼削髮為尼。唐高宗的時候先是封她為昭儀，永徽六年（六五五年）又立她為皇后，參與朝政，她與高宗被後人並稱為「二聖」。弘道元年（六八三年）唐中宗即位後，她臨服改制。第二年，她廢掉唐中宗，另立唐睿宗。載初元年（六九〇年）她又廢唐睿宗，自稱聖神皇帝，改國號為周，改元天授，史稱武周。神龍元年（七〇五年）正月，大臣張柬之、桓彥範、崔玄暐、敬暉等人聯合右羽林大將軍李多祚發動政變，逼武則天退位，迎唐中宗復位。唐中宗上尊號為則天大聖皇帝，後人因此稱她為「武則天」。同年十一月武則天病逝。

武則天死前遺詔：「去帝號，稱則天大聖皇后。」次年五月她與高宗合葬於乾陵。令人奇怪的是這位衝破男尊女卑的羅網，打碎封建時代的桎梏，一躍登上皇帝寶座，生前唯我獨尊，治國安邦的女豪傑，在死後，她的碑上一個字都沒有留下，耐人尋味。

唐高宗李治和武則天的合葬墓乾陵位於西安市西北八十公里的乾縣梁山上。墓前有兩塊高

武則天與唐高宗合葬之乾陵

乾陵位於陝西省梁山之上，修建於西元六八四年。據史書記載，陵墓原有內外兩重城牆、四個城門，還有獻殿闕樓等許多宏偉的建築物。陵墓前有大量石刻，在中國歷史上，陵前石刻的數目、種類和安放位置是從乾陵才有了固定制度，一直沿襲到清代，歷代大同小異。

均為六點三公尺的石碑，西面為「述聖碑」，碑文主要是歌頌唐高宗的功績，由武則天撰文，唐中宗書寫。該碑由七節組成，卯榫扣接，故又稱為「七節碑」，碑寬一點八六公尺，重八十一點六噸。東面是武則天的「無字碑」，碑由一塊巨大的整石雕成，寬二點一公尺，重九十八點八噸。碑頭刻有八條互相纏繞的螭龍，碑東、西兩側各刻有冉冉騰飛的「升龍圖」一幅，升龍高四公尺、寬一公尺，其身軀矯健扭動，神態飄逸若仙，線條流暢，刀法嫻熟。陽面是一幅獅馬圖線刻畫，其獅昂首怒目，威嚴挺立；而馬則屈蹄俯首，優遊就食。整座碑高大雄渾，雕刻精細，不失為歷代石碑中的巨製。

令人奇怪的是，當初立這塊碑時碑上竟未刻一字，後人所加的文字，也斑駁若離，若明若暗，模糊不清。據《乾縣新志》載：「向無字。金元後，往來登眺，有題詠詩篇刊其上。」《雍州金石記》也載：「碑側鐫龍鳳形，其面及陰俱無字。」一直到宋代碑上才有了題刻。那麼，女皇武則天立這塊異乎尋常的空白石碑，用意何在？這成為一千三百多年來人們猜測、探究卻莫衷一是的「千古之謎」。縱觀諸說，大致有以下四種說法：

一說武則天認為自己功高德大，不是文字所能表達的。武則天從西元六五五年做皇后開始，到七〇五年被迫退位，前後參與和掌握最高權力達五十年之久。如果從唐高宗死時算起，也有二十一年。她是中國歷史上唯一的、傑出的女皇帝。在武則天看來，自己雖是女人，但高宗平庸，自己的才能絕對優於高宗。她統治期間在政治上打擊了豪門世族，並通過發展科舉制度，使得大量人才進入政治舞臺，抑制了豪門壟斷；她獎勵農桑，興修水利，減輕徭役並整頓均田制，使社會經濟不斷上升，民戶數不斷增長；她知人善任，破格用人，鼓勵各級官吏舉薦人才，並虛心納諫，「累朝得多士之用」；她還加強封建國家的邊防，改善與邊境各族的關係。這就使得政治清明，社會安定，人民安居樂業。而小小的一塊墓碑是記不下自己的功績的。正如明代一位無名詩人在無字碑上題的詩中寫的那樣：「乾陵松柏遭兵燹，滿野牛羊春草齊；惟有乾人懷舊德，年年麥飯祀昭儀。」

武則天無字碑

無字碑由一塊巨大的整石雕成，寬 2.1 公尺，重 98.8 噸。碑頭刻有八條互相纏繞的螭龍，碑東、西兩側各刻有「升龍圖」一幅，升龍高 4 公尺、寬 1 公尺。陽面是一幅獅馬圖線刻畫。

第二種說法認為，武則天立無字碑是因為自知罪孽深重，感到還是不寫碑文為好。此說提出的主要依據，一是武則天以阿諛奉承的手段取得信任，從地位較低的「才人」，爬到掌握大權的皇后，最終廢唐改周，自立為帝，建立了武周政權；二是武則天培植自己的親信，建立宮廷奸黨集團，並打著李唐「朝廷」的旗號，實行告密和濫刑的恐怖政策，剷除異己。

岑仲勉、呂思勉等隋唐史專家根據宋代著名學者朱熹的《通鑑綱目》和歐陽修的《新唐書》等史籍，認為武則天「即使撇去私德不論，總觀其在位廿一年，實無絲毫政績可記」。武則天當政時期，「對外族侵凌，全乏對策，而又居心疑忌，秉性殘酷，陷人於罪，全憑鍛鍊；賦民間農器立頌德天樞，鑄九鼎，構天堂，對國民生計毫無裨益」，武則天的統治阻滯了貞觀以來社會經濟的發展，並曾失掉安西四鎮，危害了國家的統一。武則天自知自己執政中，篡權改制，濫殺無辜，荒淫無道，罪孽深重，無功可記，無德可載，與其貽笑後世，不如一字不鐫。呂思勉還在其《隋唐五代史》中，把武則天說成是「暴君」，說她「使濫刑，任酷吏」，所謂「識人才」也是她拉幫結夥，結黨營私而已。

第三種說法認為，武則天一生聰穎機警，常做驚人之舉，立無字之碑便是聰明之舉。況且武則天留有遺言：「己之功過，留待後人評說。」功過是非讓後人去評論，這是最好的辦法。因為武則天有可以肯定的地方，也有應該否定的地方。武則天當政期間，貞觀以來經濟發展的趨勢，仍在繼續；在處理唐高宗去世前後的複雜局面中，她表現了不平凡的個人才幹；就「納諫」和「用人」這兩點，連許多具有封建正統思想的人士，也為之讚嘆不已。但是，武則天的消極面也十分突出。如任用酷吏、濫殺無辜、崇信佛教、奢侈浪費等。特別是統治後期，朝廷政治日趨腐敗，形成一批為武則天所縱容支持的新特權貴族。武則天被迫交出權力，還政於唐中宗，她知道對自己的一生，人們會有各種各樣的評價，碑文寫好寫壞都是難事，因此決定立無字碑，由後人去評價。

持第三種說法的學者指出：「從唐中宗起，陸贄、李絳、宋洪邁、清趙翼等人都很尊重武則天，對她評價很高。」認為，唐太宗打下的盛唐基礎，建立了規模，而：「武則天則鞏固和發展了這一基礎，沒有武則天起作用的五十年，也就沒有唐玄宗的『開元之治』，武則天對唐朝的歷史起了承上啟下的作用，是應該肯定的，但也不能以偏概全。武則天的錯誤也是嚴重的，尤其是其統治後期，朝政腐敗，新貴形成，對歷史的前進起了阻礙的作用。」由於功過相摻，這些學者認為：「武則天是個聰明人，立無字碑立得聰明，功過是非，讓後人去評論，這是最好的辦法。」

第四種說法是，武則天生前並沒有考慮自己的碑文問題，無字碑乃是她的兒子李顯的主張。唐中宗李顯雖是武則天的親生兒子，但卻長期在其淫威下惶恐度日，幾度險遭毒手。李顯對母親濫施酷刑、濫殺無辜的暴行也是非常憎恨的。武則天先後毒死太子李弘，廢太子李賢為庶人，後又逼其自殺。中宗李顯當初即位不到一年，就被武則天廢黜皇位，貶逐出京。先後二十多年間，李顯提心吊膽，惶惶不可終日，以至於每次聽到武則天派人來看他，他都嚇得膽顫心驚。他的長子李重潤、女兒李仙蕙都因出言不慎被武則天處死。此外，武則天晚年還一直思謀著將皇位傳給其武家姪兒。有過這一番飽受折磨經歷的中宗，重登皇位後雖然不能公開發洩對母親的憎恨，但也講不出對她歌功頌德的好話，只好乾脆一字不刻，為武則天留下一塊無字碑。另外李顯也難定其稱謂，如褒揚武則天，刻上「大周天冊金輪聖神皇帝」，做為李唐子孫感情上不情願；如貶斥其刻上「則天大聖皇后」，而武則天又明明做過十六年的「大周」皇帝。左右為難，無可奈何之下，就只能在高宗的「述聖碑」側立一塊無字碑了。

還有一種說法是：武則天建立大周朝之後，內心感覺愧疚不安，一心想在自己死後將江山歸還李氏。但由於自己稱帝的這段經歷，使她對自己死後的境遇沒有信心，更害怕世人責罵其篡位之罪，而且在自己死後，稱呼自己是皇帝還是皇后，都難落筆。不管這種想法是出於其驕傲抑或謙虛，武則天曾君臨天下卻是不可迴避的事實，權衡之後，還是以無字碑更為恰當。

——史實，說真的

近年來，一些史學家又提出了新的見解：無字碑當初立碑時已經擬好了碑文，但因各種原因碑文沒有銘刻到墓碑上，而極有可能被埋藏在乾陵地宮裡。仔細觀察了無字碑，可以看到無字碑的陽面布滿了細線刻格子，雖經一千三百多年風雨侵蝕至今仍比較清晰。根據碑陽面格子的總數算，該碑文約有三千餘字。也許是經過一番折磨的中宗，重登皇位後既不能公開仇視母親，又不願為母親歌功頌德，於是採取了一個折中的方法，就是將武則天在世時撰寫的碑文以及武則天的《垂拱集》、《金輪集》及其他珍貴的史冊圖冊，一起埋入了乾陵地宮。

楊貴妃是否去了日本

楊貴妃是家喻戶曉的絕代佳人，也是中國古代四大美人之一，她的名字叫楊玉環，蒲州永樂（今山西省永濟市）人，蜀州司戶楊玄琰的女兒。楊玉環姿質豐豔，善於歌舞，通音律，有「羞花」之貌，傳說楊玉環在御花園觀賞牡丹時，百花失色，羞愧不及玉環美貌，遂閉上花瓣，「羞花」一詞由此而來。唐玄宗開元二十三年（七三六年），她被封為唐玄宗第十八子壽王李瑁的王妃，這時的楊貴妃只有十六歲，李瑁也年約十六歲。西元七三七年，唐玄宗寵愛的武惠妃死後，後宮數千宮娥，無一能使玄宗滿意。高力士為了討唐玄宗的歡心，向唐玄宗推薦了壽王妃楊玉環。西元七四五年，唐玄宗冊封楊氏為貴妃，「父奪子妻」，成為唐朝宮闈的一大怪聞。西元七五五年，安史之亂發生後，唐玄宗倉皇逃出長安。第二年，隊伍途經馬嵬驛的時候，軍隊譁變，逼唐玄宗誅殺楊國忠和楊玉環。萬般無奈之下，唐玄宗賜楊貴妃自盡，時年楊玉環只有三十七歲。白居易的《長恨歌》，就是敘述唐玄宗與楊貴妃的悲劇故事。

楊貴妃自殺於馬嵬驛的說法，是正史的記載。如唐人李肇在其《國史補》中說：「玄宗幸蜀，至馬嵬驛，命高力士縊貴妃於佛堂前梨樹下，馬嵬店媼收得錦靿一只，相傳過客每一借玩，必須百錢，前後獲利極多，媼因致富。」意思是楊貴妃死於馬嵬驛的一座佛堂梨樹下，在搬屍時，楊貴妃腳上的一只鞋子失落，導致一位老太婆藉此大發其財。對於這一歷史事件，《舊唐書》、《新唐書》的記錄與李肇的上述記載大同小異。

司馬光的《資治通鑑》所引楊貴妃被縊的史料更為詳細：當譁變的軍士殺了楊國忠後，護駕的六軍將士仍不肯繼續前進，唐玄宗親自下令也無效。唐玄宗要高力士問軍中主帥陳玄禮是什麼緣故，陳玄禮回答說：「國忠謀反，貴妃不宜供奉，願陛下割恩正法。」唐玄宗聽後，最初不肯割愛，「倚仗傾首而立。久之，京兆司錄韋諤前言曰：『今眾怒難犯，安危在晷刻，願陛下速決！』」而唐玄宗卻說：「貴妃常居深宮，安知國忠反謀？」這時連高力士也一反常態，對玄宗說：「貴妃誠無罪，然將士已殺國忠，而貴妃在陛下左右，豈敢自安！願陛下審視之，將士安則陛下安矣。」玄宗經高力士勸說，「乃命力士引貴妃於佛堂，縊殺之。」這樣才使六軍將士「始整部伍為行計」（《唐記》三十四）。

不僅正史這樣記載，一些詩詞歌賦、稗官野史和戲劇傳奇也認可和採用這種說法。如：元和元年（八〇六年），白居易任盩厔（即周至）縣尉，他的好友陳鴻和王質也寓居該縣。一天，他們遊覽仙遊寺，談到唐玄宗與楊貴妃的愛情悲劇，異常感慨，王質建議白居易以此為題寫詩，白居易便寫了膾炙人口的《長恨歌》，陳鴻寫了《長恨歌傳》。陳鴻是位史學家，在寫楊貴妃縊於馬嵬驛一節時他這樣記敘道：「楊國忠處後，『左右之意未決。上問之，當時敢言者，請以貴妃塞天下怨。上知不免，而不忍見其死，反袂掩面，使牽之而去，倉皇展（輾）轉，竟就死於尺組之下。』」

雖然如此，也有一些人認為，楊貴妃不是自縊而死，而是死於亂軍之中。此說主要見於一些唐詩中的描述。杜甫於至德二年（七五七年）在安祿山占據的長安，作《哀江頭》一首，其中有「明眸皓齒今何在，血汙遊魂歸不得」之句，暗示楊貴妃不是被縊死於馬嵬驛，因為縊死是不會見血的。李益所作七絕《過馬嵬》和七律《過馬嵬二首》中有「托君休洗蓮花血」和「太真血染馬蹄盡」等詩句，也反映了楊貴妃為亂軍所殺，死於兵刃之下的情景。杜牧《華清宮三十韻》的「喧呼馬嵬血，零落羽林槍」、張佑《華清宮和社舍人》的「血埋妃子豔」、溫庭筠《馬嵬驛》的「返魂無驗青煙滅，埋血空生碧草愁」等詩句，也都認為楊貴妃血濺馬嵬驛，並非被縊而死。

除此之外，也有楊貴妃是吞金而死的說法。比如劉禹錫曾寫過《馬嵬行》一詩。他在詩中這樣寫道：「綠野扶風道，黃塵馬嵬行，路邊楊貴人，墳高三四尺。乃問里中兒，皆言幸蜀時，軍家誅佞幸，天子舍妖姬。群吏伏門屏，貴人牽帝衣，低迴轉美目，風日為無暉。貴人飲金屑，倏忽舜英暮，平生服杏丹，顏色真如故。」從這首詩來看，楊貴妃是吞金而死的。史學家陳寅恪曾對這種說法頗感稀奇，並在《元白詩箋證稿》中作了考證。然而，陳寅恪並不排除楊貴妃在被縊死之前，也有可能吞過金。

不僅如此，有些人甚至認為楊貴妃沒有自殺，而是被調包計所救後逃跑了。而且，早在唐代就有這種傳聞。

一些人認為，楊貴妃並未死於馬嵬驛，而是流落於民間，當了女道士。這種說法，在當時就已經有了。如白居易《長恨歌》中記載：「天旋地轉回龍馭，到此躊躇不能去。馬嵬坡下泥土中，不見玉顏空死處。」說的是平叛後玄宗由蜀返長安，途經楊貴妃縊死處，躊躇不前，捨不得離開，但在馬嵬坡的泥土中已見不到她的屍骨。後來又差方士尋找，「上窮碧落下黃泉，兩處茫茫皆不見」。白居易在這裡暗示貴妃既未仙去，也未命歸黃泉仍在人間。

時至近代，作家俞平伯在《論詩詞曲雜著》中對白居易的《長恨歌》和陳鴻的《長恨歌傳》作了考證。他認為白居易的《長恨歌》、陳鴻的《長恨歌傳》之本意，蓋另有所長。如果以「長恨」為篇名，寫至馬嵬驛已足夠了，何必還要在後面假設臨邛道士和玉妃太真呢？俞平伯認為，楊貴妃並未死於馬嵬驛。當時六軍譁變，貴妃被劫，釵鈿委地，詩中明言唐玄宗「救不得」，所以正史所載的賜死之詔旨，當時絕不會有。陳鴻的《長恨歌傳》所言「使人牽之而去」，是說楊貴妃被使者牽去藏匿遠地了。白居易《長恨歌》說唐玄宗回鑾後要為楊貴妃改葬，結果是「馬嵬坡下泥土中，不見玉顏空死處」，連屍骨都找不到，這就更證實貴妃未死於馬嵬驛。值得注意的是，陳鴻作《長恨歌傳》時，唯恐後人不明，特為點出：「世所知者有〈玄宗本紀〉在。」而「世所不聞」者，今傳有《長恨歌》，這分明暗示楊貴妃並未死去。

關於楊貴妃的下落，在日本也有種種說法。有一種說法是，死者是替身，楊貴妃則逃往日本的山口縣大津郡油谷町久津。替身是個侍女，軍中主帥陳玄禮愛憐貴妃貌美，不忍殺之，於是與高力士密謀，以侍女代替，高力士用車運來貴妃屍體，查驗屍體的便是陳玄禮，因而使此計成功。而楊貴妃則由陳玄禮的親信護送南逃，大約在今上海附近揚帆出海，到了日本油谷町久津。西元一九六三年有一位日本姑娘向電視觀眾展示了自己的一本家譜，說她就是楊貴妃的後人。日本著名影星山口百惠，也自稱是楊貴妃的後裔。

據說，唐玄宗平定安史之亂之後，曾派方士出海尋找，在久津找到楊貴妃後，方士還將唐玄宗所贈的二尊佛像交給了她，楊貴妃則贈玉簪作為答禮。這二尊佛像現在還供奉在日本的久津院內，楊貴妃最終死於日本，葬在久津。至今當地還保有相傳為楊貴妃墓的一座五輪塔。五輪塔是建在楊貴妃墓上的五座石塔，墓前有兩塊木板，一塊是關於五輪塔的說明，一塊是關於楊貴妃的說明，上面寫著：「充滿謎和浪漫色彩的楊貴妃之墓——關於唐玄宗皇帝愛妾楊貴妃的傳說。」

甚至有一種離奇的說法認為楊貴妃並沒有去日本，而是遠走美洲。臺灣學者魏聚賢在《中國人發現美洲》一書中聲稱，他考證出楊貴妃並未死於馬嵬驛，而是被人帶往遙遠的美洲。

民間傳說楊貴妃死而復生，這反映了人們對她的同情與懷念。然而實際上，楊貴妃極有可能死於馬嵬驛。《高力士外傳》認為，楊貴妃的死，是由於「一時連坐」的緣故。換言之，六軍將士憎恨楊國忠，也把楊貴妃牽連進去了。這是高力士的觀點，因為《高力士外傳》是根據他的口述而編寫的，而且從馬嵬驛事變的形勢來看，楊貴妃不死，唐玄宗也是很難交代的。楊貴妃自縊之後，屍體由佛堂運至驛站，置於庭院，唐玄宗還召陳玄禮等將士進來驗看。楊貴妃死在馬嵬驛，舊、新《唐書》與《通鑒綱目》等史籍記載明確，唐人筆記雜史如《高力士外傳》、《唐國史補》、《明皇雜錄》、《安祿山事蹟》等也是如此。

應該說，楊貴妃縊殺於馬嵬驛，史料是比較詳實的，且已得到公認。但是，楊貴妃出逃當女道士和亡命日本的說法，也言之成理，證之有據，不能輕易地否定。這一切都有待於新的史料發掘來為我們解開這個謎團。

宋太宗弒兄懸案

中國古代社會自夏禹傳位於子啟，即開始了帝王子承父業、世代為君的先河。從此在數千年的歷史長河中，「社稷永存，福綿子孫」成為歷代封建帝王恪守的信條，很少發生既有子嗣而拱手將皇位傳與他人的事件。但是宋朝開國之君宋太祖趙匡胤，自己有兒子，卻將皇位傳給了自己的弟弟趙光義。

宋開寶九年（九七六年），趙匡胤年方五十，正當年富力強的年齡，就在國家需要他大展宏圖時，趙匡胤卻病倒了。這年的十月二十日晚上，臥床不久的宋朝開國皇帝宋太祖趙匡胤突然去世。趙匡胤有子嗣，按照前朝的皇位繼承制度，皇帝之位傳給兒子理所當然，可是最終卻是弟弟趙光義繼承了皇位。巧合的是，趙匡胤駕崩的那天夜裡，只有趙光義一個人在場。

關於趙匡胤之死，官修的宋史均是語焉不詳，原因可能是自宋太宗趙光義以後北宋皇帝均是由太宗一支繼承有關。直到南宋才在孝宗朝史官李燾所編錄的國史《續資治通鑒長編》裡簡單地記錄了一下，不過說法也是極為簡單模糊，後人根本看不明白。野史倒有不少這方面的記載，然而說法不一，難經推敲。趙光義即位，成了歷史上一宗離奇的懸案。

宋代有個叫文瑩的老僧寫了一本書，名叫《湘山野錄》，其中提到了趙匡胤之死。說趙匡胤聽信了一個術士的話，知道自己氣數已盡，便召趙光義入宮安排後事。當時趙匡胤患病已久，他把宦官和宮女撤走，自己與趙光義對酌飲酒。喝完酒已經是深夜了，趙匡胤用玉斧在雪地上刺，同時說：「好做！好做！」當夜留宿趙光義於寢宮，第二天天剛剛亮，趙匡胤就不明不白地死了。趙光義受遺詔，於靈前繼位。這種說法是最傳統的觀點，但是也是最受非議的觀點。按照宋朝的宮廷禮儀，趙光義是不可以在宮裡睡覺的，他卻居然留宿於宮中；太監、宮女不該離開皇帝，卻居然都離開了。也許這是一場預先策劃的血腥謀殺，「燭影斧聲」只不過是宋太宗登位的一種粉飾。

《燼餘錄》對「燭影斧聲」的故事又進行了深化，說趙光義對趙匡胤的妃子花蕊夫人垂涎已久，趁趙匡胤病中昏睡不醒時，半夜起身調戲花蕊夫人，但是驚醒了趙匡胤，並用玉斧砍他，但力不從心，砍到了地上。於是趙光義一不做二不休，殺了趙匡胤，逃回府中。這一記載好似趙光義殺死其兄是迫不得已的，事實上掩蓋了他蓄謀已久的篡位野心。

《涑水紀聞》裡記載：太祖去世時已是四鼓，宋皇后叫內侍王繼恩把皇子德芳叫來。王繼恩考慮到太祖早就打算傳位於晉王趙光義，便找來了他。進宮後，宋皇后問：「是德芳來了嗎？」王繼恩回答：「晉王來了。」宋皇后驚詫莫名，後來突然醒悟，哭著對趙光義說：「官家，我母子的性命，都託付給你了。」這一記錄也存在疑點，王繼恩有何膽量，敢違背宋皇后的旨意，本該傳趙德芳，卻傳來趙光義？倘若事敗，不是殺身之禍嗎？這種說法，只不過把篡位的罪過加在一個太監身上而已，同時掩蓋了殺兄的罪行。

那麼事情的真相到底是什麼呢？史學家們透過這些當時的野史記錄，大致認為趙光義與趙匡胤積怨深久，趙光義篡位奪權的事情是屬實的。當時趙匡胤在後周做武將，東征西戰，功績極大，受到了將士們的廣泛擁護，所以趙匡胤做皇帝，也是無可厚非的事情。只是在趙匡胤「龍袍加身」的事件中，趙光義與趙普是主謀，功勞確實很大。當趙匡胤臨終想把皇位傳給自己的兒子時，野心很大的趙光義一想到自己跟著趙匡胤南征北戰，對宋朝的建立立下了汗馬功勞，心裡便有一萬個不願意和不甘心。儘管傳說杜太后臨終有遺言命趙匡胤先傳位弟光義，再傳位弟廷美、子德昭，並立下「金匱之盟」，在正史中也記載著趙匡胤說趙光義「龍行虎步，他日必為太平天子，福德非吾所及」。不管這些說法是真是假，史學家們分析當時的情況可能是趙匡胤不願從母願立弟，但是沒有果斷立子，並且就在這種矛盾心理的支配下單獨召見趙光義，於是使得趙光義奪權稱帝，也給後人留下了「燭影斧聲」的疑案。

趙光義在即位做了皇帝之後，馬上就施展伎倆逼死了弟弟趙廷美、姪子趙德昭和趙德芳，為自己皇位的穩固免除了後顧之憂。另外，趙光義為了防止前朝大臣怨恨激憤，就下令讓他們去修《冊府元龜》、《太

宋太祖永昌陵石刻

平廣記》、《文苑英華》等書，讓他們天天沉沒在紙堆中，不讓他們有時間發牢騷；對於范質、王溥等朝廷重臣，趙光義採取了威逼利誘的策略，牽著這些老臣的鼻子走。另外他還發動了兩次對遼戰爭，將朝野內外的注意力轉移到邊防上去，同時乘機鞏固了兵權。趙光義在不用舊臣的情況下，不斷地通過科舉考試選拔官吏，他在位二十餘年，常常幾天幾夜地親自閱卷選拔官吏，先後選士達數萬人之多。在選拔的這些士人之中，趙光義還比較喜歡重用那些善於阿諛奉承的人，蘇軾就曾在《東坡志林》卷三中尖銳地指出「西漢風俗諂媚，太宗朝也有諂媚之風」。在舊臣修書、新臣諂媚的情況之下，那些五代遺臣入宋任史官的沈倫、李穆、扈蒙等人時時刻刻謹慎言行，平日裡那些著述的文章也大都銷毀，連腹誹都不敢，哪裡又敢提到趙光義的不是。所以太宗趙光義「燭影斧聲」的原委在朝野沒有人敢議論半句，正史中也沒有記載。

為什麼太祖時期的起居注中沒有提到「燭影斧聲」的事件呢？按理說從周代產生史官記錄皇帝日常言行的起居注以來，歷朝歷代的皇帝都遵守著天子不看起居注的規定。當年宋太祖趙匡胤在世時，與其弟趙光義的鬥爭十分激烈，怕有些內容洩露出去被居心不良的人利用，對宋朝的統治不利，於是議事常常迴避史官，史官也就不能記錄到什麼實際的內容，只記一些君臣見面辭謝等無關痛癢的事情。到太宗朝時恢復了正常的起居注和時政記制（它是唐高宗時設下的由宰相記錄皇帝與君臣的奏對，即時政記），可是偏偏在太宗朝時，趙光義一反皇帝不看起居注的規定，命令參知政事記錄的時政記必須先送皇帝審閱，然後再送史館。還有當時的起居注院所編著的起居注也必須先送趙光義審閱後再交給史館，如此一來，在趙光義與大臣的對話中，凡是不利於趙光義的，宰相和史官都必須迴避粉飾，以免惹來殺身之禍。太宗趙光義之後，宋朝歷代所修的時政記、起居注都要先拿給皇帝看再送交史館，這樣皇帝的言行就無法保證全部如實記錄，所以宋代的正史是有很多疑點的。

趙光義還親自挑選了一批官員來修《太祖實錄》（皇帝實錄是撰修一代國史的基礎材料），雖然《太祖實錄》今天已經不存在了，不過從後代所撰修的《宋史》來看，《太祖實錄》並沒有提供充足的事實，不是一部信史的素材。

所以說趙光義是用權勢來治史，雖然這樣使得宋朝正史對太宗奪權一事記載不多且多有隱諱，使我們不可盡知趙光義的篡位之事，但是趙光義畢竟有他鞭長莫及的地方，當時遼國的史官就在《遼史》中記載了趙光義篡位的事。而在北宋的正史中也做過曲折的表述，趙光義晚年想傳皇位給他所鍾愛的長子楚王元佐，可是元佐卻要父皇遵守那個「金匱之盟」來成全叔父，以免陷君父於不義，可是趙光義不聽，元佐一氣之下假裝發瘋，來表明自己不做皇帝的決心，這實際上也在暗示著宮中的昔日往事。而宋高宗趙構由於無子，傳位給太祖的七世孫，即宋孝宗，之後，孝宗朝的史家李燾馬上就在他所編著的《續資治通鑒長編》中提到了「燭影斧聲」這件事，孝宗還讚揚他記事真實可靠。不過這些記史由於缺乏當時的史料，所以終究都只是含含糊糊，因此後人對趙光義篡位的事情無法完全明瞭。

—— 史實，説真的

趙匡胤之死和趙光義上臺，二者之間太多的巧合和離奇，史學家只能根據已有的記載進行推理，但是尚無確鑿史料推翻以前觀點。趙光義的登基過程至今是個謎，以後也很難說清楚。人們之間即使親如兄弟，亦多可共患難，不易共富貴，一遇權位、金錢之爭往往演出一幕幕宮廷政變或殘酷的競爭。

「金匱之盟」是否是騙局

宋太祖趙匡胤死時「燭影斧聲」存在著種種疑點，在臣民眼中，趙光義即位是頗不光彩的。為了尋求一個法律依據，取得天下人民的信任，趙光義即位不久，就出現了「金匱之盟」的說法。

「金匱之盟」指的是趙匡胤和趙光義的母親杜太后臨終時要求趙匡胤傳位給弟弟趙光義的一份遺囑。據傳當日杜太后病危，急召趙匡胤等人受遺命。太后問趙匡胤：「你知道自己是如何做了天子的？」趙匡胤十分悲傷，傷心得不能回答。杜太后又說：「我已經行將就木，你哭有什麼用呢？我要告訴你一件大事。」趙匡胤見狀，只好回答母親：「我能做天子，全是先祖與母親積功積德的結果。」杜太后聽後，有些生氣，嚴厲地說：「不是這樣的，你能當天子是因為周室國君年幼，群心不附的緣故。倘若周室有長君，你能當上皇帝嗎？」繼而又說：「你與光義都是我的兒子，將來你應當傳位給你的弟弟光義，這才是確保社稷的根本啊！」趙匡胤於是叩頭回答：「一定照您的吩咐辦。」杜太后又指著宰相趙普說：「你把它記下來，不能違背我的話。」趙普於是當場記下了太后遺囑，並在末尾署名「臣普記」三字，趙匡胤將遺囑藏到金匱中，並命令那些細心謹慎的人掌管，這就是趙光義即位所依據的「金匱之盟」。

然而，由於年代久遠，「金匱之盟」的重重迷霧也未能揭開，後人推測是趙光義和趙普杜撰出來以掩人耳目的。那麼，到底趙匡胤是否有傳位趙光義之意呢？

一種觀點認為「金匱之盟」是存在的。在「金匱之盟」之說傳出後，宋、元、明、清朝很少有人懷疑它的真實性，並且這件事也經常被用來讚頌趙匡胤沒有私心。還有人指出，趙匡胤在世時，早就有心傳位給弟弟趙光義。《玉壺清話》卷七記載：「開寶初，太宗居晉邸，殿前都虞侯奏太祖說：『晉王天日資表，恐物情附之，為京尹，多肆意，下戲吏僕，縱法以結豪俊，陛下當圖之。』上怒曰：『朕與晉弟雍睦起國，和好相保，他日欲令管勾天下公事，粗狂小人，敢離我手足耶？』亟令誅之。」李燾《續資治通鑑長編》也有這樣的記載：「光義有疾病，殆不知人，上亟往問，親為灼艾……間謂近臣曰：『晉王龍行虎步，且生時有異，必為太平天子，福德非吾所及也。』」

現在有一些學者也贊同「金匱之盟」之說。佐證如下：第一，從「金匱之盟」產生的背景分析，杜太后臨終遺言有其可能性。五代時期戰亂不斷，又缺乏制度約束，所以常常造成武將功高震主的情形。主少國疑，即位後的幼主不能控制局勢，導致政權更迭。宋太祖趙匡胤開國之初的「杯酒釋兵權」即是防止武將專權。面對另一個主少國疑的弊端也不可能沒有考慮，杜太后看到了這一點，又加之一直寵愛趙光義，所以才會有讓趙匡胤傳位給其弟趙光義的遺詔，這符合當時的時代背景和現實的可能性。第二，趙匡胤在位時不立太子。趙匡胤有四子：長王德秀、次燕懿王德昭、三舒王德林、四秦康惠王德芳。德秀、德林皆早亡。趙匡胤於西元九六〇年即皇帝位，至九七六年駕崩，在位十七年之久，但是史料沒有記載立太子之事。這一不合常理的行為，可能證明「金匱之盟」確有其事，趙匡胤立晉王之心已定。第三，趙匡胤和趙光義關係密切。趙匡胤登基後，沒有忘記弟弟趙光義的功勞，步步提升他直至晉王，可見沒有壓抑趙光義的意思。如果趙匡胤想傳位於皇子德昭或德芳，按他壓抑武將專權的開國政策，不可能忽視到這樣可能的後果，即皇弟趙光義的大權在握是對皇子繼位的極大威脅，並由此造成了另一個有力的皇位爭奪者。

這部分學者認為「金匱之盟」之所以引起如此大的爭議，就在於「燭影斧聲」使即位問題複雜化。「燭影斧聲」的問題始終是困擾趙光義繼位是否正統的問題，「燭影斧聲」中的各個細節似乎證明趙匡胤死於非命，因而趙光義繼位的合法性也就遭到了質疑。

另外一種觀點認為「金匱之盟」是趙光義偽造的。清代古文學家惲敬對盟約內容首先提出疑問，後來也越來越多的學者對此提出疑問。二十世紀四〇年代張蔭麟曾作《宋太宗繼統考實》，認為「金匱之盟」是趙普偽造的，全盤否定此事。理由大致如下，建隆二年（九六一年）杜太后病重時，宋太祖趙匡胤只有三十四歲，正值年輕力壯之時，趙光義才二十三歲，而太祖長子德秀也已經十四歲了。當時太祖身體健康，沒有短壽駕崩之象，即使太祖只能再活二十年，那時，長子德秀已三十多歲，不可能存在幼主之說。杜太后沒有依據來猜測趙匡胤會早死，幼子繼位，而宋朝會重蹈五代的覆轍，進而立下「金匱之盟」。結果趙匡胤活了五十多歲，並沒有早逝而面臨幼子主政。如果有遺詔，趙匡胤臨終前應該命人打開金匱，即使是突然死亡，皇后也應該知道此事，掌管金匱的宮人同樣也知道此事，為什麼要等到趙匡胤死後五年才由趙普揭露出來？即使公布遺詔，趙光義應該把全文都公布出來，而留下來的卻僅是一個大概的內容，而且內容還不完全一致。

但也有學者提出了相反的證據。關於立此盟約的條件，持肯定論者認為它符合常理。杜太后親身經歷過五代，這是一個王朝更替頻繁的時期，五代君主共十三人，在位超過十年的絕無僅有，有七人死於非命，杜太后擔心宋太祖英年早逝、幼主執政失國而終是正常的。杜太后在趙匡胤剛當上皇帝時曾說：「吾聞『為君難』，天子置身兆庶之上，若治得其道，則此位可尊，苟或失馭，求為匹夫不可得，是吾所以憂也。」杜太后認為剛剛建國，根基未穩，皇帝隨時有可能短命而亡。儘管當時趙匡胤正值壯年，但政治變化無常，假如趙匡胤真的死於非命，十多歲的德秀顯然不足以應付，而擁有豐富政治經驗的趙光義應是理想的繼承人。

還有一種觀點也質疑「金匱之盟」存在的合理性，認為盟約是趙普和趙光義互相利用偽造的。他們分析了趙匡胤、趙光義和趙普三者之間的關係。第一，趙匡胤與趙普的關係。趙匡胤創業之初與趙普君臣關係極好，趙普由建國初期的樞密副使升至乾德二年（九六四年）的宰相。

但後來趙匡胤對趙普開始逐漸厭惡，嫌隙是逐漸形成的。如趙普曾保薦某人，雖然趙匡胤撕碎了他的奏章，但趙普卻糊好之後第二天仍舊呈上迫使趙匡胤接受。雖然一般認為這體現了趙普的宰相風度和太祖善於納諫，但趙匡胤的不滿也在所難免。另外，趙普常提趙匡胤微賤時的小事，不免也會讓已做皇帝的趙匡胤覺得有損尊嚴。此外趙普收受吳越瓜子金、陷害有隙官員等事件也令趙匡胤警覺到趙普的權柄太重。所以太祖晚期趙普被罷相，不再被重用，至駕崩時也沒有再召見他。第二，趙光義和趙普的關係。趙光義和趙普原本都是陳橋兵變的重要策劃者，在宋王朝建立之初，兩人都得寵。但是在建隆二年（九六一年）六月，杜太后去世後，趙光義處境就相當不妙了。同年七月，趙匡胤解除趙光義禁軍職務，只命他擔任開封尹，權力大大減小。這時趙普卻一再升官，到乾德二年已升至宰相，遠遠高過趙光義。隨著時間推移，趙普漸漸專權朝政，趙光義則力圖把以開封為中心的東京府經營成獨立的小區域。兩人不可避免地產生了矛盾，漸漸展開了明爭暗鬥，衝突時有發生。後來，由於趙普的專權遭到趙匡胤猜忌，才開始失勢，趙光義乘機利用「權謀之士」盧多遜攻倒趙普。趙普以他從政多年的經驗，以及他對趙氏家族的瞭解，深知要使他的命運出現轉機，需要為新皇帝趙光義獻上一份厚禮，而且這份厚禮要足以使他動心，於是趙普獻上了他的「金匱之盟」。

這種觀點主要是建立在一些常理的推測上，沒有相關的史料支撐，儘管有一定的道理，但不足以使人完全信服。

——史實，說真的

總之，「金匱之盟」疑案屬於皇家禁宮疑案，肯定也罷，否定也罷，都是根據當時的歷史事實、政治背景所做出的判斷。比較雙方的觀點，其資料和解釋、推斷均偏向於對己方所持觀點有利的一邊，因此爭論越多，疑點也就越多。

狸貓換太子的真相

宋仁宗趙禎，真宗之子。乾興元年（一〇二二年）即位，由劉太后垂簾聽政，明道二年（一〇三三年）太后死，才開始親政。宋仁宗在位近四十二年，是兩宋時期在位時間最長的皇帝。關於仁宗的身世，有一種至今流傳的說法，就是狸貓換太子的故事，主人公的傳奇經歷幾乎家喻戶曉，婦孺皆知。

在經典京劇《狸貓換太子》中，宋朝龍圖閣大學士、欽差大人包拯巡行到地方，路上在經過一處破窯時，被一個雙目失明的老婦攔住了。這位老婦向人稱包青天的包拯哭訴了自己鮮為人知的悲慘而又離奇的身世。包拯經過仔細推敲，才得知她就是當今聖上宋仁宗的生母李娘娘。包拯立刻回京查訪當年還在世的老宮女，得知這李娘娘雖只是宋仁宗的父親宋真宗後宮的宮女，可是由於受仁宗寵幸，被封為才人，進而升為婉儀，並且還懷上了龍種。那時候，「母以子貴」，李娘娘幻想著生下兒子，在後宮擁有自己的一席之地。可是當時的劉德妃也就是後來的劉皇后心腸很壞，又陰險毒辣，因為她自己沒有生育，又很嫉妒李娘娘，於是買通接生婆，用一隻剝了皮的狸貓，換去剛剛出生的宋仁宗。等到宋真宗高興地下朝回來要看自己的骨肉時，

── 史實，說真的

卻只看到了一個血淋淋的怪物。宋真宗非常生氣，不問為什麼會這樣，也不想事情的前因後果，一怒之下就把李娘娘打入冷宮。後來劉德妃升為皇后，就對李娘娘起了滅口之心。李娘娘看出劉皇后的心思，在一位好心的宮女幫助之下，急忙逃出了深宮，從此躲到了一處破窯裡，隱姓埋名孤苦伶仃地生活了二十年，期盼著有一天能與自己的骨肉團聚。包拯一向清明廉潔，大公無私，他為了洗雪李娘娘的冤仇，就把她帶回京城，想方設法地讓仁宗認了真母。此時幾十年的冤案真相大白，壞人得到應有的懲處，李娘娘也母子團圓，被封為李宸妃，結局十分美滿。

可是這畢竟只是演戲，那麼，歷史上的宋仁宗是否有過狸貓換太子的經歷呢？狸貓換太子的故事最早出於清代石玉昆編撰的《三俠五義》。《宋史》和畢沅編的《續資治通鑑》中，也有這故事的影子，而狸貓換太子純屬子虛烏有。歷史上的李宸妃確實是宋仁宗的生母，宋仁宗得知他是李宸妃所生，也是他當皇帝十多年後的事。據野史傳說中記載，當年宋真宗最寵愛的妃子是劉德妃，這個劉德妃雖然只是個臨街播鼓賣藝之人，但由於長得十分出色，所以被剛剛成年的太子趙恆，也就是後來的宋真宗看上，納入了王宮。昔日的太子趙恆登基成為皇帝之後，劉德妃更是從「美人」、「婉儀」，一直封到了「德妃」。只可惜劉德妃雖然深受皇帝寵愛，卻久久不能生育，為了競爭皇后之位，提高自己的身價，便想出了「借腹懷胎」的詭計。她打算利用身旁一個長得有些姿色的李姓侍女，引誘宋真宗上鉤。一次在劉德妃沐浴之時，真宗果真臨幸了這個侍女，不久侍女就懷孕了。這時劉德妃也裝作懷孕的樣子，其實侍女懷孕是真，劉德妃只是安排計策，假裝而已。等到十月分娩的時候，「兩個」龍種先後呱呱落地，劉德妃採取了狸貓換太子的卑劣手段，讓真宗將李姓侍女打入冷宮，劉德妃自己卻如願以償地登上了夢寐以求的皇后寶座。

以上不管是戲曲還是野史，都說有狸貓換太子一事，可是正史裡並沒有記載這件事。在《宋史》中專門記載了李宸妃其人其事。李氏是劉氏的侍女，本是杭州女子，生得美麗小巧，在懷上龍子時，劉氏就已掌控著後宮了。在李氏生下後來的仁宗之後，劉氏立刻就把孩子從李氏懷裡奪走交給另一嬪妃楊氏撫育，說是自己的親生兒子，並請皇帝把李氏生下的兒子趙禎立為太子，將真相一下子隱瞞了幾十年。真宗去世後，十三歲的趙禎即位，也就是宋仁宗，昔日已晉升的劉皇后成了劉太后，臨朝輔政，又掌權後宮，眾人都不敢冒著殺頭的危險來挑明這個真相，只能眼睜睜看著仁宗母子不相認。

天聖十年（一〇三二年），仁宗生母李氏病危，劉太后晉升她為宸妃。次年，李宸妃去世。劉太后本想只以妃子之禮下葬李宸妃，可是宰相呂夷簡卻上書給劉太后說，仁宗現在雖然並不知道自己的生母是李宸妃，可是在太后百年之後，一定會有人向仁宗稟告實情的，如果仁宗因此怪罪太后家人，那就不是誰可以控制的了，所以應當以一品禮安葬李宸妃，那時即便誰要說什麼壞話，仁宗也不會拿劉家怎麼樣的。劉太后認為呂夷簡言之有理，於是就下令以一品禮安葬李宸妃。呂夷簡又暗中吩咐內侍押班給李宸妃穿皇后裝入斂，並使用水銀寶箱，劉太后也一一默許了，李宸妃的喪禮因此舉行得極為隆重。

劉太后去世後，果然就有人告訴了宋仁宗他的生母其實是李宸妃，仁宗十分悲痛，他號啕大哭，甚至下了哀痛詔自責。他憤怒自己身為天子卻不能保護自己的母親，不能孝敬她，還讓她含恨而死，至死母子不能相認。他認為這一切都是劉太后的錯，是劉太后讓自己不能盡孝，不能享天倫之樂。於是，他下令包圍了劉太后娘家的府第。這時宰相呂夷簡急忙覲見，勸說仁宗，太后雖然不義，可是以皇后禮儀厚葬宸妃，就表明她已有自悔之心。雖然劉太后不是陛下的生母，可是對陛下仍有撫育之情，這種恩情陛下又怎能忘記呢？

這一番話使仁宗冷靜下來，命李宸妃的弟弟李用和檢查了李宸妃的下葬，一看生母沒有被鴆殺、殘害或者虐待的跡象，還穿了皇后服下葬，這才下令解除對劉姓親屬的包圍。仁宗下旨尊李宸妃為皇后，諡號章懿，親臨殯儀地方祭告。並且為了彌補他對生母的愧疚之情，他還把李太后的弟弟李用和一再擢升，並把福康公主下嫁給李用和的兒子李瑋。

所以，從《宋史》中的記載來看，歷史上不存在狸貓換太子一事，李宸妃也沒有流落到民間。那麼，為什麼會出現包拯為李宸妃鳴冤這樣的故事呢？包拯是《狸貓換太子》中的重要人物，但是，在歷史上，他與這場公案並無任何連繫。包拯於仁宗天聖五年（一〇二七年）考中進士，踏上仕途，開始做建昌知縣、天長知縣、端州知州等地方官，自然無從參與宮廷鬥爭。到他進入中央政府，仁宗已經親政很久了。元雜劇和明傳奇中，都無包拯出現，明朝《包公案》

小說專說包拯故事，其中有包拯放糧回朝途中，在桑林鎮遇李太后，還朝後，設陰曹，審郭槐，將劉妃用丈二白絲帕絞死的章節，卻無打龍袍事。

那麼，包拯與此事也就毫無瓜葛了嗎？其實也並非沒有任何連繫。石玉昆在《三俠五義》中把發生在宋仁宗皇祐二年（一〇五〇年）的假冒皇子案與狸貓換太子的故事焊接起來。據《續資治通鑒》記載，當時有個名叫冷青的人，其母王氏曾在皇宮中擔任過雜役，出宮後嫁給大夫冷緒。及冷青長大，漂泊到廬山，竟多次聲稱他是皇子，是其母在皇宮中有孕出宮而生。有個好事的和尚，名叫全火道，把冷青帶到京城，冷青便在大眾場合傳播此事，多次被人圍觀。當時任開封知府的錢明逸聽到此事，將其捕捉歸案。但冷青言之鑿鑿，喝令錢起坐，錢也為之起坐。為了不使事態擴大，錢以狂人為口實，準備把冷青發配汝州。推官韓絳認為事實不明確，冷青還是個不明來歷的人。於是，宋仁宗把這宗案子交給掌管知諫院的包拯審理。經過包拯調查，王氏確實在宮中打過雜，嫁給冷緒後，也是先生女而後生男。包拯以冒充皇子罪處死冷青。而決案的知府錢明逸也被降為蔡州知府。可見，宋仁宗從未被狸貓換過。

楊家將故事的可信度

楊業、楊延昭、楊文廣祖孫三代都是北宋抗遼的名將，《楊家將演義》將他們驍勇善戰的事蹟演繹成為「楊家將」的故事，廣為流傳，幾乎是家喻戶曉，婦孺皆知。然而這本小說為了增加趣味，虛構了許多楊家將沒有的人物和事件，比如說穆桂英大破天門陣、楊六郎攻破幽州城、十二寡婦征西等等；添加了許多荒誕不經的情節，如八仙中的漢鍾離和呂洞賓鬥法。歷史上確有楊家將其人其事，其中以楊業、楊延昭、楊文廣三人最為出名，但他們的事蹟遠沒有小說中描寫的那麼神奇。

那麼真正的歷史是什麼呢？對於這段歷史該做如何評價？近年來史學工作者在這方面做了不少努力，但是還存在一些分歧。

第一，楊業早年抗宋錯不錯？歷史上關於楊業的記載比較詳盡。楊業（一作鄴），本名重貴，并州太原人。據山西省代縣楊忠武祠保存的《楊氏族譜》記載，楊業是漢太尉楊震少子楊奉的後代。楊業二十多歲到太原，受到北漢重用，任保衛指揮使、建雄軍節度使，驍勇善戰，屢建奇功，國人號為「無敵」。北漢帝劉承鈞時賜姓劉，名繼業，又升任為侍衛親軍都虞侯（五代時的高級軍官）。這時趙匡胤圖謀統一全國，楊業勸北漢皇帝劉繼元歸宋。開始，劉不聽，卻依靠契丹支援與趙匡胤抗衡，多次交兵，趙匡胤屢攻太原不下。宋太宗趙光義即位後親征攻北漢，劉繼元終因國力不支，於太平興國四年（九七九年）五月六日向宋太宗投降。在與宋太宗作戰中，楊業屢建軍功，此時仍然堅守城南苦戰。宋太宗久聞楊業是員勇將，便命劉繼元派親信前往勸降，楊業才歸宋。宋太宗當即予以嘉獎，恢復姓楊，名業，不久對楊業委以重任，任命他為左領軍衛大將軍、鄭州防御史。同年十一月，宋太宗以楊業熟於邊事，洞曉敵情，任命楊業為代州知州兼三交駐泊兵馬都部署，擔負防禦契丹的重任，並給予豐厚的賞賜。

對於楊業抗宋，一種意見持否定態度，認為這是楊業一生中不光彩的行為。理由是：經過數十年戰亂，當時人們渴望統一，而北宋出兵討伐北漢，正是適應了這一趨勢。楊業率兵抵抗北宋，勢必不利於全國統一，阻礙了歷史的發展。而另一種意見認為，統一固然是當時的歷史大勢所趨，但是究竟由誰來統一，當時並沒有顯露出北宋的一統大局跡象。五代末年並存的幾個政權都有資格統一，關鍵就在於其中的力量對比。再者，楊業從青年時代就在北漢政權中任職，當時趙匡胤還沒有君臨天

雁門關

位於山西省代縣溪北大約 20 公里處，又名「西陘關」。關有東、西二門，皆以巨磚疊砌，門額分別雕嵌「天險」、「地利」二匾。二門上曾建有城樓，內塑楊家將群像。

下，楊業不可能過早地降宋。至於日後率兵抵宋，不過是各為其主而已，不應對他過多苛求。

第二，楊業之死是誰的責任？根據小說所述，害死楊業的罪魁禍首是潘美。在雍熙三年（九八六年）宋軍北伐時，潘美是西路軍主帥，楊業是他的副手。由於潘美對楊業的才能非常嫉妒，所以在楊業乘勝追擊時，故意屯兵不動，又不給予糧草供應，最終導致楊業兵敗身亡。關於《宋史．楊業傳》中也有如此一段記載：「主將戍邊者多忌之，有潛上謗書斥言其短，帝覽之皆不問，封其奏以付業。」當時楊業尚未伐遼，還在駐守雁門關，任代州知州兼三交駐泊兵馬都部署。而在楊業之上的主將是誰呢？楊業雖沒有指明，其實就是指潘美。

然而有人反對這一觀點，按照《宋史．楊業傳》中的記載：「美不能制。」潘美在此事中主要有領導責任，責任就在他身為統帥，未能有力節制王侁的輕敵妄動，此外實在不能再追究他什麼了。部分歷史學者更認為，當時王侁是監軍，宋太宗一朝，監軍權力甚大，潘美雖是外戚、主帥和名臣，但也受制於王侁，故此害死楊業的大半責任，應該在王侁而不在潘美身上。而且歷史上的潘美是一位老成持重、屢著戰功的驍將，與楊業共事七年，一直配合默契，這次又何必對楊業蓄意陷害呢？

對於王侁陷害的說法，理由如下：當宋軍失利退守代州時，楊業首先提出不與遼軍正面交鋒，改由小路進襲朔州，但王侁拒而不聽，硬逼楊業率軍迎戰遼軍主力，但自己又不按照原定計劃策應，從而導致楊業全軍覆沒。關於這些說法，似乎有些道理，但是也有一些缺陷。首先，史書上並沒有記載王侁和楊業的矛盾。《宋史．王侁傳》只是簡單地說：「侁性剛愎，以語激楊業，業因力戰陷於陣，侁坐除名，配隸金州。」史籍也沒有記載王侁通敵的證據，所以王侁的決策僅僅是指揮失誤。另外，《宋史．楊業傳》中明確記載：「以西上閤門使、蔚州刺史王侁，軍器庫使、順州團練使劉文裕護其軍。」也就是，當時同時為監軍的，還有劉文裕。劉文裕官職在王侁之上（團練使高於刺史），並且劉文裕是外戚，有相當沙場經驗，可以說劉文裕在軍中的權力不應低於王侁。而潘美則是忠武軍節度使、韓國公，是外戚身分，也是開國重臣。王侁監軍權力再大，也不可能隻手遮天。

第三，楊門女將的真相如何？佘老太君，原名佘賽花，是楊業之妻，楊府的老祖宗。後代在戲曲中演她百歲高齡，在面臨遼兵入侵宋境時，仍能掛帥領兵，趕走契丹兵，實在是讓人敬佩。但是很多相關史料卻不見記載有佘太君的事蹟，那麼究竟歷史上是否真有佘太君其人？有學者經過考證認為歷史上確實存在佘太君其人，不過佘太君不姓佘，她本姓折，後人訛傳，所以就改成了佘姓。

楊業年輕時，在離石、臨縣一帶的七星廟駐防，迎娶了府州折家的女兒。折家從折氏曾祖以來，世襲軍職，多次參加抗遼戰爭，而楊家也是世居此地，代代習武，兩家正所謂是門當戶對，天作之合。那麼佘太君的稱謂又是怎麼來的呢？按照宋制，凡是有功之臣的妻、母都要有所封贈，以示獎勵。宋太祖趙匡胤當初建制之時，就下詔制定文武群臣母妻的封號，其中庶子、少卿、刺史等的母親封為縣太君，妻子封為縣君。而折氏的兒子如楊延昭等，位居刺史之上，他母親應受封為某縣太君，所以後來人們就叫她折太君了。折太君精通武藝，善騎射，訓練以婢僕為主的家兵，上陣打仗，助夫立功，但是對於楊門這樣的習武家庭而言，這本是平常的事情，所以沒有為折太君立傳也不足為奇。

楊門女將中除佘老太君以外，還有另外一個受人矚目的女將，就是穆桂英。戲曲中多次講穆桂英領兵掛帥，充當大將，頻頻扭轉戰局，然而穆桂英在正史中未有記載，所以不少人對穆桂英本人的存在提出了質疑，甚至有人提出觀點說不僅穆桂英是虛構的，穆桂英之夫楊宗保這人在歷史上壓根就不存在。也有人說穆桂英這個人雖是虛構的，但可以從楊氏的眷屬中找到原型。楊延昭的兒子楊文廣娶慕容氏為妻，而穆桂英的姓也許是「慕容」氏的轉音，「桂英」也只是民間通俗的名字，戲曲小說本就允許改編，這樣以慕容氏為原型的穆桂英這一形象很快地就流傳開來。況且，慕容氏是當時鮮卑大族，也是世代習武，與楊家通婚也是不無可能，不過終歸猜測，沒有真憑實據。

第四，楊業到底有幾個孩子？傳統戲曲中，楊老令公與妻子佘老太君一共生有九個孩子，七兒二女。然而《宋史》中的《楊業傳》記載說楊業共有七子，而南宋李燾所著的《續資治通鑒長編》卷二十七中則說楊業僅五子。至於南宋王稱的《東都事略》中卻只指出楊延昭一個兒子，從諸種史料看來，到底楊業有幾個孩子呢？現在很難說清楚。

楊業的孩子中留有盛名的一個是楊延昭，他本名延朗，為避宋皇室「聖祖」趙玄朗的諱，改名為延昭。北漢天會二年（九五八年）生於太原，宋大中祥符七年（一〇一四年）卒於高陽關戍所，終年五十七歲。楊延昭在元代羅燁《醉翁談錄》中稱為五郎，在《保德府志》和《楊家府演義》中說是四郎，但清代康基《晉乘搜略》中卻說是六郎，而民間戲曲中也都說是楊業的六子，傳著傳著，楊延昭就成了威震三關的「楊六郎」，深受其部將邊地人們的愛戴與契丹軍的懼怕。

楊業的四子也是頗受後人爭議的人物。楊四郎在正史中記為延環，而在民間戲曲中叫做延輝。元曲中曾說楊四郎在兩狼山戰役後即失蹤了，而在明代《楊家府演義》中說楊四郎在戰鬥中並未失蹤，而是被遼兵捉住，受到了蕭太后的招降，但楊四郎寧死不屈，慷慨陳詞。蕭太后很喜愛楊四郎的一身好武功，又見楊四郎生得一表人才，於是將瓊娥公主許配給楊四郎，這樣楊四郎就做了契丹人的駙馬，在後人的眼中他變成了一個屈膝乞降、叛君忘父的壞人。《宋史．楊業傳》中卻記載，楊業戰歿後，楊四郎被朝廷封作了殿直官，並未有變節行為。

歷史上確實有楊家三代血戰報國的事蹟，但是肯定有一些虛構。做為封建朝廷，通過宣傳楊家將，強調忠孝的思想，而在民間的流傳，則反映了人民群眾對英雄的懷念。

宋徽宗幽會李師師之謎

宋徽宗趙佶一生生性輕浮，除了愛好花木竹石、鳥獸蟲魚、詩詞書畫、神仙道教外，還嗜好女色如命，後來更是終日沉湎其中，放浪形骸，不能自拔。徽宗的後宮中妃嬪如雲，數量驚人，史書記載有「三千粉黛，八百煙嬌」。但是與這些妃子日夜纏綿，朝夕相擁，再美味的佳餚吃多了也會膩煩，再綺麗的景致眼熟了也不再新奇。一日，他閒得無聊，在一個團扇上提筆寫了「選飯朝來不喜餐，御廚空費八珍盤」十四個字，忽然文思枯竭，讓一位大學士續下一句。那人特別會揣摩徽宗的心思，就續了句「人間有味俱嘗遍，只許江梅一點酸」。甜酸爽口的楊梅當然會解御廚八珍之膩。徽宗的人間女色「一點酸」就是名滿京師的青樓歌妓李師師。

李師師，生卒不詳，北宋末年汴京名妓。本姓王，四歲時亡父，因而落入娼籍李家，改名李師師。據載，她氣質優雅，通曉音律書畫，芳名遠揚開封城。可能由於童年淒涼的生活在李師師心裡刻上了深深的烙印，成名之後，她給人的感覺始終是淡淡的憂傷，她喜歡淒婉清涼的詩詞，愛唱哀怨纏綿的曲子，常常穿著乳白色的衣衫，輕描淡妝，這一切都構成了一種「冷美人」的基調，反而更加迷人。

徽宗對李師師早就有所耳聞，一日便穿了文人的衣服，乘著小轎找到李師師處，自稱殿試秀才趙乙，求見李師師，終於目睹了李師師的芳容：鬢鴉凝翠，鬢鳳涵青，秋水為神玉為骨，芙蓉如面柳如眉。徽宗聽著師師執板唱詞，看著師師和樂曼舞，幾杯美酒下肚，已經神魂顛倒，便去擁了李師師同入羅幃。這一夜枕席繾綣，比那妃嬪當夕時，情致加倍。李師師溫婉靈秀的氣質使宋徽宗如在夢中。可惜情長宵短，轉瞬天明，徽宗沒奈何，只好披衣起床，與李師師約會後期，依依不捨而別。

從此以後，徽宗就經常光顧李師師的青樓，李師師也不敢招待外客，有權勢的王公貴族也只能退避三舍，故她的青樓門前已是冷落車馬稀。但有一人李師師卻不能割捨，他就是大稅監周邦彥。周邦彥也是一名才子，他風雅絕倫，博涉百家，並且能按譜製曲，所作樂府長短句，詞韻清蔚，是當時的大詞人。有一次宋徽宗生病，周邦彥趁空幽會李師師，二人正耳鬢廝磨之際，忽報聖駕前來，周邦彥一時無處藏身，只好匆忙躲到床鋪底下。

宋徽宗送給李師師一個從江南用快馬送到的新鮮柳丁，與她邊吃邊調情。這天由於徽宗身體沒全好，才沒留宿。徽宗走後，周邦彥填了一首詞《少年遊》譏諷：「并刀如水，吳鹽勝雪，纖手破新橙。錦幄初溫，獸香不斷，相對坐調笙。低聲問，向誰行宿，城上已三更，馬滑霜濃，不如休去，直是少人行。」這首詞將徽宗狎妓的細節傳神地表現出來。

後來徽宗痊癒，再找李師師宴飲，李師師一時忘情把這首詞唱了出來。宋徽宗問是誰作的，李師師隨口說出是周邦彥，話一出口就後悔莫及。宋徽宗立刻明白那天周邦彥也一定在屋內，臉色驟變，不禁惱羞成怒。第二天上朝時，就讓蔡京以收稅不足額為由，將周邦彥罷官免職押出京城。李師師冒風雪為他送行，並將他譜的一首《蘭陵王》唱給宋徽宗聽。李師師一邊唱，一邊流淚，特別是唱到「又酒趁哀弦，燈照離席」時，幾乎是泣不成聲。宋徽宗也覺得太過嚴厲了，就又把周邦彥招了回來，任命他為管音樂的大晟府樂正。至於李師師，後來也被召進了宮中，冊為李明妃。但金兵進逼開封，徽宗將皇位讓給太子欽宗後，李師師失去靠山，被廢為庶人，並被驅出宮門，地位一落千丈。據傳她為了免禍，自乞為女道士。不久，汴京淪陷，北宋滅亡，金兵俘虜徽、欽二帝和趙氏宗室多人北返，李師師的下落也變得眾說紛紜，撲朔迷離。

正史裡不屑於提到李師師的名字，但在野史傳聞及人們茶餘飯後的閒聊中，卻是津津樂道的話題，她的故事也隨之帶上了一層傳奇乃至神祕的色彩。由於李師師色藝雙全，貌若天仙，同時琴棋書畫無所不通，文人的筆記小說中記載著她與不少文人的交往，如張端義《貴耳集》、張邦基《墨莊漫錄》，都記載了她與大詞人周邦彥、晁沖之的來往和詩詞酬答的故事。

李師師出宮之後，到金兵擄二帝北上之前，她的下落有兩種版本：《三朝北盟會編》說她被驅逐之後，接著又被抄家；而《李師師外傳》中說她自知富有，抄家是難免的，便主動將自己的財富捐給河北作軍餉。不管如何，兩種說法的結局是一樣的，即曾經名噪一時、富甲一方、權勢傾天的李師師成了一貧如洗的平民女子。

而「靖康之恥」後的李師師下落，更有如下三種說法：第一種說法，以死殉國。《李師師外傳》記載說，金人攻破汴京後，金主也久聞李師師的大名，讓他的主帥撻懶去尋找李師師，但是尋找多日也沒有找到。後來在漢奸張邦昌的幫助下，終於找到了李師師。李師師不願意伺候金主，先是用金簪自刺喉嚨，但是沒有成功，於是又折斷金簪吞下自殺。臨死之前，她大罵張邦昌：「告以賤妓，蒙皇帝眷，寧一死無他志。若輩高爵厚祿，朝廷何負於汝，乃事事為斬滅宗社計？」《琳琅祕室叢書》也據此稱讚她的殉國行為是大丈夫氣概的表現，「師師不第色藝冠當時，觀其後慷慨捐生一節，饒有烈丈夫概，亦不幸陷身倡賤，不得與墜崖斷臂之儔，爭輝彤史也」，認為這一行為將在歷史上永放光芒。後世的通俗小說多沿襲這一說法。但小說作者主要是借人借事來抒發亡國的感慨，沒有什麼事實依據，因而學者多對此說持有異議。魯迅在《中國小說史略》中將《李師師外傳》稱為傳奇，宋之在《皇帝與妓女》一書中認為「外傳的作者所寫的是傳奇，恐怕是感慨多於事實，作者大概是想藉李師師的忠義以諷世」。歷史學家鄧廣銘《東京夢華錄注》認為此書「一望而知為明季人妄作」。蔡東藩《宋史通俗演義》、李逸侯《宋宮十八朝演義》也都認為是作者藉李師師諷世。

第二種說法，老死江湖。《青泥蓮花記》記載：「靖康之亂，師師南徙，有人遇之湖湘間，衰老憔悴，無復向時風態。」張邦基《墨莊漫錄》書中稱李師師被籍沒家產以後，流落於江浙一帶，有時也為當地士大夫唱歌，「靖康間，李生與同輩趙元奴及築毬吹笛袁綯、武震輩，例籍其家。李生流落來浙，士大夫猶邀之以聽其歌，憔悴無復向來之態矣」。清初陳忱《水滸後傳》繼承了這一說法，說李師師在南宋初期，流落臨安（杭州），寓居西湖葛嶺，操舊業為主，「唱柳耆卿『楊柳外曉風殘月』」。宋代評話《宣和遺事》也有類似記述，但添加了「後流落湖湘間（今湘南一帶），為商人所得」。宋人劉子翬《汴京紀事》云：「輦轂繁華事可傷，師師垂老過湖湘。縷衣檀板無顏色，一曲當時動帝王。」這個說法，淒淒切切，充滿惆悵之感，頗有「門前冷落車馬稀」和「落花時節又逢君」的苦味，很可能是時人的借託。

第三種說法，被俘北上。稱李師師在汴京失陷以後被俘虜北上，被迫嫁給一個病殘的金兵為妻，恥辱地了結殘生。清人丁耀亢《續金瓶梅》等書皆宗其說。但也有人提出異議，當時金帥撻懶是按張邦昌等降臣提供的名單索取皇宮婦女的，李師師早已當上了女道士，自然不在此例，所謂「師師必先已出東京，不在求索之列，否則絕不能脫身」。

綜觀以上種種說法，似乎以第二種說法較為可信。汴京失陷前，李師師已廢為庶人，當了女道士，說她隱匿於民間，流落於江浙。總之，小說家為潤飾其作，點綴人物，各取所需，所以所取李師師的歸宿種種不一。追根溯源，還是因為李師師是與亡國君主有關係的女子。皇帝與妓女，貴賤懸殊，其情事也必涉及國事，有關她的傳聞，不免有許多臆測和訛傳的成分，因而她的歸宿究竟如何，恐怕永遠是難解之謎了。

歷史上有沒有水滸英雄

中國四大名著之一的《水滸傳》，描寫了宋徽宗統治末期的一場轟轟烈烈、聲勢浩大的梁山泊農民起義。隨著電視劇《水滸傳》的熱播，宋江與梁山泊英雄好漢「風風火火闖九州」的形象已經深入到了每個人的心中，而頗具調侃意味的《痲辣水滸》的問世，更是使他們成為人們交談的話題。

清朝版五才子書全套八冊《水滸傳》

歷史上的宋江及梁山泊起義，真的那樣「驚天地，泣鬼神」嗎？實際上，據歷史資料記載，宋朝三百多年間，大大小小爆發的農民起義有幾百次之多，這是歷朝歷代都不曾有過的。但宋代的農民起義終未形成全國性規模，活動範圍只限於一隅，參加的人數也有限，持續的時間很短。在這幾百次的農民起義中，宋江領導的梁山泊農民起義從規模上講，基本上算是較小的一次。那麼，它的影響何以那麼大呢？

首先是南宋時編《宣和遺事》把這次起義演義化、故事化，其次是明人施耐庵寫的《水滸傳》，更是以梁山泊英雄好漢為主線，才使梁山泊與宋江的故事深入民間，影響越來越大，幾乎家喻戶曉，婦孺皆知。但是小說雖與歷史有某些連繫，但並不完全是一回事。

宋江起義發生於北宋末年宣和年間，激起農民起義的導火線是北宋設置的「西城括田所」。宋徽宗為解決財政上的困難，於政和元年（一一一一年）設立這一機構，專事搜刮。起義以梁山泊為根據地，因為梁山地處黃河之北，所以宋江等人也被稱為河北巨盜。梁山泊是鄆州（今山東省東平縣）西南方那個環繞在梁山（今山東省梁山縣南）周圍的一個大湖泊。這個大湖泊是由於北宋時期黃河的兩次決口[5]形成。那時，黃河決口，河水氾濫，注入了這個本來就有的淺水灘，從而在梁山周圍形成了一個方圓八百里的大湖泊。那時，在梁山周圍生活的都是些主要以捕魚、採藕和割蒲為生的貧苦農民，他們生活得十分艱苦。可是在梁山這樣的生活條件下，北宋政府為了維持龐大的軍費開支和向遼、西夏交納「歲幣」銀帛，還要對這裡的老百姓加重剝削。除了原來交納的賦稅之外，又一下子增加十萬餘貫，人們交了朝廷的賦稅後，連生活都不能保證。而地方政府為了增加收入，又在梁山泊周圍設卡徵稅，梁山的老百姓無論是捕魚還是採藕都要按人頭數交稅，否則就要按照漏稅的法令來施以重罰，就是遇上水旱災害，百姓顆粒無收也不減免徵稅。梁山附近的老百姓實在忍受不了官府的殘酷剝削和壓迫，就以梁山泊為基地進行反抗。

一、起義的規模有多大？據有關史書如《宋史．侯蒙傳》、《宣和遺事》等記載，只有三十六人，這三十六人為：宋江、晁蓋、吳用、盧俊義、關勝、史進、柴進、阮小二、阮小五、阮小七、劉唐、張清、燕青、孫立、張順、張橫、呼延灼、李俊、花榮、秦明、李逵、雷橫、戴宗、索超、楊志、楊雄、董平、解珍、解寶、朱仝、穆弘、石秀、徐寧、李應、魯智深、武松。當然根據現實推測，作為一次有影響的農民起義，僅此三十六人就「橫行齊、魏」，宋朝官兵數萬人不能抵抗，是無論如何也不可能辦到的。據此有人認為這三十六人可能是起義軍大小領袖的總數，也就是說與宋江一起舉事起義的，可能是三十六條好漢，後來每一個好漢統率一支部隊，但為了方便起見，仍然以三十六人的名字稱呼，這種解釋也比較合乎情理。那麼，宋江領導的農民起義到底有多少人？由於史書上沒有確切記載，也無法統計，粗略估計，大致有數千人左右的隊伍。

史書記載宋江起義有三十六位英雄，那麼為什麼到了《水滸傳》就變成一百〇八位呢？郎瑛在《七修類稿》中這樣解釋：「貫中欲成其書，以三十六為天罡，添地煞七十二人之名。」所以才有了梁山一百〇八位好漢之說。施耐庵在寫小說時有感於宋江起義有「替天行道」之言，對於當時那些「非禮之禮，非義之義，江必有之自亦異於他賊也」，才將梁山三十六位英雄寫成一百〇八位。但小說終歸是小說，我們不能當成歷史來對待。

5 決口：沿著河道的堤坊被大水沖出缺口。

二、宋江起義的結局如何？《水滸傳》這樣安排的：當日梁山泊英雄排座次後，宋江出於為弟兄們的前途和歸宿著想，決定接受朝廷招安，最後率領梁山好漢歸順了朝廷，宋江被拜將軍攻打民變領袖方臘。剿滅方臘後，徽宗便殺死了他，其他歸降的梁山好漢也是死的死，逃的逃，所剩無幾。有人認為梁山好漢確是接受了朝廷的招安，並且還舉出了例證。成書於宋元之際的《宣和遺事》也提出了梁山好漢的結局，說他們受了招安，一一被加官晉爵，與《水滸傳》描寫一致。北宋末年李若水所寫的《捕盜偶成》中明確載有宋江「三十六人同拜爵」。李若水生活的年代是北宋末年，與梁山好漢活動的年代相去不遠，他雖未親見梁山好漢們受招安的場面，但他的記錄也不會太離譜，畢竟是有些根據的。

但是，據正史記載，梁山好漢並未被招安，而是被海州知州張叔夜率軍俘虜的。宣和三年（一一二一年）三月，宋江率軍沿水路向南擴張，引起了附近沿海官員的恐慌。海州知州張叔夜是位年長的官員，他處事經驗豐富，對於這件事自是不敢馬虎，趕緊通知臨近州縣，迅速調集數縣的武裝，很快就組織了一支千餘人的敢死隊，設好埋伏，準備用計將梁山好漢全部拿下。果不出張叔夜所料，宋江一行中計了，他們倉促地登陸與官軍作戰，只留了很少的一些人守船。張叔夜命人趁機燒起火把，將宋江裝有糧食軍備的船隻燒了。這樣，宋江一幫人身後無退路，鬥志削弱，結果被張叔夜打敗做了俘虜。

從正史看來，梁山好漢並非受了招安，更沒有「三十六人同時拜爵」。宋江等人被打敗後，張叔夜與兩位州官一起受到宋徽宗嘉獎，張叔夜以後官職也是一升再升，受到朝廷重用，可以說與這次剿滅宋江等人是有極大關係的。但正史的這種說法，同樣受到人們的質疑。

首先，宋江等英雄好漢流動性大，行軍極其迅速，並且已身經百戰，再加上智謀軍師吳用的出謀劃策，對於行程一定是做好了周密的打算，而張叔夜從探知消息到招募千餘「死士」戰鬥卻並非一日兩日可以解決得了的，宋江等人為什麼卻在海邊等著挨打呢？再說，宋江一行的戰船被燒，按照梁山好漢的一貫做法，一定會背水一戰，怎麼卻會「皆無鬥志」？按說「官軍莫敢攖其鋒」的梁山好漢闖蕩江湖也有數十載了，卻一夜之間被全部捉拿，實在讓人難以相信，所以這種懷疑是有一定道理的。不過，張叔夜本也是海防重地的長官，具有豐富的實戰經驗，再說還有兩名富有經驗的州官幫助他，能夠隨時調集周邊數縣的武裝，連同張叔夜自己統率的部隊，完全具有打敗宋江的能力，所以正史中記載的梁山好漢們被俘或許是事實。

除去以上的說法外，關於梁山好漢們的結局還有幾種說法更是神乎其神。一種說法是王登父子打敗了宋江等人並且最後全部將他們殺掉了。這種說法是北宋末年詞人葛勝仲在《承儀郎王公墓誌銘》，也就是王登的墓誌銘中所說，讚頌王登英勇善戰。可笑的是就在葛勝仲寫這篇墓誌銘後不久，一個破落文人又為王登的兒子王師心寫了一篇墓誌銘，其中講述的是王師心破獲宋江等人的事情。將這兩篇墓誌銘兩相對照就會發現很多破綻，王登的墓誌銘上說這次戰役是他親自組織的，已全殲宋江數千名弟兄，功勞可謂大焉；到了兒子那裡卻變成了兒子引兵打敗宋江，而宋江等人卻又逃走了。更可笑的是，王氏父子二人的官職都沒有高過沭陽縣尉，手下頂多八十個人，又怎能打敗甚至全殲宋江的數千之眾呢？而宋江等人如果連一縣也不可對付，又怎有能力鬧得大宋朝雞犬不寧呢？可見這種說法並不可靠。

還有一種沒來由的說法是梁山英雄多被蔡居厚殘殺。蔡居厚是北宋臨川（今江西省撫州市臨川區）人，也有的說是杭州市人。蔡居厚字寬夫，進士及第，歷官太常博士、吏部員外郎，又升為起居郎、右諫議大夫等，後因事罷職。據說蔡居厚不久就病逝了，而他死後，親戚王生也暴死了，可是三天後王生奇跡般復活，並神祕地告訴家人說，自己死後到了陰曹地府，那裡十分令人恐懼。他在裡面行走，可是走著走著竟然看到了蔡居厚，他是囚犯模樣打扮，正在被兩個大鬼以桶血澆頭，蔡居厚痛得大叫，王生趕緊走上前去問蔡居厚怎麼回事，蔡居厚說是因為在鄆州殺了梁山好漢五百人所以受到此刑罰。蔡妻聽到王生這樣說，趕緊請了道士為丈夫超渡亡靈，並向被斬殺的五百梁山好漢謝罪，一家人這才平安無事。這一記載更像神話，不可細究其有無。就算是蔡居厚真的鎮壓了起義軍，也不會是在鄆州，這不僅與蔡居厚經歷不符，也與宋江等人事蹟不相吻合，所以也是不可信的。

岳飛創作《滿江紅》存疑

怒髮衝冠，憑欄處，瀟瀟雨歇。抬望眼，仰天長嘯，壯懷激烈。三十功名塵與土，八千里路雲和月。莫等閒，白了少年頭，空悲切。

靖康恥，猶未雪。臣子恨，何時滅？駕長車，踏破賀蘭山闕。壯士饑餐胡虜肉，笑談渴飲匈奴血。待從頭，收拾舊山河，朝天闕。

長期以來，這首千古絕唱《滿江紅》被人們認為是南宋著名的抗金將領岳飛所作。岳飛在歷史上是位文武雙全、精忠報國的好將領，他率領的岳家軍聲威遠傳，大敗金國驍勇戰將兀朮。他在寫作《滿江紅》時，正是中原地區遭受女真奴隸主貴族的鐵騎踐踏和蹂躪的歲月。這首《滿江紅》慷慨激昂，豪氣沖天，述說了一代名將岳飛誓將金兵趕出中原、洗雪靖康恥辱的豪情壯志，體現了岳飛收復失地的英雄氣概和高尚氣節。從古至今，每當國難當頭，這首詞不知激起了多少志士仁人前仆後繼的奮勇鬥志。

岳飛手跡《前出師表》

故《滿江紅》一詞，一直作為愛國主義的絕唱和岳飛本人的高風亮節在民間傳頌，很少有人懷疑《滿江紅》是偽作或託名之作。但是近幾十年來，人們開始對此不斷設疑，並展開爭論。由於岳飛是中華民族共同景仰的英雄人物，又由於《滿江紅》一詞在思想、藝術上的成就，使人們極其關注這場爭論。

首先對《滿江紅》的作者提出質疑的是近代著名的學者余嘉錫。他在《四庫提要辯證》中的《岳武穆遺文》條下，提出了兩條質疑的根據：第一，這首詞最早見於明嘉靖十五年（一五三六年）徐階編的《岳武穆遺文》，這篇文章的根據是弘治年間浙江提學副使趙寬所書岳墳詞碑。這首詞不見於宋人、元人的書中，卻突然出現在明中葉，來歷不明，深為可疑。第二，岳飛的孫子岳珂所編《金佗粹編》中的《岳王家集》也沒有收錄這首詞。岳珂平生富於收藏，精於鑒賞，他與父親岳霖搜訪岳飛遺稿不遺餘力。但是，從嘉泰三年（一二〇三年）他為《岳王家集》作序到端平元年（一二三四年）重刊此書，共經歷了三十一年，仍未收入這首詞。因此，這首詞可能不是岳飛所作。

繼余嘉錫之後，夏承燾也寫了一篇《岳飛〈滿江紅〉詞考辨》的文章，進一步從詞的內容上找出了一個證據，即「賀蘭山闕」的地名所指問題。他主要從三方面論證：其一，岳飛伐金要直搗的「黃龍府」，在今吉林省境內，而賀蘭山一帶卻是明代時北方韃靼人常常侵犯之地，距離岳飛伐金之地數千里之外，至南宋時已屬西夏，並非金國土地，假設此詞果真出自岳飛之手，「不應方向乖背如此」。其二，賀蘭山不同於前人泛稱的「玉門」、「天山」之類地名，它是實指。賀蘭山在漢、晉時期還不見於史書，到北宋時才有記載。唐、宋時人們以賀蘭山入詩，都是實指。明代中葉以賀蘭山題寫詩的人很多，但也都是實指而非泛稱。其三，明代中葉開始北方韃靼族入居河套，騷擾中原。韃靼西攻甘、涼地區，多取道賀蘭山後。弘治十一年（一四九八年）明將王越在賀蘭山抗擊韃靼，打了第一個大勝仗。因此「踏破賀蘭山闕」在明代中葉是一句抗戰口號，在南宋是絕不會有此的。所以，《滿江紅》不可能寫於宋代，而是作於明代。

孫述宇在《中國時報》發表了《岳飛的〈滿江紅〉？——一個文學的質疑》一文，對詞的作者提出了疑問。他首先指出《滿江紅》詞中用了岳飛自己的事蹟和典故，如「三十功名」「八千里路雲和月」等等，作者自己用自己事蹟的典故，真是「匪夷所思」。相反，根據這些人盡皆知的材料，擬作者是很容易寫出這樣一首詞的。其次，他認為《滿江紅》詞的格調，與已證實的岳飛另一詞《小重山》的風格迥異，前者洋洋灑灑、慷慨激昂，是豪放派風格；後者格調低沉，是婉約派風格。前後風格大不一樣，所以根據以上觀點，孫述宇斷定《滿江紅》並非岳飛作品，而是後人假借岳飛的名字流傳於世的作品。

當然，更多的人認為《滿江紅》是岳飛的作品。臺灣學者李安就寫了《瀟瀟雨未歇——岳飛的〈滿江紅〉讀後疑問》，認為《滿江紅》是岳飛的傑作。他根據史實提出了三條根據：第一，從「三十功名塵與土」一句，可知這首詞是岳飛在三十歲或三十歲前後有感而作。岳飛三十歲時（一一三三年）受到朝廷的恩寵，開始掌握指揮大權，因為責任重大，身受殊榮，感受深切，所以才作成這一篇壯懷述志的《滿江紅》。第二，岳飛自二十歲離開家鄉轉戰南北，至三十歲由九江奉詔入朝，行程加起來足有八千里，所以詞中有「八千里路雲和月」一句。第三，岳飛三十歲置司江州時，正逢秋季，當地多雨，所以詞中又有「瀟瀟雨歇」一句。綜上三條得出結論：《滿江紅》詞是岳飛表達他本人真實感受的作品，於宋紹興三年（一一三三年）秋季九月下旬作於九江。

李安還就《金佗粹編》收錄了《小重山》而未收《滿江紅》以及兩詞格調大不相同的問題，做了辯說。她認為《小重山》作於岳飛三十七歲生活平靜無戰役之時，《滿江紅》則作於六年前爭戰不休之時，時代背景與感受全不相同，故兩詞風格迥異。至於《金佗粹編》未收《滿江紅》，原因在於岳飛被賜死時，家存檔全被查封沒收，後來雖蒙准發還，也並不齊全。岳飛冤死後，秦檜仍秉政十餘年，其餘黨居要職者至孝宗年間方被革除，故岳飛作品不能在當時傳誦。元朝又以其民族壓抑的緣故，所以到明朝岳飛的聲譽才隆盛起來。其他學者也都認為由於岳飛以「莫須有」的罪名被冤殺後，他的家產、文稿均被朝廷查封，因此岳飛的孫子岳珂所收錄的

《岳王家集》中很可能並未將岳飛的全部作品收錄，另外由於南宋時一直是主和派在朝中主政，主戰派代表岳飛冤死，一直沒有得到朝廷的平反，就連同情岳飛的人也是非殺即貶，而到了元朝由於統治者大肆壓制漢人，蔑稱為「南人」，岳飛這首慷慨激昂的詞作《滿江紅》的命運，自然更是受到壓制，於是直到明朝，才出現被人們廣泛吟誦的局面。

繼李安一文後，鄧廣銘也著文指出，岳飛的《滿江紅》不是偽作。他認為：第一，岳霖、岳珂兩代岳家後人沒有搜集到此詞，只能說明他們在這方面有遺漏。根據現有的史料看，岳霖父子也確有遺漏的實證。例如：《賓退錄》記載岳飛的「雄氣堂堂貫鬥牛，誓將直節報君仇。斬除頑惡還車賀，不問登壇萬戶侯」一詩，就不見於岳珂編的《岳王家集》中，故不能根據他們父子當時沒有搜集到就斷定真假。第二，從《滿江紅》反映的思想內容來看，這首詞與岳飛其他詩文的內容是一致的。如「誓將直節報君仇，斬除頑惡還車賀」，正是「待從頭，收拾舊山河，朝天闕」的寫照，而「不問登壇萬戶侯」，就是「三十功名塵與土」的注腳。又如《岳王家集》中的一些題記，都是岳飛行軍作戰時隨時隨地記下來的，應是他當時真實內心的記錄。岳飛既然有《滿江紅》中體現的思想，又有作詩填詞的本事，所以不排除他填詞抒懷的可能性。第三，關於《滿江紅》詞中「踏破賀蘭山闕」的地理位置所指問題，他認為「賀蘭山闕」是泛指而不是實指，與詞中的「胡虜肉」、「匈奴血」一樣，是指女真，而不是實指匈奴。假設「踏破賀蘭山闕」是實寫，那麼「靖康恥，猶未雪」又怎樣解釋呢？因此不能根據這一點就認為《滿江紅》寫於明朝。古詩詞的意境本來就以含蓄為妙，為此要運用比喻引典之類的多種寫作手法。辛棄疾就曾在詩作中將「長安」比作「汴京」，陸遊也曾將「天山」比作「中原」，同樣，岳飛在《滿江紅》中用「賀蘭山」借指敵境。第四，就岳飛本人來說，雖然說他大部分詞作的風格低迴婉轉，只有這首《滿江紅》粗獷豪放，但是並不是說岳飛本人只可以寫一種婉約風格，不可寫豪放風格的詩詞。就宋朝歷史上的大詞人而言，他們雖然各成一家，也並不是個個都只有一種風格，隨著時代境況、個人生活背景的變遷，像蘇軾、辛棄疾，他們的詞作中都是既有豪放之篇，又有婉約之作。

綜上所說，《滿江紅》到底是不是岳飛作的？論爭雙方都持之有據，很難統一。這場爭論還可能繼續深入下去。但無論如何，《滿江紅》這首詞所體現的岳飛的崇高精神，激勵了後世無數的仁人志士。

契丹民族「集體失蹤」之謎

中華民族是多個民族歷經幾千年融合而成的，在這幾千年波瀾壯闊的歷史長卷中，曾有一個民族扶搖而起，又神祕消失，就是契丹族。契丹的本意是「鑌鐵」，即堅固之意。這個剽悍勇猛、好戰威武的民族，在二百多年的時間裡曾經揮斥長城內外，飲馬黃河。但令人驚異的是，這樣一個不可一世的民族，自明代以來就集體失蹤了，人們再也聽不到關於他們的消息。

西元一九二二年，一位比利時傳教士，在中國內蒙古一座被盜掘一空的九百多年前的契丹人古墓中，發現了一塊刻滿奇怪的類似文字符號的石碑。當時，沒有人能識別這些猶如天書的符號。這些符號公之於世後，一時間眾說紛紜，莫衷一是，這些符號會不會是契丹文字呢？據史書記載，契丹人建立遼國後確實曾經創造契丹字，然而，契丹文字早在七百年前就失傳，後人見都沒有見過。考古學家和古文字學家經過考證，認為「天書」就是早已被歲月掩埋的契丹文字。結論一出，舉世期待，契丹這一消失的民族會不會重新走入人們的視野呢？

關於契丹的起源，有一個美麗的傳說。有一位男子騎著一匹白馬自湟河（今西拉沐淪河）而來，一位女子則乘青牛自上河（今老哈河）而來。二者相遇，結為佳偶，生了八個兒子。後來，他們的八個兒子分別繁衍為八個部落，逐漸發展成為後來的契丹。這是一個神話傳說，不過據《魏書》記載，早在一千四百多年前，契丹做為一個中國北方民族就已經出現，他們兵強馬壯，驍勇善戰。部落首領耶律阿保機統一了契丹各部，於西元九〇七年建立了契丹國，九四七年改國號為遼。大遼王朝最強盛時期，曾經雄霸中國北部半壁江山，疆域北到外興安嶺、貝加爾湖一線，東臨庫頁島，西跨阿爾泰山，南抵河北和山西北部。契丹王朝在中國延續存在了二百多年，與宋朝形成南北對峙的格局，差一點就將宋朝滅亡而統一全國。家喻戶曉的《楊家將》，講的就是一千年前，宋朝軍隊在楊家將率領下與強大的契丹軍隊激戰沙場的故事。在此期間，中原地區通往西方的絲綢之路被阻斷，以致許多西方國家誤以為整個

契丹人引馬圖

中國都在契丹的統治之下。於是，契丹成了全中國的代稱。馬可．波羅在他的遊記裡第一次向西方介紹東方時，就以契丹來命名中國，直到今天，在斯拉夫語國家中，仍然稱中國為「契丹」。

契丹民族不但創建了強大的軍事王國，而且創造了燦爛的文化。至今在黃河以北地區保存下來的古佛寺和佛塔，巍峨雄偉，歷經千年風雨依然堅固挺拔。尤其山西省應縣的釋迦塔，是現今全世界保存得最高最古老的木結構塔式建築，歷經多次地震而不毀。從中不難看出，創造如此輝煌文明的民族，一定有著相當的經濟基礎和雄厚的工程技術能力。同時，也可以看出契丹王朝對各種文化兼收並蓄，除了大量吸收中原漢族人才以外，還通過與宋朝的交流獲得先進的生產技術。契丹民族，確實在中國北方開創過一派繁華的時代。然而，一個如此強大的民族，為什麼會這麼迅速地消失呢？

一般說來，契丹民族的衰亡是隨著契丹王朝的滅亡逐漸開始的。契丹王朝的滅亡不難從史書中查到。據記載，遼和北宋對峙長達一百六十多年，然而，最終滅掉遼國的卻是曾經歸附於契丹的女真人。完顏阿骨打領導女真部落在遼國的疆域內攻城掠地，並於西元一一一五年建立金朝，並最終取代了盛極一時的契丹王朝。亡國的一部分契丹人在皇室成員耶律大石帶領下被迫向西遷移，在今天的中國新疆和中亞地區建立了西遼，又稱哈喇契丹國。這個帝國也曾強盛一時，但最終又被成吉思汗的蒙古大軍所滅。契丹的殘餘勢力被迫再次西遷，又在今天的伊朗南部建立了起兒漫王朝（又稱克爾曼王朝），但不久後還是銷聲匿跡了。

契丹做為一個民族，為什麼在歷史中漸漸消失了呢？契丹人究竟去了哪裡？他們還有沒有後裔？尋找這個失蹤的民族，成為一個誘人的歷史之謎。

據《遼史》記載，遼滅亡後，至少還有兩大部分的契丹人留了下來。一部分是契丹末代皇帝的追隨者，另一部分是聚居在遼國南部的契丹人，還有一些散居各地的契丹軍民。黃河流域不斷出土的文物說明有的契丹人被女真人降服，有的向北回遷到契丹的發祥地，也有人和北方其他民族逐漸融合為一體。事實上，在金朝統治時期，契丹人不斷舉行起義。當蒙古族興起後，契丹人紛紛投靠，想借助成吉思汗恢復本民族的地位。這也從側面證明，到元代初期，契丹人的勢力仍然十分強大。

那麼，幾百萬的契丹人到哪裡去了呢？史學界推測大致有三種可能：第一種可能，居住在契丹祖地的契丹人漸漸忘記了自己的族源，與其他民族融合在一起。第二種可能，西遼滅亡後，大部分漠北契丹人向西遷移到了伊朗克爾曼地區，被完全伊斯蘭化，演化為其他民族。第三種可能，金、蒙戰爭爆發後，部分契丹人投靠了蒙古，並在隨蒙古軍隊東征西討時，散落到了全國各地。這幾種可能雖然不同，但是都承認契丹民族做為一個民族，已經不存在了，他們已經被融合到了其他民族之中，永遠地消失了。

當然也有幾種版本傳說契丹民族沒有被融合，他們做為一個民族仍然存在。一種說法認為，生活在大興安嶺、嫩江和呼倫貝爾草原交會處的達斡爾人，就是契丹人的後裔。達斡爾的意思是「原來的地方」，也就是故鄉。幾百年來，達斡爾人就在這裡遊牧，但究竟哪裡才是他們的故鄉？達斡爾人不知道，因為他們自己沒有文字，只能靠口述來傳承歷史，清朝以前的事就沒有人知道了。學者通過比較研究契丹族和達斡爾族的生產、生活、習俗、宗教、語言、歷史等內容，找到了大量證據證明，達斡爾人是繼承契丹人傳統最多的民族。但這些只是間接的證據，具體定論尚待進一步證明。

還有一種說法認為，契丹部落最後流落到了雲南地區。他們的根據是，在雲南施甸縣，發現了一個仍在自己祖先的墳墓上使用契丹文字的特殊族群，統稱「本人」。在施甸縣由旺鄉的一座宗祠裡，還發現了一塊上面篆刻著「耶律」二字的牌匾。據「本人」介紹，這是為了紀念他們的先祖阿蘇魯，並表明他們的契丹後裔身分。歷史上確有記載，阿蘇魯是投靠蒙古的契丹後裔，他的先祖曾參加西南平叛戰爭。但這並不能證明這些「本人」就是阿蘇魯的後代。畢竟漠北和雲南相隔萬里，在沒有確切證據之前，學術界始終未能給這個自稱契丹後裔的族群正名。

前幾年，中國契丹文字專家劉鳳翥教授稱利用ＤＮＡ技術揭開了這千古之謎。他率領的專家們先在四川樂山取到了契丹女屍的腕骨；從內蒙古自治區赤峰取到了有墓誌為證的契丹人牙齒、頭骨；在雲南保山、施甸等地採集到「本人」的血樣；從內蒙古自治區莫力達瓦旗和其他幾個旗提取到了達斡爾、鄂溫克、蒙古族和漢族等人群的血樣。在完成古標本的牙髓和骨髓中用矽法提取的線粒體ＤＮＡ可變區比較後，得出了如下結論：達斡爾族與契丹有最近的遺傳關係，為契丹人後裔；雲南「本人」與達斡爾族有相似的父系起源，很可能是蒙古軍隊中契丹官兵的後裔。

但是這項測驗的最大難題是要證明實驗所獲得並進行分析的是古代契丹的DNA的確是古DNA，而不是汙染物。因為古生物遺存中的有機物經長期降解已保存無幾。實驗只能在有限的DNA中複製擴增並排除汙染。雖然這次分子考古的實驗每一步都進行了陰陽性對比，可還是沒能嚴格按照國際上權威的分子考古──尼安德特人的分子考古法來執行實驗。

這項測驗還有待於進一步的驗證。其實即使最終證明這項測驗結果準確無誤，也不能過於簡單地來看民族源流問題，因為契丹族一千多年來一直保持著「外婚制」，所以純粹意義上的「契丹人」，已經不存在了。

成吉思汗葬在何處

成吉思汗（一一六二年—一二二七年），蒙古開國君主，著名軍事統帥。名鐵木真，姓孛兒只斤，乞顏部，蒙古人。元代追上廟號太祖。成吉思汗生於蒙古貴族世家，但是幼時父親去世，過著窮苦的生活，少年時期的艱險經歷，培養了鐵木真堅毅勇敢的個性。長大以後，鐵木真統一了蒙古各部，西元一二〇六年，鐵木真在斡難河（今蒙古鄂嫩河）源頭召開大會，即蒙古國大汗位，尊號成吉思汗。此後，蒙古部落在成吉思汗的率領下，開始了波瀾壯闊的征服戰爭。西元一二〇五年、一二〇七年和一二〇九年成吉思汗三次大舉入侵西夏。西夏抵擋不住，被迫求和。西元一二一一年，又率領大軍南下攻金。西元一二一五年，蒙古軍占領中都，在遼西消滅金守軍，攻占北京（在今內蒙古寧城西）。西元一二一八年，滅西遼。西元一二一九年，成吉思汗率二十萬大軍西征，一直到西元一二二三年起程回國。西元一二二六年，成吉思汗出征西夏。次年西夏亡。西元一二二七年農曆七月十二日，成吉思汗病逝，終年六十五歲。

據傳說，成吉思汗下葬時，為保密起見，曾以上萬匹馬在下葬處踏實土地，並以一棵獨立的樹作為墓碑。為便於日後能找到墓地，在成吉思汗的墳上殺死了一隻駝羔，將血灑於上邊，並派騎兵守墓。等到第二年春天小草長出以後，墓地與其他地方無異時，守墓的士兵才撤走。子女如想祭拜成吉思汗，就讓當時被殺駝羔的母駝作為嚮導，引人馬前來。所以成吉思汗的墓在什麼地方，外人並不知道，也就成為千古之謎，歷來說法不一。各國考古專家針對關於成吉思汗墓地確切位置的圈定，比較認同的有四個地點。一是位於蒙古國境內的肯特山南，克魯倫河以北的地方；二是位於蒙古國杭愛山；三是位於中國甘肅的六盤山；四是位於內蒙古鄂爾多斯鄂托克旗境內的千里山。

中國內蒙古自治區鄂爾多斯草原伊金霍洛旗有一座成吉思汗的陵墓。但不少人認為，鄂爾多斯成吉思汗陵是成吉思汗的衣冠塚和象徵性陵寢，並非實際安葬地。有的學者認為位於鄂爾多斯高原的鄂托克旗發現的石窟附近可能是成吉思汗真正的墓地。遺跡離鄂爾多斯市境內的成吉思汗陵不足二百公里，地貌、地名等特徵，與《蒙古祕史》、《史集》、《蒙兀兒史記》等史料中有關成吉思汗葬地的描述極其吻合，並且石窟曾是成吉思汗養傷時所住。還有的學者認為成吉思汗埋葬在烏蘭巴托附近的薩里川，這裡是成吉思汗的老家，也就是成吉思汗的出生地。

這些觀點都屬於一家之言，並沒有獲得國際上的認

位於鄂爾多斯草原的成吉思汗陵

現今的成吉思汗陵乃是一座衣冠塚，經歷過多次遷徙，直到西元一九五四年才由湟中縣的塔爾寺遷回故地伊金霍洛旗。

可。所以，成吉思汗去世七百七十多年來，成吉思汗陵就一直受到人們的關注，尋找成陵的活動一直沒有中斷過。近十幾年來尋陵熱度尤高，匈牙利、波蘭、美國、日本、義大利、德國、法國、加拿大、俄羅斯、土耳其、韓國等十多個國家都投入了大量人力、物力，基本上無果而終。

西元二〇〇四年十月四日，日本和蒙古國的一個聯合考古隊宣稱已經找到了成吉思汗陵，隨後英國《泰晤士報》、俄羅斯國家電視臺等媒體紛紛報導，中國媒體也引述了相關報導。一時間，成吉思汗陵被發現的消息被傳得沸沸揚揚，鄂爾多斯成吉思汗陵再度成為一個謎。日本和蒙古國聯合考古隊發現的陵墓在蒙古國肯特省德勒格爾汗縣的阿布拉格宮殿遺址上，是一個可能是用來祭祀成吉思汗的祭殿，他們由此推測這就是成吉思汗的陵墓，或者就在方圓十二公里內。

阿布拉格宮殿遺址距蒙古國首都烏蘭巴托二百五十公里，所在草原地形開闊，西北是肯特山，周圍散布著幾個小山丘。遺址長一千五百公尺，寬五百公尺，前方蜿蜒著一條小溪。整個遺址沒有絲毫特別之處，與草原渾然一體。據史料記載，成吉思汗有三個主要行宮。冬春兩季，成吉思汗在克魯倫河流域休養，夏季則在別處度假。考古學家推測，阿布拉格宮殿遺址就是當年三個行宮所在地之一，但是西元一九六〇年在此地挖掘後，沒有找到證明是成吉思汗行宮的證據。西元一九九二年起，日蒙聯合考古隊利用先進的儀器繪製了該地區的地圖，對地表進行了詳細的調查。二〇〇一年開始，蒙古國考古學家又與日本國學院大學聯合對遺址進行挖掘，以尋找成吉思汗的冬宮所在。經過挖掘，他們發現了四層建築物的地基。第一層（最下面一層）厚六十公分，由沙土坯構成，年代大約在十二——十三世紀。第二層高約十公分，該層上有幾個柱子的基石。第三層只是在整個地基的北部留下一段約十九公尺長的土牆。根據這次發掘。他們認為，該遺址的地理情況與史書《黑韃事略》記載完全相符，阿布拉格宮殿遺址就是成吉思汗行宮的所在地。據《元史》記載，西元一二二九年元太宗登基後曾重建成吉思汗冬宮；西元一二三五年，元定都哈拉和林，元太宗命人修建萬安宮。據記載，這兩個建築同出自漢人工匠劉敏之手。蒙古國人朝格特巴特爾說，第二層地基與萬安宮的建築樣式趨同，所用計量單位也同為一尺等於三十一點六公分。考古隊據此認為第一層地基是成吉思汗冬宮的地基，第二層是元太宗重建王宮的地基。

另外，在地基的右邊找到了許多禿角牛頭骨，左邊找到約三百匹馬的肋骨。據鑒定，這些牲畜骨頭與第二層地基同處一個時期，大約在西元一二三五年以後。考古學家認為，西元一二三五年元定都哈拉和林後，這裡可能就被當成了一個祭祀地。

考古隊推測第四層（最上一層）是一個祭殿的地基。地基呈「凸」形，用石頭砌成，東西長十一點一公尺，南北寬七點九公尺，地基外還有兩道圍牆。石頭地基高四十公分，年代在十四——十五世紀。在這層地基上還發現了祭祀用香爐的碎片和十四世紀磁州窯和景德鎮窯的陶瓷碎片。另外在「凸」形的頂部有一個用土坯砌成的東西，考古學家認為可能是一張桌子。在地基上還發現直徑六十公分的黑色痕跡，被推斷為長期燒火所致。「凸」形地基的底部是正門，兩邊有柱子的底座。根據發掘物和史書資料判斷，考古學家認為這個地基可能是用來祭祀成吉思汗的祭殿地基。

根據波斯史書記載，成吉思汗陵墓就在成吉思汗主要宮殿的附近，並且一些史料還記載了成陵的位址，大約位於蒙古國境內的肯特山南、克魯倫河以北的地方。所以，考古學家推斷，成吉思汗的陵墓應該就在這個祭殿周圍十二公里內。如果能證明成吉思汗確實葬於此地，這或許能成為二十一世紀最偉大的考古發現。

然而，有一些學者不同意日本這次考古發掘的結果。他們舉出了兩大反對理由。第一，這部分學者認為，包括成吉思汗，元代所有的皇帝都是祕葬，迄今還沒有一座元代帝王祕葬地被發現。根據元代的祕葬制度，帝王陵墓不封丘，不留外人可見到的標誌，葬後還要萬馬踏平，並使地面植物恢復如初，為的就是防止被後人盜掘或破壞。所以對於「日蒙聯合考古隊」發現的成吉思汗陵，實際上只是一個宮殿遺址。根據遊牧民族的喪葬習俗，成吉思汗絕對不會葬在宮殿裡或其附近地區。第二，這部分學者認為，發現成吉思汗墓必須具備幾個條件，缺一不可。首先要有棺槨，其次要有物證，像成吉思汗生前用過的東西，最後還要有確切的文字記載，比如石刻石碑之類的記載，否則，就無法證明現在發現的是成吉思汗墓。據史料記載，當時的棺槨是把橡木中間剖開，然後為了防止木材腐爛解體，用三到四根金箍箍上。如果發現成吉思汗

——史實，說真的

墓地，必須要找到這三根金箍。因為金子是永遠不會爛的。還應該有大量的隨葬品，據記載，成吉思汗隨葬的除了武器和弓箭，還要有戰馬和宮女，至於金銀財寶，很多人有不同看法，但是起碼隨葬的東西應該有。所以僅僅依據目前的情況還不足以說明就是成吉思汗墓。

按照蒙古族的傳統，成吉思汗是「祕葬」，不希望讓後人發現，對於後人來講，應該尊重祖先，而且蒙古族子孫也不希望成吉思汗墓被發掘。並且，蒙古族人認為，挖掘土地會帶來壞運氣，而觸動祖先的墳墓會毀滅他的靈魂。所以，我們該遵循成吉思汗的遺囑，讓他的陵墓永遠不讓世人知道，讓願意猜謎的人們繼續猜這個謎底吧。

◆◆◆馬可・波羅來過中國嗎？◆◆◆

馬可・波羅，威尼斯共和國商人、旅行家，生於威尼斯鉅賈家。西元一二七一年隨父親、叔叔經兩河流域、伊朗高原，越帕米爾向東經商，西元一二七五年到達元朝大都（北京），得到元世祖忽必烈的信任和重用。

馬可・波羅在中國旅居十七年，足跡遍及華北、西北、西南、華東等地區。西元一二九一年馬可・波羅護送闊闊真公主遠嫁伊兒汗國，從泉州後渚港起航，經蘇門答臘、印度等地後到達伊兒汗國。西元一二九五年馬可・波羅回到家鄉威尼斯。西元一二九八年九月參加了威尼斯與熱那亞之間的一場中世紀少有的大海戰，戰敗被俘囚禁。他於獄中口述東方見聞，由同獄作家魯斯蒂謙筆錄成書，叫《東方見聞錄》即《馬可・波羅遊記》。《馬可・波羅遊記》和中國唐代玄奘的《大唐西域記》以及日本僧人圓仁的《入唐求法巡禮行記》，是世界著名的東方三大旅行記。在人類旅遊史上享有盛譽。正是《馬可・波羅遊記》這樣一部介紹中國文明的奇書，使義大利熱那亞人哥倫布深受影響，促使他做出了開闢由歐洲到美洲航路的壯舉。

馬可・波羅在他的遊記中講述了自己史詩般的中國之旅以及他返回義大利的經過，他的書是歐洲的經典文學作品。他已經成為溝通東方和西方的文化聖人，他的名字婦孺皆知。可是卻不斷有學者懷疑馬可・波羅是否真的到過中國，這是為什麼呢？

馬可・波羅是否到過中國的最大質疑就是馬可・波羅在他的遊記中記載他曾長期在揚州做官，但是在整個蒙元時期的歷史典籍中，至今沒有發現有關他的記載。中國有重視歷史的傳統。從國史到地方誌，各種形式的史冊浩如煙海，記載詳實，特別是外邦來人，可用來作為中國皇帝威震異域，德被四方的佐證，更是不會被放過而定會大書特書。在元朝像馬可・波羅這樣的西方人被歸為色目人，其社會地位在漢人之上，馬可・波羅既然在朝廷身居高位，還做為特使送嫁公主，按常規，國史中不能不記。

也正因為中國的史籍浩如煙海，在沒有把該查到的典籍都查到以前，做出否定的或肯定的結論都有困難。而且七百年來揚州地區編撰了大量的地方誌，至今只有六本被發現。如果僅僅依靠現有的幾本就得出馬可・波羅沒有來過中國的結論是不嚴謹的。所以一些史學家雖然早就發現了問題，仍只是抱持著存疑的態度。

據《永樂大典・站赤》記載，波斯汗王阿魯渾曾派遣三位使臣向中國皇帝請求賜婚。時間是西元一二九七年，正好與馬可・波羅說他護送公主到伊兒汗國的時間符合。而且這件事和波斯使臣的名字在馬可・波羅的遊記中有所記載。雖然這段史料中沒有提到馬可・波羅的名字，不能由此引申出馬可・波羅曾經旅居中國。但是，中國研究馬可・波羅的代表人物楊志玖教授卻認為：「這篇公文（《永樂大典．站赤》）內未提及馬可．波羅的名字，自然是很可惜的一件事情。但此文係公文，自當僅列負責人的名字，其餘從略。由此可想到，馬可．波羅在中國的官職不會太高貴。」假如馬可．波羅未跟隨這個使團，他不可能知道使者的名字和使團離開中國的時間。因為那是一個非常小的使團，關於這個使團只有零星記載保存在伊兒汗國最重要的官修史書《史集》裡，馬可．波羅不可能看到這部後出的書。中國的官方文獻和《馬可．波羅遊記》恰好可以互相印證。這說明馬可．波羅的確到過中國，而且正是隨這些使者回國的。

至於《馬可．波羅遊記》中為何沒有提及筷子、茶葉、長城等。相信馬可．波羅來過中國的人認為：首先，馬可．波羅的口述不可能面面俱到，他對很多事情，甚至一些重要細節總會有所遺漏。其次，只要我們對元代中國有足夠的瞭解，就會發現《馬可．波羅遊記》的這些遺漏都可以找到合理的解釋。元朝實行社會等級制度，第一等級是蒙古人，第二等級是色目人（突厥人、回回人等，也包括歐洲人），他們都是特權階層。馬可．波羅屬於色目人。在等級制度下，他在中國的生活圈子很小，基本局限於蒙古人、色目人中，而這些人吃飯是不用筷子的。當時，蒙古人和色目人也不喝茶，比較流行的飲料是馬奶、葡萄酒和果子露。

馬可．波羅不提長城也有具體原因。當時這裡的長城並不雄偉，不過就是一條土堤，因為在宋代長城沒有維修過，此時可能已是廢墟。現在北京附近的長城是明代苦心經營的，在忽必烈時代長城沒有什麼重要性。那時的長城，馬可．波羅還只能見到一段，也許他已見過類似的牆，因此不以為意，因為歐洲有些村鎮周圍也建有圍牆。在十三－十四世紀從中國內地到內蒙古地區的旅行者很多，基本上都沒有提到長城。還有相當多的人認為，馬可．波羅到了中國但未到過長城，不能要求他什麼地方都走到，即使到過，他也不一定感興趣。總之，遊記裡沒提到長城，不能成為馬可．波羅沒到過中國的證據。再次，歐洲學者注意到，《馬可．波羅遊記》的內容經過了馬可．波羅本人的篩選取捨，很多記載投合了當時歐洲人的社會心理和求知偏好。馬可．波羅本人在臨終前也特意提到，他講述的見聞還不到他所知道的一半。筷子、茶、長城等懷疑論者認為非常重要的東西，在馬可．波羅那裡有可能是極其次要的。

相信馬可．波羅到過中國的人還提出了更多的理由。《馬可．波羅遊記》記載元朝政府在滅掉南宋後，大量拆毀南方的城牆，而在《元史》、《元典章》以及元人文集中也有關於元朝拆毀江淮以南城牆的記載。迄今為止，馬可．波羅是記載此事的唯一一個西方人。如果沒有到過中國，他能從哪裡抄襲呢？他還在書中寫到忽必烈曾下令在國家主要道路的兩側栽植樹木，給行人提供蔭涼和指示方向。這條記載和同時期元朝法律的規定是一致的。元代的法令彙編《元典章》、《通制條格》等都收錄了忽必烈的這項命令。馬可．波羅仍是記載此事的唯一一個西方人。

不僅如此，在《馬可．波羅遊記》和馬可．波羅叔父的遺囑中都提到了蒙古大汗的牌子。這是由蒙古帝國中央政府發放的一種身分證明，一般用金銀等貴重金屬製作，持有者享有特權。

有關的史籍記載顯示，只有那些為政府或權貴服務的人才能得到這種牌子。馬可．波羅不但在書中詳細記載了蒙古帝國的各種牌子，還提到忽必烈以及遠嫁西亞的蒙古公主賜給他金牌。他的遺產登記表明，直到他去世時蒙古大汗的金牌仍在他手中。這一點不但說明馬可．波羅的確到過中國，還證明他在元朝的身分相當特殊，絕非普通商人。

在對元朝歷史有較多瞭解之後，再去閱讀《馬可．波羅遊記》，就能夠明顯感受到，如果沒有到過中國，馬可．波羅根本不可能寫出這樣的一部著作，因為書中有涉及元代政治、經濟、社會生活的大量細節。到目前為止，還沒有發現任何同時期的歐洲、西亞、中亞文獻對元代中國的記述如此詳實。比如《馬可．波羅遊記》記載了忽必烈的生日，元朝的慶典及狩獵，元朝在東北和西南地區的戰爭，阿合馬被刺事件，大都（今北京）與行在（今杭州）的高度繁榮，鎮江的基督教教堂，中國各地的物產、宗教、風土人情等。正如馬可．波羅的父親和叔父所說的那樣：「從上帝創造了亞當之時起到現在，任何一個人，無論是基督教徒還是異教徒，韃靼人、印度人或任何種族的人，從來沒有一個如馬可．波羅到過世界上那麼多的地方，實地觀察和探險，像馬可．波羅那樣知道那麼多的奇異風俗。」

雖然馬可．波羅在書中對自己不無誇大和吹噓，比如他說他深受忽必烈器重，做過高等地方官等等，實際情況可能並非如此。如果馬可．波羅在中國並不是像他自己所說的那樣地位顯赫，在漢文文獻中沒有記載就不足為奇。即使馬可．波羅真的身分特殊，在中國文獻中也不一定能留下記載。因為元代中國是一個開放的大帝國，當時的特權階層除了蒙古人以外，還有大量的中亞人、西亞人、歐洲人，這些外來人士能在歷史著作中留下名字的只是極少數。例如在元朝末年，教皇派使者向中國皇帝進獻名馬，在歷史上這無疑是重大事件，可中國的文獻卻根本沒有記載教皇使者的名字。所以，從各種情形判斷，馬可．波羅到過中國應該毫無疑義。

建文帝下落之謎

建文帝朱允炆是明太祖朱元璋的孫子，已故太子朱標的次子。朱元璋早年立長子朱標為皇太子，但是後來由於朱標早逝，朱元璋便改封長孫朱允炆為皇太孫。讓其在自己百年之後，繼承皇位。但是，對於朱元璋的這種安排，有一個人極為不滿，他就是朱元璋的四兒子——燕王朱棣。朱棣早年隨父親東征西討，為大明王朝的四方安定立下了汗馬功勞。洪武三年（一三七〇年），朱元璋封朱棣為燕王，負責統率重兵，駐守北平，以防蒙古騎兵進犯。

朱棣在朱元璋的眾多兒子中才華最為出眾，而且胸懷大志。起初他對父皇選立長兄朱標為太子不好說什麼，可是朱標死後，朱元璋又立年幼溫和的皇長孫朱允炆為皇位繼承人，就引起了朱棣的強烈不滿。他數次在朱元璋的面前詆毀朱允炆如何無能懦弱，絕非可託天下之人。朱元璋雖然心中也明白，論文武才華，四子朱棣都要遠遠高於長孫朱允炆。但是他為了維護自己確定下來的皇長子繼承制度，便堅決地支持朱允炆做自己的繼承人。有一次，朱元璋為了展示皇太孫的才華，命他在諸皇子大臣的面前對詩，朱元璋出的上句為「風吹馬尾千條線」，朱允炆想了半天終於對出一句「雨打羊毛一片膻」。雖然對的句子看起來也還算公整，但語意平庸，毫無意蘊，朱元璋大為不快。這時燕王朱棣隨口吟出一句「日照龍鱗萬點金」，一股王道霸氣直驚得在座的人目瞪口呆，朱元璋也連口稱讚，但也增加了他對皇太孫日後帝位的擔心之情。

洪武三十一年（一三九八年）七十一歲的朱元璋去世，依照他生前的安排留下遺詔，由二十一歲的皇太孫朱允炆即位，年號建文，也就是歷史上的明惠帝。傳說朱元璋臨死之前，不放心朱允炆，便交給自己的貼身太監一個密匣，稱如果皇太孫一生平安無事，就不要打開這個匣子；如果發生什麼緊急情況，再打開，匣子內會告訴他怎麼做。這是民間流傳下來的一個傳說故事，不知是真是假，但正是這些離奇的小故事，更加增添了建文帝下落的神祕色彩。

朱元璋在位之時，為了鞏固大明王朝始終掌握在朱姓子孫的手中，他先後分封自己的子孫為藩王，分駐全國要害之地。這些分封的藩王都手握重兵，稱霸一方，在朱元璋在世之時，還倒是老老實實，不敢有什麼非分之舉。但朱元璋死後，他們根本不把懦弱無能的建文帝朱允炆放在眼裡，個個飛揚跋扈，不服從中央政府的管轄。為了解決地方藩王對中央皇權的威脅，建文帝採納了齊泰、方孝孺等人的建議，厲行削藩之策。他先是派兵進抵開封，軟禁了周王朱橚，然後將其廢為平民。接著又發兵湖南、湖北除掉了岷王朱楩、湘王朱柏，此後，又先後將齊王朱榑、代王朱桂等人囚禁。建文帝厲行削藩，地方藩王紛紛被削奪爵位，抑或被廢為平民，抑或被禁為囚徒。一時間鬧得沸沸揚揚，怨聲載道。這一措施嚴重損害了地方藩王們的切身利益，幾乎所有的諸侯王都對此不滿，尤其是手握重兵、覬覦帝位的燕王朱棣。

燕王朱棣早就有起兵反叛、奪取帝位之心，只是苦於沒有很好的藉口而未行動，這次建文帝削藩弄得天下諸侯怨聲載道，這對燕王來說簡直是一個千載難逢的好機會。建文元年（一三九九年）七月，燕王朱棣以「清君側」為藉口發動了「靖難之役」。雖然名義上是要幫建文帝清除身邊的奸臣，實際上是起兵反叛。燕王起兵之後，建文帝馬上慌了手腳，急忙徵調各地方的軍隊入京勤王。但是，由於建文帝削藩以來，地方諸侯已被他得罪殆盡，所以，地方諸侯紛紛投向燕王帳下，背叛建文帝。建文帝手下的文人不少，但沒有多少可以帶兵打仗的將帥之才。心腹齊泰、方孝孺等人也都是文人腐儒，雖滿腹經綸，但也沒有什麼用處。就這樣，燕王的軍隊沒費多大的力氣，很快就打到了南京城。建文帝見大勢已去，下令火燒皇宮。

燕王朱棣攻入皇宮之後，沒有找到建文帝，便命人仔細搜查尋找建文帝，宮裡的太監說建文帝在萬般無奈之下，跳入火中自焚了，並從火堆裡找出一具屍體指認說是建文帝。朱棣假惺惺地痛哭一番，說自己只是要清理奸臣，並不是要皇上死。然後，以皇帝禮將其厚葬。但是，在正史的文獻中，卻沒有任何有關建文帝陵寢的記載，而且後來的崇禎皇帝也曾親口說過建文帝無陵。

因此，廢墟中的那具焦屍到底是否就是建文帝？建文帝到底有沒有死？沒死的話他又逃到了哪裡？對於這一系列的問題，朱棣本人也持有懷疑，後世史家和民間傳說更是眾說紛紜，離奇萬分。

一種說法認為，建文帝並沒有死，而是逃出南京，到了貴州的一個寺廟當了和尚。據說，在燕王朱棣圍城之後，建文帝叫天天不靈，叫地地不應，為防被俘受辱，建文帝決定自盡殉國。這時，突然有一個太監跑了過來，他告訴建文帝，太祖皇帝臨終前曾經交給他一個密匣，並叮囑他如果皇上遇到危難，可以打開匣子。建文帝聽後，急忙命這個老太監取來密匣，打開一看，裡面裝有三套袈裟、三張度牒[6]、一把剃刀，三張度牒上分別寫著應賢、應能、應文三個名字。應文指的是建文帝朱允炆，應賢、應能分別是指建文帝的心腹近臣葉希賢、楊應能。匣中還有一封信，上面寫道：「應文從鬼門出，餘從水關御溝而行，薄暮，會於神樂觀之西房。」建文帝一看，便明白這是太祖皇帝早就預料到自己會有今天，傳此密匣，告知自己剃髮為僧從密道出逃保命。按照密匣的指示建文帝剃髮做了和尚，從鬼門逃出宮去開始了浪跡天涯遊行四方的僧人生活。

建文帝化裝出逃之後，皇后馬氏為了掩護他，命令太監放火燒城，然後自己跳入火海，自焚而死。第二天朱棣攻入皇宮之後，搜尋建文帝的下落，太監、宮女們迫於壓力，便謊稱建文帝已自焚而死，並指認皇后的屍體就是建文帝，此時火中找出的屍體已被燒得面目全非，難以辨清，就這樣朱棣信以為真，沒再追究。

有人甚至還找到了建文帝出家後的隱居之所，就是貴州安順平壩縣境內的高峰寺。據《平壩縣誌》記載：高峰寺內齋堂地下有一個藏身洞，洞底一塊石碑上刻有「秀峰肇建文跡塵知空般若門」的銘文，此外，寺中的另一塊石碑上刻有開山祖師秀峰收留建文帝的經過。以此，後人推測此處就是建文帝出家之後的歸宿地。

建文帝歸隱貴州高峰寺為一種說法，還有人認為，建文帝出逃之後沒有去貴州，而是就近在蘭溪市東山上的一座古寺歸隱。東山又名皇回山，是金華山脈的一支，寺院裡的和尚世代口傳建文帝在此削髮隱世的傳說，並說寺院中還保留有建文帝的隱居之處和古碑遺跡。在寺院的大殿內，塑的是身穿袈裟的建文帝像，左右兩旁分別為伴帝出家的楊應能、葉希賢兩人，殿內的後壁繪有建文帝遜國[7]出逃的路線。此外寺院內還保留有建文帝出家後所作的幾首詩：「百官不知何處去，唯有群鳥早晚朝」、「塵心消盡無孝子，不受人間物色侵」。詩中意蘊飽含倉皇出逃，歸於世外的無奈和憂傷，為建文帝歸隱於此，又添一證據。

還有一種比較流行的說法，就是建文帝從南京城逃出之後，輾轉來到泉州，流落到海外，後來明成祖繼位之後，派鄭和下西洋，就是為了尋找流落海外的建文帝。傳說，建文帝從密道中逃出京城之後，見前往北方的道路大都被燕王的軍隊圍阻，因此不得不化裝南下，輾轉來到武昌羅漢寺。羅漢寺的住持達玄和尚，看過建文帝的度牒後，趕緊將建文帝引入寺中躲藏。過

6 度牒：舊時官府發給合法出家人的證明文件，上載僧尼的本籍、俗名、年齡、所屬寺院、師名以及官署關係者的連署，僧尼以此為身分的憑證，可免徭役。

7 遜國：把國家的統治地位讓給別人。

了一段時間，建文帝等人見此處易於被燕王的爪牙發現，他們又在達玄和尚的指引之下乘船前往泉州開元寺，然後輾轉逃到海外。據《泉州開元寺志》記載，當時泉州開元寺的住持念海和尚正是羅漢寺住持達玄和尚的弟子。建文帝來到泉州開元寺之後，便隱匿寺中，派人尋找出逃海外的機會。終於有一天，他們坐上了一個阿拉伯商人的貨船，隨行來到印尼的蘇門答臘島，開始在此隱居，據說，當地的華人，至今仍在每年農曆五月十六日建文帝登基那天，舉行隆重的拜「皇爺」之禮。

關於建文帝的生死和下落自古至今一直眾說紛紜，爭論不休，對此，每一種說法都只能是一家之言，因為沒有一種說法有十分確鑿的證據。也許建文帝的生死與下落真的如其他歷史之謎一樣，是一個永遠也解不開的千古懸案。

明武宗生母疑案

明朝的武宗皇帝朱厚照，為明朝中興之主明孝宗的獨生子。明孝宗與張皇后一生恩愛，除張皇后外沒有再納一個妃嬪。就是關於他們的這個獨生子的身世，還惹出了一個轟動朝野的大案子——鄭旺妖言惑眾案。在案子的背後隱藏著的是明武宗朱厚照離奇的身世謎案。

「皇上喜得龍子，大赦天下，許萬民同慶」。張皇后與明孝宗在成化二十三年（一四八七年）結為夫妻，此後，雖然孝宗未納其他妃嬪專寵於張皇后，但奇怪的是他們大婚後四年，張皇后依然沒有生育，也沒有任何懷孕的跡象。皇帝子嗣乃是傳承王朝大統的頭等大事，所以大臣們和宗室皇親都著急萬分，先後上書請求皇帝從速選妃以廣儲嗣。因為他們懷疑張皇后沒有生育能力。但是孝宗沒有聽從大臣們的意見，堅持不納妃嬪。但心裡也暗自著急，因為王朝子嗣的事情，馬虎不得，不是自己說了算的，而且這關係到大明王朝的血脈延續，因此，也不能一拖再拖。於是他和張皇后在宮中一連齋戒幾個月，以求上蒼的憐憫，賜一皇子給自己。最令人懷疑的事情就在這個時候發生了。弘治四年（一四九一年）九月，宮中突然傳出喜訊，張皇后終於生了一位皇子。於是便有了這段開頭舉國同慶的一幕。

但是在舉國歡慶的同時，一個謠言也開始流傳起來，就是這個皇子並非張皇后所生，而是周太后宮中的婢女鄭金蓮所生。孝宗皇帝和張皇后為了減輕大臣們諫其廣納妃嬪的壓力，便將這個孩子強行抱了去，說是張皇后所生的龍子。一時間這個傳言鬧得滿城風雨，連孝宗皇帝和張皇后本人也有所耳聞，但並未派人追究此事。孝宗的這種態度無疑加劇了流言的傳播，人們認為孝宗保持沉默，是默認了這種說法，皇子確實是鄭金蓮所生，是皇后為了保住自己的地位，強行抱去的。於是，這一事件在各地都傳得沸沸揚揚，人們都開始懷疑這個皇子究竟是張皇后親生還是從別的宮人那裡抱過來據為己有的。而且，張皇后生下皇子的消息也確實過於突然，事先竟然連一點徵兆都沒有。但懷疑張皇后沒有生育能力也是站不住腳的，因為她後來確實為孝宗生育過一個皇子，名叫朱厚煒，只不過早年便夭折了。

但是，此時流言卻如同長了腿一般在各地迅速傳播開來。弘治十七年（一五〇四年），言官將此事上奏皇上，並奏言說此妖言惑眾甚深，長此以往會影響到太子朱厚照將來的前途，請求皇上予以嚴懲，以絕妖言。孝宗本來以為市井之言，不足為慮，經言官這麼一說，也意識到了此事的嚴重性，便派錦衣衛嚴加追查。最後，查到謠言的源頭原來是宮中婢女鄭金蓮的父親鄭旺和宮中的小太監劉山。鄭旺原來是武成衛的一名士兵，家境貧寒，有一女兒名叫鄭金蓮，十二歲時被賣給別人做婢女。有一年鄭旺聽說離其家不遠的駝子莊鄭安家有一女兒入宮了，鄭家馬上就要成為皇親了。鄭旺猛然間想起了早年自己賣掉的女兒，並猜想會不會入宮的是自己的親生女兒呢？做皇親的衝動使得鄭旺想入非非，於是他通過關係，交上了太監劉山，並託他替自己在宮中尋找自己的女兒。

劉山在宮中確實找到一個叫鄭金蓮的宮女，但她只是一個下等的宮女，沒有進過深宮大內，也沒有見過皇上，而且還不一定是鄭旺的女兒。為了向鄭旺交代，劉山就向鄭旺說，已經找到了而且還成了皇上的寵人，只是現在不好見。高興萬分的鄭旺於是經常託劉山將一些新鮮水果等農產品送到女兒手中，劉山就隨便找點衣物給鄭旺，說是其女轉送，予以敷衍。但鄭旺卻拿著這些衣物四處炫耀，吹噓女兒怎樣得到了皇帝的恩寵。

張皇后生子後不久，劉山又對他說這個孩子本來是鄭旺的女兒鄭金蓮所生，張皇后生不了，便強行抱了去。鄭旺知道之後便在外邊到處宣傳，一時間關於這件事的流言鬧得滿城風雨，世人皆知，鄭旺也不停宣揚自己是皇親國戚，是國丈，是皇帝的老丈人，當今皇太子的親外公。後來孝宗派人查明此事之後，便將這兩個人逮捕入獄，並親自審查此案。但是，孝宗這種親自審案的做法，又在市井之間引發了一場新的謠言，人們紛紛說鄭旺就是皇上的國丈，當今皇太子就是鄭金蓮所生，孝宗皇帝就是怕人知道事情的真相，才要親自御審此案。

孝宗審理之後，所做出的判決也存在疑點。因為他在御審之後判決以太祖皇帝所立的太監不許干政的祖制，將劉山以干預外事的罪名處死；本案的主角鄭旺卻僅僅以妖言惑眾罪、冒認皇親罪判以監禁之刑；宮女鄭金蓮僅被送入浣衣局為奴。鄭旺妖言惑眾，惑亂皇親，本來應該處以極刑，卻只是判了個監禁。從判決的結果來看，這個案子的背後確實有些蹊蹺。而且還有記載稱，宮中有一個宮女被送進了浣衣房，但她進去時，其他宮女都要恭敬地站立兩旁，可見來人並非普通人。但這個宮女到底是不是鄭金蓮，卻沒有明確的記載。

更奇怪的是，明武宗朱厚照即位後不久，便無故釋放了關在錦衣衛大牢中的鄭旺，並派人將其送回家鄉。這樣一來，又給人製造了一個難以理解的疑點。鄭旺出獄之後，仍然堅持當今皇上朱厚照是他的女兒鄭金蓮所生。而且還對別人說，自己被放出來，就是因為明武宗的緣故，女兒鄭金蓮雖然名義上是在浣衣局工作，實際上過著太后般的生活，連宮裡的大太監見了她也要恭恭敬敬的，這樣一來謠言又起。更為荒唐的是鄭旺的同鄉王璽竟然打通關

清代的東安門

老北京城的四大門之一，其他三大門分別為天安門（皇城南門）、地安門（皇城北門）和西安門（皇城西門）。

節，闖到東安門外，聲稱要面聖以奏「國母」被囚禁的實情，鄭旺、王璽也因此被捕入獄。

武宗令大理寺嚴審此案，審判之時，鄭旺多次在堂上聲稱自己無罪，皇上真的是女兒鄭金蓮的親骨肉。但是，這次卻沒有孝宗在世時那麼幸運，他被判妖言惑眾罪，因是累犯被判死刑，被押往菜市口凌遲處死。這件事的結果似乎也是意料之中的事，因為此時的武宗剛剛即位，而且是以嫡長子的身分繼承大統，這是一個何等神聖的身分和血統，並且對自己身分的認定將直接關係到自己的政權穩固以及皇室的顏面。因此即使武宗真的是鄭金蓮所生，此時他也不會承認，因為這樣畢竟對自己、對先皇乃至於對明王朝而言，都不是一件什麼值得宣揚的事。

就這樣，武宗生母的事情也就隨著鄭旺的死最終不了了之。但是，這並不說明，鄭旺說的是假話，明武宗就一定是張皇后所生，因為案子中間有太多令人費解的疑點。鄭旺歷經兩朝，不畏生死，一再聲稱朱厚照是自己的女兒鄭金蓮所生，即使在皇帝面前也沒有改變自己的說法。他兩次都被判妖言惑眾罪，但所受的處罰卻大相徑庭。第一次，是在孝宗朝，孝宗皇帝天性仁厚，輕刑法，重民生。孝宗對鄭旺的懲罰僅僅是要向人們證明他是一位嚴守道德規範的皇帝，所以鄭旺得以倖免不死。第二次，是在武宗剛剛即位之時，鄭旺再次拋出此說，這就嚴重威脅到了武宗皇家血脈和嫡長子入承大統的神聖光環，絕對不容絲毫懷疑。武宗為維護他嫡長子承繼大統的地位，自然嚴懲不怠，下詔將鄭旺處死。但在這性格差異的背後似乎還隱藏著一些對真相看法的不同，孝宗是這一事件的執行者，當然要重視一些情感的事情，但武宗皇帝是這一事件的案內人，不容案件對自己有絲毫的損害。

對於武宗的生母究竟是誰，是張皇后還是鄭金蓮？後人曾經根據一些蛛絲馬跡進行過細緻的推測，但誰也沒有提出什麼足以令人信服的證據。《明武宗實錄》記載：「正德二年冬十月初，武成中衛軍餘鄭旺有女名王女兒者，幼鬻[8]之高通政家，因以進內。弘治末，旺陰結內使劉山求自通。山為言今名鄭金蓮者即若女也，在周太后宮，為東駕所自出。語寢上聞，孝廟怒磔山於市，旺亦論死，尋赦免。至是又為浮言如前所云。居人王璽覬與旺共厚利，因潛入東安門宣國母鄭居幽若干年，欲面奏上。東廠執以聞，下刑部鞫[9]治擬妖言律。兩人不承服大理寺駁讞者再，乃具獄以請。詔如山例，皆置之極刑云。」也僅僅是言明了事件的經過，並未對事件的真偽做一判斷。後來，武宗朝後期，寧王造反，在發布的檄文中也採用了鄭旺的說法，說武宗並非張皇后親生，由此朱家的子孫都變了種，都是冒牌貨。這個事件至此，依然是歷史上一個懸而未決的疑案，有待於後人進一步的推敲證明。

戚繼光斬子之謎

「天皇皇，地皇皇，莫驚我家小兒郎，倭寇來，不要慌，我有戚爺會抵擋。」

這是在中國東南沿海一帶廣為流傳的一首民謠，謠中的「戚爺」指的是明代著名抗倭名將、民族英雄戚繼光。戚繼光（一五二八年—一五八八年），字元敬，號南塘，晚號孟諸，山東登州人。戚繼光出生將門，自幼便立志馳騁疆場，保家衛國，曾揮筆寫下「封侯非我意，但願海波平」的著名詩句。戚繼光十七歲時承襲了父祖歷任的登州衛指揮僉事之職，二十五歲時被提升為都指揮僉事，擔負起山東沿海防守海疆、抵抗倭寇的重任。

倭寇的形成，最早要追溯到元朝。元朝末年，日本的北條時宗曾兩次發布異國征伐令，企圖趁戰亂之機入侵朝鮮，進而覬覦中國。被這個征伐令動員起來的日本武士從此開始騷擾中國東北沿海，倭寇之患逐漸形成。由於中國古代稱日本為「倭國」，所以這些劫掠中國沿海的日本武士和浪人被稱為「倭寇」。明初時，國家強盛，海防較為完備，倭寇並未釀成大患。正統

8 鬻：音同「預」，賣。
9 鞫：音同「局」，審判、訊問。

年間，由於朝政腐敗，軍備廢弛，倭寇日漸猖獗。正統四年（一四三九年），倭寇襲入浙江台州的桃渚村，殺人放火，劫掠財物，甚至把嬰兒拴在竿上，用開水燙死。嘉靖年間，倭寇之患發展到了極點。他們同海盜汪直、徐海等人相勾結，有時外出劫掠，一次可糾集戰船上百艘。倭寇在東南沿海一帶，攻城掠地，殺人放火，姦淫擄掠，無惡不作，使東南沿海一帶人民的生命財產遭受到難以估計的損失。

為了剷除倭寇之患，嘉靖三十四年（一五五五年），素有威名的戚繼光被調任到倭患最為嚴重的浙江任都司僉書，主持這一地區的抗倭鬥爭。戚繼光初至浙江時，這一地區衛所空虛，士兵老弱；將官不習武藝，不懂兵法；水軍戰船十存一二，且年久失修……有一次，八百多名倭寇侵入浙江沿海的龍山所，戚繼光親自率軍迎擊，但是由於明軍老弱怯戰，接戰沒幾個回合，便已顯現出潰敗的跡象。在這危急關頭，戚繼光一馬當先，衝至陣前，連發幾箭，將倭寇的幾個頭目射倒，倭寇見明軍統帥如此英勇，便倉皇逃竄。為了改變這種兵士羸弱、防備鬆弛的現狀，戚繼光從當地的漁民、佃戶中招募新軍，並加以嚴格的訓練，這支軍隊雖然人數不多，只有三千多人，但是打起仗來，卻個個都能以一擋十。這支軍隊不僅作戰勇敢，而且紀律嚴明，從不敢亂民擾民。當地的人都親切地稱呼這支紀律嚴明、能征善戰的隊伍為「戚家軍」。戚繼光還總結與倭寇作戰的經驗，結合南方地形多沼澤的特點，創造出新的陣法——鴛鴦陣，每十二名士兵為一個戰鬥小組，每人所持兵器各不相同，火器與冷兵器、長兵器與短兵器相互配合，大大提高了戰鬥力。戚繼光依靠這支能征善戰的軍隊，在抗倭的鬥爭中取得了一連串的勝利。

戚繼光統軍打仗，十分強調紀律的重要性。他要求士兵要絕對地服從指揮，指揮官下令向前，前面就是有刀山火海也要奮勇前進，不得後退，違令者定斬不赦。正是因為戚繼光如此強調軍紀的重要性，才有了他斬子故事的發生。

戚繼光斬子的故事幾百年來一直在閩、浙一帶廣為流傳。在福建莆田，這一故事還被改編為閩劇《戚繼光斬子》，以藝術的形式在民間盛傳不衰。此外，在福建寧德、連江、閩侯，浙江義烏等地也有類似的傳說。戚繼光斬子的故事到底是不是歷史事實，到底發生在哪個地方一直眾說紛紜，沒有定論。

有一說認為，戚繼光斬子的故事發生在浙江台州地區。戚繼光率領戚家軍在浙江抗擊倭寇，幾次大的戰役都連戰連捷，打得倭寇聞風喪膽。有一次，戚繼光率領軍隊在台州府圍剿一股[10]倭寇，倭寇與戚家軍接戰之後，很快大敗，有一股殘敵想繞道城北的大石退守仙居。為了徹底消滅這股倭寇，戚繼光立即命自己的兒子戚印為先鋒官，率領軍隊抄近路在白水洋常風嶺一帶伏擊。臨行前戚繼光一再交代戚印，與倭寇接戰之後，不要急於求勝，要佯裝失敗，將敵人誘至仙居城外再予以反擊，以迫使城中的倭寇出援，一舉殲滅，違反軍令者要按軍法處置。

10股：計算成批人群的單位。

戚印率軍到達常風嶺之後，將軍隊埋伏在山道兩旁的樹叢中，此時，倭寇的隊伍也沿著這條山道過來，前面還押著一些搶掠來的婦女和牛羊等，戚小將見後，氣憤萬分，再也沉不住氣，馬上下令軍隊展開總攻，一時間矢石齊飛，刀槍猛舞，喊聲震天。戚印只顧了奮勇殺敵，竟然忘記了父親臨行前交代的「只許敗，不許勝」，霎時間就將敵人全殲在山道之上。後來戚印率軍回營，將士們都言戚印作戰勇敢，殺敵有功。但戚繼光卻在聽完兒子稟報之後，勃然大怒，說他違反軍紀，不服從指揮，應該以軍法處置，便命將校將其綁出轅門外正法。諸將雖然苦苦求情，說戚印雖然是觸犯了軍令，但其大敗倭寇，也是有功之臣，可將功抵罪。但戚繼光卻認為戚印明知故犯，貽誤軍機，不容不誅！若是不殺則軍紀難以嚴明如初。最終，還是斬了兒子。後來當地的百姓懷念戚公子，便在常風嶺上為他建造了一座太尉殿，據說這座大殿的殘跡至今猶存。

還有一種說法認為，戚繼光斬子的故事不是發生在浙江常風嶺，而是發生在福建麒麟山；斬的兒子不是戚印，而是戚狄平。說明朝嘉靖年間，倭寇在福建沿海燒殺搶掠，無惡不作，朝廷換了幾任大將也拿他們沒辦法，百姓叫苦連天。後來戚繼光率八千義烏兵入閩抗倭，頭一仗打的就是海上倭寇的巢穴——橫嶼。橫嶼是一個海上孤島，與寧德樟灣村隔海相望，此處漲潮時是一片汪洋，退潮之後則是泥濘一片的沼澤，地形易守難攻。倭寇在島上修建了許多堅固的防禦工事，戚繼光經過一段時間的詳細觀察之後，決定在中秋節的下半夜趁著倭寇防守鬆懈，潮水低落的時候，涉過淺灘處的沼澤，出其不意地攻擊敵人。戚繼光先命張謙、張岳在橫嶼西、北陸上布陣，防止倭寇上岸；又命張漢率水師在橫嶼東部海面游弋，防止倭寇從海上逃竄；自己則率領戚家軍的主力從南面進攻。

在攻擊發起之前，戚繼光曉諭全軍：「潮水漲落，分秒必爭，只許勇往直前，不准猶疑回顧。違令者斬！」戚繼光任命自己的兒子戚狄平為先鋒官，率領三千精銳部隊打先鋒。戚狄平率軍行至麒麟山下的宮門嘴山口時，擔心父親年老力衰，跟隨不上，便立馬回頭向樟灣方向望了望。這時跟在後面的將士以為先鋒有令要傳達，不覺也都腳下一頓，停了下來。戚繼光率領中軍跟在後面，突然發現前面的隊伍停了下來，不知發生了什麼變故，立即派人詢問。將校回報說：「前面沒什麼事情，只是因戚先鋒回頭，兵士疑惑所致。」戚繼光聽後大怒，立刻令人將戚狄平綁至馬前，訓斥道：「你身為先鋒官，不帶頭遵守秩序向前的軍令，反而帶頭違令，致使三軍疑惑。如若不按軍法處置，又以何服眾。」說完命令帳下軍校將戚狄平綁出，斬於軍前。戚繼光身邊的將士紛紛跪地說情，也無濟於事。之後，戚家軍勝利攻占了橫嶼，斬殺倭寇二千六百餘人，徹底搗毀了橫嶼上倭寇盤踞的巢穴。戚繼光帶軍回師時，路過麒麟山，想起被自己斬殺於此的兒子，不禁傷心落淚。後來，當地的人民感於戚將軍父子的抗倭功勞，就在戚繼光當年立足思子的地方建起一座六角涼亭，取名為「思兒亭」。在戚公子被斬的麒麟山腳樹立了一塊石碑，名曰「恩澤壇」，以永遠紀念戚繼光和戚狄平抗倭保民的萬世恩澤。

此外，有人根據《仙遊縣誌》中「繼光至莆田，將出師，煙霧四塞，其子印為前鋒，勒馬回，求駐師。繼光怒其犯令，殺之」的記載，指出戚繼光斬子的故事應該就是發生在福建莆田，斬殺兒子為戚印。

對於以上幾種戚繼光斬子的傳說，史學界另有看法。戚繼光斬子的故事，在《明史》、《罪惟錄》和汪道昆的《孟諸戚公墓誌銘》、董承詔《戚大將軍孟諸公小傳》、《閩書》中的《戚繼光傳》等較為可信的史料中均無記載，戚繼光後人所編著的《戚少保年譜耆編》中也沒有關於此事的記載。而且根據《戚繼光墓誌銘》的記載，戚繼光的正房夫人王氏，一生只生有一個女兒，並無傳說故事中的長子戚印這個人。戚繼光在軍中所納的小妾陳氏、沈氏、楊氏等人雖然先後為他生了戚祚國、戚安國、戚報國、戚昌國、戚興國等幾個兒子。但這些兒子在戚繼光抗倭時期都還是襁褓中的小兒，根本不可能成為統軍打仗的將領。因此，許多歷史研究者認為，戚繼光斬子之事，純粹是子虛烏有。民間之所以會有這樣的故事流傳，也許是人們根據戚繼光將軍治軍嚴明、軍紀如山的特點演繹出來的。戚繼光斬子的傳說從歷史考證的角度來講並無明證，至於傳說中的戚印、戚狄平等人是否是戚繼光的義子，皆為推測，事實是否如此，還有待史學界的進一步證明。

思兒亭

位於福州市城北，是明朝福州百姓為紀念戚繼光和其子而修建的，後因房地產開發被拆遷。此圖為使用原有材料復建。

「梃擊案」始末

常言道，宮廷之中無父無子，無兄無弟，著實是一個充滿血腥的角鬥場。歷代皇宮之中，因為皇位的爭奪，不知衍生出了多少或明或暗的血腥爭鬥。明朝也是這樣，在明朝神宗末年，因為皇位的爭奪，先後發生了好幾件至今仍充滿疑點的深宮大案。

神宗晚年寵信皇貴妃鄭氏，對自己所立的宮女王氏所生的皇太子朱常洛極為不滿。處心積慮地想廢掉朱常洛而立鄭貴妃所生皇三子朱常洵為太子。為此神宗還曾與鄭貴妃祕密宣誓，一定會立朱常洵為太子。但是，神宗迫於朝臣和皇太后的壓力，一直不敢輕舉妄動，只是找各種藉口為難皇太子。由於神宗並不喜歡這個由宮女所生的兒子，一直以來並沒有要立他做太子的打算，只是後來在皇太后和大臣們的壓力之下才被迫冊封朱常洛為皇太子。當時朱常洛已經二十歲了，依照明朝的常制，一般在十六歲左右就會大婚，而後出閣講學接受教育。朱常洛二十一歲才大婚，可見神宗對他的冷淡。

朱常洛大婚之後，就移居慈慶宮居住。但是，慈慶宮名義上是太子的寢宮，實際上還比不上宮中的一般宮殿，不僅破陋不堪，而且防衛甚差，神宗僅僅派了幾名老弱病殘的侍衛來防守，宮中服役的宮女太監也很少，僅有幾個隨朱常洛一塊兒長大的貼身太監。慈慶宮的情況與皇三子朱常洵所居住的宮殿相比簡直是天壤之別，似乎他才是真正的皇太子。除了在吃住等方面迫害朱常洛，鄭貴妃一夥人還處心積慮地要除掉皇太子，由自己的兒子朱常洵取而代之。就在這種情況之下，萬曆四十三年（一六一五年），慈慶宮發生了梃擊一案。

萬曆四十三年五月初四黃昏時分，一個身材高大的陌生男子手持一根粗大的木棍闖入朱常洛居住的慈慶宮。打倒了幾個守門的老太監後，便直奔太子就寢的大殿而去。朱常洛的貼身太監見外邊的太監攔截不住，馬上關閉了大殿的大門，並臨窗大聲呼喊「抓刺客、抓刺客」。後來，宮裡的侍衛們聞訊趕到，與同時趕來的幾個太監一起才將這名陌生男子制伏，交由東華門的守衛指揮使朱雄收監。第二天，朱常洛將此事告知了神宗皇帝，說有人行刺。神宗聽後大驚，急忙派人提審這名行刺的男子。審訊完畢後，御史劉廷元就將訊問的結果奏報給皇帝，說這名闖宮的男子名叫張差，是薊州井兒峪的百姓，語言顛三倒四，看起來有點癲狂，話裡頭常提到「吃齋討封」等語，但又有些狡黠，看來要認真審問。後來神宗又派刑部郎中胡士相等官員對張差進行共審，結果卻是張差因被人燒了柴草，要來京城申冤，在城裡亂闖，又受氣癲狂，受人誑騙說拿一木棍可以當作冤狀，然後亂跑，誤入慈慶宮。

前後兩次的結果幾乎完全不一樣，在這次的供狀中，不僅沒了「吃齋討封」的話頭，連帶狡黠的性格判斷也沒有了，變成一個純粹「瘋癲」的結論。負責審理此案的胡士相等人認為，張差持武器亂闖宮殿，違反了不得在宮殿前射箭、放彈、投磚石傷人的法律，應該馬上對張差問斬。但是，這種供詞和處理的結果卻引起了朝中一些官員的懷疑，他們認為前後兩次供詞差別如此之大，似乎並非偶然，連繫到這段時間鄭貴妃的種種活動，再連繫到太子之位引發的種種爭鬥，這件事情恐怕有人在背後操縱，而且似乎就是衝著皇太子朱常洛去的。為了皇太子的安危，刑部提牢主事王之寀決定徹查此案，他在牢中親自審問張差，見張差身強力壯，樣子絕不像一個瘋癲之人。王之寀就引誘他說：「說實話就給你飯吃，不然就餓死你。」並把飯菜放在張差的面前。張差看著香噴噴的飯菜，口水直流，最後低頭說道：「我不敢說。」這時王之寀命牢中其他獄吏迴避，說：「我讓他們都走開，你只對我說。」

最後張差的招供說：「我小名叫張五兒，父張義病故。有馬三舅、李外父和一個不知名的太監要我辦一件事，事成之後給我幾畝地種！後來太監騎著馬，引我入京。到了一個大宅子，一個太監給我吃完飯，說：『你先衝進去，撞著一個，打殺一個，打殺了我們救你！』然後領我由厚載門進到宮門上。守門的攔住我，我把他打倒在地。太監多了，我就被抓住了。小爺（皇太子）福大，沒打著。」王之寀聽後大驚，明白了這次張差行刺確實有宮裡的人在背後指使，而且目標就是皇太子。王之寀馬上將審訊的結果上奏朝廷，結果引起軒然大波。大臣們議論紛紛，都認為這個事情背後肯定有宮裡的大人物指使，而且暗示此事的主謀一定是鄭貴妃，並且鄭貴妃的父親鄭國泰也脫不了干係。

案子的線索已經很明確了，神宗卻像有什麼隱情似的猶猶豫豫，將這幾個人的奏摺全都留中不發，又另外派人查究此案。就在這時突然有人移交了一份薊州知州戚延齡的奏摺，摺子中說，經過調查張差這人確屬瘋癲之人。於是，「瘋癲」二字再次成為梃擊一案定案的依據。但與此同時，刑部郎中胡士相等官員於五月二十日再次提審張差時，卻得到了更為驚人的供詞。這一次，張差供認：「馬三舅名三道，李外父名守才，同在井兒峪居住，又有姊夫孔道住在本州城內。不知姓名的太監，是修鐵瓦殿的龐保。大宅子，是住朝外劉成的。三舅、外父常往龐保處送炭，龐、劉在玉皇殿商量，和我三舅、外父逼著我來，說打入宮中，撞一個，打一個，打小爺，事情結束有吃有穿。劉成跟我來，領進去，又說：『你打了，我會救你。』」

張差的前後供詞一再變化，官員們的態度似乎也分作兩派，案子之中似乎確實隱藏著許多不可告人的內幕，但卻又撲朔迷離，讓人難以看清楚。此時，案子似乎又牽涉到兩個太監，即龐保和劉成。然而，太監為何要僱凶刺殺皇太子呢？因為這兩個太監幾乎還不認識朱常洛是誰，根本沒有要殺他的理由。是不是幕後還有其他更大的主使者呢？

後來，經過進一步查究，確認龐保、劉成都是鄭貴妃翊坤宮的太監，向來很受鄭貴妃的喜愛，是鄭貴妃的兩個心腹太監。事情雖然明擺著可能與鄭貴妃有關，大臣們也一再上疏，要求徹查，但是，懾於鄭貴妃的權勢，大臣們並沒有直接提到鄭貴妃和外戚鄭國泰。結果鄭國泰竟然自己按捺不住，寫了一個表明清白的帖子，上奏神宗。這幾乎無異於「此地無銀三百兩，隔壁王二不曾偷」。給事中何士晉抓住這個時機上奏神宗說：「大臣們上的摺子並未說到國泰就是主謀，張差的口供也還沒有交上來，國泰就變得如此慌張，不能不對其有所懷疑。」

可是，一旦事情牽涉到了鄭貴妃，神宗就不願意再把事態擴大了，因為鄭貴妃畢竟是他的第一寵妃，並且自己也曾許諾過要立她的兒子朱常洵為太子。即使鄭貴妃做出這樣的事情，自己也不好說什麼。更何況鄭貴妃整日向神宗哭泣，早就把神宗的心給哭軟了。於是，神宗就讓鄭貴妃去見太子朱常洛。貴妃見太子後，極力為自己開脫，並向太子下拜。神宗也在一旁幫鄭貴妃開脫，最後朱常洛只好答應神宗，這個案子，把張差這樣瘋癲的人，處決了就行了，不必再有株連。又說：「我父子何等親愛！外廷有許多議論，說你們為無君之臣，使我為不孝之子。」皇太子都這麼說了，群臣們也不好再說什麼。沒過幾天，刑部就結了案，將張差凌遲處死。龐保、劉成在張差死後，見死無對證，便百般抵賴，最後，被神宗密令處死。

到此，這個案子就算徹底結案了。但是，案子背後的主謀到底是誰？張差為什麼要刺殺太子？神宗為什麼要祕密處死龐保、劉成？這個案子與鄭貴妃到底有沒有牽涉？到了這一步，誰也說不清楚了。

這件案子在今天看來，諸多疑點表明著定然與鄭貴妃脫不了干係。從案卷的記錄來看，張差也許確實屬於類似瘋癲的人，但是，他不是完全的瘋子，能夠在人的引誘和指使之下行事，鄭貴妃等人尋找這樣的人行事也許正是為了不引起懷疑。但這只是後人的推測，事實的情況是否如此，沒有充足的證據，誰也不敢說的確就是如此。歷史的疑案就是這樣，若即若離，充滿迷煙，但也正是它的迷人之處。

◆◆◆「紅丸案」始末◆◆◆

皇太子朱常洛好不容易才挨到神宗朱翊鈞逝世，登上皇帝的寶座。此時的朱常洛已經三十多歲了，他的這個皇位可謂來之不易。

萬曆四十八年（一六二〇年）七月二十一日明神宗朱翊鈞逝世，臨死之前他囑託內閣首輔方從哲及司禮監太監要齊心協力輔佐皇太子朱常洛，皇位在平靜中完成了由神宗到光宗的交接，一切都顯得十分順利。然而，平靜順利中潛伏著的是凶險的風波，不願意看到朱常洛登上皇帝寶座的鄭貴妃，雖然暫時無法改變既成的事實，但這並不證明她放棄了為兒子謀求皇位的野心。此時的鄭貴妃見明攻不行，便改變了策略。

光宗朱常洛即位之後，開始行使皇帝職權，致力於扭轉萬曆朝後期的一系列弊政，他發內帑犒勞前線軍隊，解決了長期缺餉的燃眉之急；還停止了民憤甚深的礦稅太監的活動；起用了許多萬曆年間因為直言進諫而遭貶斥的大臣；他還親自考課大臣，破格提拔人才。種種作為，顯示出光宗皇帝要做一代明君的努力。但是，這個願望並沒有實現，而是隨著光宗突然駕崩，變成一個歷史的春秋大夢。

神宗駕崩之前，曾經留下一紙遺詔，要朱常洛即位之後封鄭貴妃為皇太后。但是，朱常洛三十多年來，受盡了鄭貴妃的壓制和打擊，直到此時鄭貴妃的陰影依然揮之不去。現在，神宗遺詔竟然要他封鄭貴妃為皇太后，這就意味著她還可以通過垂簾聽政來控制自己，光宗怎麼會同意呢？而且這種做法顯然也不符合祖宗的典章制度，遭到大臣們的強烈反對，所以這件事就暫時擱置了下來。

鄭貴妃等人為了保住自己的地位，便想出了一個更為陰毒的計策。她知道朱常洛在做太子期間受盡了壓抑，更別提接觸女色。由此，她打算為光宗進獻幾名絕色美女，然後通過自己培養出來的這些心腹美女，來控制光宗。在朱常洛即位後不久，鄭貴妃便挑選了八名絕色美女，並同大量的金銀珠寶、珍奇玩物進獻到光宗的寢宮之中。光宗的精神長期處在壓抑之中，此時做了皇帝，見連最恨自己的鄭貴妃都對他那麼好，不免一時飄飄然起來。在政務之餘，開始貪淫縱慾，整天在後宮與美女們一起廝混，縱情淫樂。酒色掏身，光宗的身體本來就十分虛弱，又經女色這番折騰，一時間元神大耗，不到半個月便一病不起了。

關於這段歷史，在文秉《先撥志始》中也有所記載：「光廟御體羸弱，雖正位東宮，未嘗得志。登極後，日親萬幾，精神勞瘁。鄭貴妃欲邀歡心，復飾美女以時。一日，退朝內宴，以女樂承應。是夜，一生二旦俱御幸焉。病體由是大劇。」李遜之《泰昌朝記事》也有類似的說法：「上體素弱，雖正位東宮，供奉淡薄。登基後，日親萬機，精神勞瘁。鄭貴妃復飾美女以進。

一日退朝，升座內宴，以女樂承應。是夜，連幸數人，聖容頓減。」由此可見，光宗的身體應該是本來就很弱，光宗在即位之初也確實是很勤政的，鄭貴妃向光宗進獻美女也應該是事實。

光宗病倒之後，皇帝身邊的太監崔文升來給聖上把脈，光宗本是縱慾傷身，身體虛弱以致臥床不起。這個崔文升不知道什麼原因，卻判為腎虛火旺，需要洩火，便給光宗皇帝進了一帖藥性很強的瀉藥。結果，光宗服藥之後，一夜之間便瀉了數十次。精神委頓不支，口乾唇裂，面色青紫，隨時都有大行升天的危險。鄭貴妃也晝夜派人前來聞訊，卻不提光宗病情，只是一味地催逼光宗封她為皇太后，光宗無奈，在病榻上詔諭禮部準備大封。

大臣們見皇帝突然病重，都認為是崔文升誤用藥物，或另有陰謀，主張嚴懲崔文升。這個崔文升原先是鄭貴妃宮中的親信太監，光宗即位後，被提升為司禮監秉筆太監，兼御藥房太監。光宗患病後，崔文升以掌管御藥房太監的身分，向皇上進奉一種藥性極為猛烈的瀉藥後，光宗一晝夜連瀉數十次，幾近衰竭，可見崔文升是致使光宗臥床不起的主犯之一。並且連繫到此前鄭貴妃進獻美女，可見這兩件事情都是事先有預謀的。清人張廷玉所編的《明史．崔文升傳》中也認為「文升受貴妃指，有異謀」。但這只是後人的推測，並沒有明確的證據證明崔文升就是受了鄭貴妃的指使。

光宗病重之時，鄭貴妃依然住在乾清宮，等待封她為皇太后。光宗的外戚王、郭二家發覺鄭貴妃可能有異謀，便向朝中的大臣們哭訴：「崔文升進藥是故意，並非失誤。皇長子朱由校也常常私下裡哭泣：『父皇身體健康，何以一下子病成這樣？』鄭、李謀得照管皇長子，包藏禍。」大臣楊漣、左光斗等人聽後，立即上了一道奏摺，分析皇上「聖躬違和」的原因，指責崔文升違反藥理，故意用「相伐之劑」，致使皇上「聖躬轉劇」，主張將崔文升拘押審訊，查個水落石出，並且建議皇帝收回進封鄭貴妃為皇太后的成命，讓鄭貴妃先離開乾清宮，搬回慈寧宮居住。此時，光宗的身體已經有所好轉，還同兩位大臣見了面，交代了一些朝中的事情。

但是，誰會想到接下來光宗卻神祕地駕崩了呢？八月二十九日，鴻臚寺官員李可灼來到內閣，說有仙丹要進呈皇上。內閣首輔方從哲鑒於崔文升的先例，認為向皇上進藥要十分慎重，便在覲見奏事完畢後，向光宗提起李可灼欲進獻紅丸的事情。光宗聽了之後，很感興趣，速召李可灼進宮。李可灼來了之後，為光宗把脈，並把光宗的病源和「仙藥」的神奇說得天花亂墜。光宗大喜，急切地要求李可灼速速服侍自己進藥。光宗吃完藥之後，頓時感覺渾身舒暢，全身暖潤，說這果然是仙藥。大臣們見皇上的病情好轉也都非常地高興，便從乾清宮退了出來，只留了李可灼及幾個近侍的太監在身邊。光宗服藥後感覺身體舒適，怕藥力不濟，就又向李可灼要了仙藥服下。此時，外官派人前來探問皇上的病情如何，李可灼說皇上服藥後，病情已經穩定，大臣們認為李可灼為皇上診病有功，令賞李可灼白銀五十兩、綾羅兩匹。出乎意料的是，到了第二天凌晨，光宗的狀況便開始急轉直下。光宗服用了兩粒紅色丸藥之後，五更時分病情突然惡化。大臣們聽到太監的緊急宣召，急忙趕到宮中時，皇上已經「龍馭上賓」了。

光宗從即位登基到突然死亡，滿打滿算才二十九天的時間，成了明朝歷史上在位時間最短的皇帝。同時，光宗的死因也是撲朔迷離，在他死後引發了一場軒然大波，並為歷史留下了一個千古疑案。光宗到底是怎麼死的？李可灼所進紅丸究竟為何物？圍繞這兩個問題大臣們爭論不休，相互攻擊。有人認為，這件事與鄭貴妃有關，光宗兩次臥病都是由於進藥，兩次進藥之人又都與鄭貴妃有關係，崔文升原是鄭貴妃的屬下，李可灼及引薦之人方從哲也是鄭貴妃的人。同時，大家認為光宗第一次病重是由於過度接近女色，是縱慾過度，身體虛弱，需要溫補之劑，慢慢地調養，而不應該使用大瀉藥物。第二次病重是因為大瀉之後，聖體脫水致虛。後來病中還能召見大臣，表示病不致死，若用平和的藥劑慢慢地滋養，自然會好轉。而李可灼所進的紅丸顯然是春藥一類的助火藥，這種藥含有紅鉛，可令人一時感到精力倍增，但是根本上卻是涸澤而漁，對於聖體大虛的光宗來講，只會加速他的死亡。

這件事顯然是有預謀的。兩派大臣激烈爭論沒有結果，最後，為平息事態，只好將崔文升、李可灼二人拉來做了替罪羊。判李可灼誤用藥劑，致使聖上大行，流戍邊遠；崔文升發配南京充軍。

「紅丸」一案由於各派的爭鬥總算草草了結，但其中的疑點並沒有弄清楚。後人為此曾進行過一系列的考證和爭論，但最後也都沒有結果，光宗的死是否與紅丸有關，依然是一個千古之謎。

移宮案真相

明朝宮廷的鬥爭並沒有因為光宗的病逝而結束，紅丸案的餘波尚未蕩平，宮中接著又發生了另一樁離奇的大案——移宮案。要弄明白移宮案的前前後後，還要從光宗的寵妃李選侍說起。

李選侍本來為太子府裡的選侍之一，因受寵愛，撫養了已故王才人之子、未來的明熹宗朱由校。光宗朱常洛登基後，她在宮裡的地位迅速上升，還與鄭貴妃偷偷勾結，地位變得更加特殊，幾乎掌握了後宮的實權。李選侍極力地想通過鄭貴妃的力量將自己扶上皇后寶座，鄭貴妃則想利用李選侍在皇帝面前說話方便的機會，幫她實現做皇太后的夢想。

後來光宗病重，這兩件事就拖了下來，但他打算封李選侍為皇貴妃，並當著大臣的面，告訴皇長子朱由校要視李選侍如親生母親。可是，還沒等皇帝的話說完，李選侍便掀開帷幄，叫朱由校進去。朱由校進去後，對父皇說了一句：「要封李選侍為皇后！」眾大臣聽後全都瞠目結舌，光宗也面色一變，一言不發。

他知道這一定是自己寵愛的李選侍在幕後指使，這個李選侍心計深沉，絕不會甘心久居人下，她在宮中一向以敢作敢為、大膽果斷著稱。所以，儘管李選侍一再要求皇帝立她為皇后，但是光宗始終沒有答應，他怕李選侍一旦被冊封為皇后，她便可以通過自己撫養的朱由校，間接地控制朝政。所以他只封她為皇貴妃，說什麼也不同意封她為皇后。

光宗在宮中暴斃，李選侍卻仍住在皇帝和皇后的寢宮乾清宮，絲毫不想搬出乾清宮。按照明代的制度，外廷有皇極殿，內宮有乾清宮，都是屬於皇帝和皇后專用的。而李選侍是想藉未滿十五歲的光宗長子朱由校掌握朝政，坐鎮乾清宮，進而統馭後宮。

朝中大臣們見此狀況，都猜到了她的心思，於是都在心裡暗暗擔憂。給事中楊漣對大臣周嘉謨、李汝華說：「宗社事大，李選侍非可託少主者，急宜請見嗣王，呼萬歲以定危疑……移住慈慶為是。」兩人聽了，均深有同感，便一起去見輔臣方從哲。群臣商量過後，又一起奔向皇宮，楊漣率先奔進後宮，太監們執棍攔阻。楊漣怒斥說：「皇帝召我等至此，今晏駕，嗣主幼少，汝等阻門不容入臨，意欲何為？」太監們一時不知所措，只得讓開，諸臣這才進入。眾位大臣見了光宗朱常洛的靈位，都痛哭了一番，然後就請求拜見皇長子朱由校。李選侍將朱由校留在暖閣，不讓他出來。宮裡耿直的老太監王安哄騙李選侍，這才把朱由校抱持而出，眾人連忙叩頭，齊呼萬歲。朱由校立在那裡，不知道是怎麼回事，嘴裡只是說：「不敢當！不敢當！」群臣奏請進詣文華殿。然後，朱由校登上一頂小轎。大臣劉一璟、周嘉謨、張維賢、楊漣抬轎，倉促前行。走了幾步，轎夫方到。這時，內侍李進忠三次奔來，傳李選侍的命令，召皇長子回宮，並呵斥諸臣說：「汝輩挾之何往？」楊漣怒斥李進忠，擁著皇長子登輿。

進了文華殿，朱由校西向坐定，群臣行大禮拜見，並請朱由校即日登基。朱由校不同意，只答應初六登基。大臣進奏說：「今乾清宮未淨，殿下暫居此。」周嘉謨也說：「今日殿下之身，是社稷神人托重之身，不可輕易。即詣乾清宮哭臨，須臣等到乃發。」朱由校見到形勢如此，也知道事態嚴重，就點頭同意。楊漣這時對隨行的太監們說，外事緩急有諸位大臣，調護聖躬卻在諸內臣，責任重大。朱由校畢竟還只是個不滿十五歲的小皇帝，也沒有什麼主意，他不想封李選侍，但又下不了決心。朱由校身邊寵幸的太監王安，這時躬身跪倒說道：「皇上，可不能再這樣下去，陛下可立即下詔逼迫李娘娘搬出乾清宮。」朱由校聽了，陷入沉思。王安答應群臣一定盡職盡責規勸皇上，眾人這才退去。可是最後，大臣們合議，還是得即日正位，讓內官進奏，朱由校還是不允。眾人便在殿中坐等。這時尚書周嘉謨又聯合眾臣合疏進奏，請求李選侍移出乾清宮，遷往別宮。御史左光斗明白指出，殿下今已將滿十五歲，內有忠直老成的內官輔佐，外有朝中重臣輔佐，哪裡乏人，還需李選侍像照顧嬰兒一般貼身相隨？因此，伏請即早決斷，如果李選侍借撫養之名而行專制之實，那武則天之禍就不會太遠了！左光斗用武則天來比喻李選侍，一則不希望出現後宮專權的情形出現，二是擔心朱由校血氣未定，把持不住，墜入當初唐高宗納父親後妃武則天的事情中。這確實是一番肺腑忠言！

朱由校聽了，覺得甚是有理，便發布上諭，說移宮已有聖旨，冊封貴妃一事，尊卑難稱，著禮部再議。給事中暴謙貞卻毫不保留地坦白說：「皇長子即將登上大寶，上有百靈呵護，下有群工擁戴，何用此婦人女子！而且李選侍並非忠誠愛國，萬一封典得行，專權用事，恐怕難以抑制。」好在宮中忙亂，沒人理會，這一番話並未引出宮廷風波。

不料，李選侍那邊卻聽取心腹李進忠的主意，邀朱由校和她同宮，還忿然宣言，要逮捕楊漣、左光斗。這時，楊漣在宮門遇見李進忠，詢問李選侍何日離宮？李進忠搖手說：「李娘娘甚怒，今母子一宮，正欲究左御史武氏之說！」楊漣怒斥說：「誤矣，幸遇我。皇長子今非昨比，選侍移宮，異日封號自在。且皇長子年長矣，若屬得無慎乎？」李進忠被逼問得默然無語。

給事中惠世揚、御史張潑從東宮門出來，聽了這件事也大驚失色，說今日選侍垂簾，下旨逮捕光斗。楊漣立即駁斥說，沒有這事！宮禁一時人心惶惶，誰也弄不清楚是如何變局，皇帝是親近李選侍對付朝臣還是傾向於朝臣疏遠李選侍，大臣們一個個狐疑滿腹。

過了幾天，李選侍還是住在乾清宮，逍遙自在，根本沒有移宮之意。楊漣便直言上奏，說：「先帝過世，人心惶危，都說選侍假借保護之名，陰圖專權之實，伏請殿下暫居慈慶宮，撥別宮先遷出選侍，然後再奉駕還宮。祖宗宗社最重，宮闈恩寵為輕。如今登基已在明日，哪有天子偏處東宮之處！這移宮一事，臣等進言在今日，殿下也當實行在今日。」隨後，楊漣又去拜見方從哲。方從哲起初認為這件事不用太著急，晚兩天也沒什麼關係。楊漣卻說：「殿下明天就要登基了，難道登基為天子後還要回到東宮的住處嗎？選侍今天不願離開乾清宮，難道以後就會主動離開了嗎？」方從哲最終被楊漣說服，兩人統一了意見後，又去請求朱由校頒下嚴令。

於是，朱由校登基在即時下令，命李選侍移出乾清宮，移住仁壽殿。他還下令搜捕李選侍身邊的幾個親信太監，理由是他們涉嫌偷盜大內庫藏。如此情形下，勢單力孤的李選侍還是敵不過皇帝的一紙命令，移宮已成定局。這時群臣們倒反過來勸皇帝，看在昔日光宗的舊寵之上，遵照光宗的囑託，善待李選侍母女。小皇帝雖然對李選侍往日咄咄逼人的態度十分不滿，但還是接受了群臣的意見。

最終，在外廷大臣的嚴詞逼迫和宮中太監王安的恐嚇之下，李選侍終於無奈地決定移宮。九月初五，她抱著皇八女，徒步從乾清宮走向宮中宮妃的養老處——仁壽殿後的噦鸞宮。於是，這件震動宮闈的明朝三大疑案之一的「移宮案」終於落下了帷幕。李選侍以失敗而告終，熹宗朱由校進駐乾清宮，登上寶座。

李選侍封后的要求沒有實現，做皇太后控制朝政的願望也落了空，她賴在乾清宮不走是否是受到了鄭貴妃的幕後主使，這個後人亦無從得知。但是其意圖很明顯，就是要通過控制皇長子朱由校來操縱整個朝政，據許熙重《憲章外史續編》記載，朱由校即位後說，李選侍命太監李進忠傳話：「每日章奏，必先奏看過，方與朕覽，即要垂簾聽政處分。」可見，她是有垂簾聽政的野心的。後人還推測，她之所以賴在乾清宮不走，就是要同鄭貴妃「邀封太后及太皇太后，同處分政事」。如果她的目的實現了，也許明朝就要先出一個「慈禧太后」了。

《西遊記》作者之謎

關於《西遊記》的作者到底是誰，數百年來一直是一個歷史懸案。二十世紀二〇年代，胡適與魯迅根據清代學者吳玉搢的《山陽志遺》、阮葵生的《茶餘客話》和丁晏的《石亭記事續篇》等書的考證，結合天啟年間《淮安府志》的記載，得出了《西遊記》的作者是淮安嘉靖中歲貢生吳承恩的結論。這一結論為後人所接受，成了當今關於《西遊記》作者之爭的主流觀點。從近百年來所出版的《西遊記》署的作者名來看，也是以吳承恩為主。而且在中小學乃至大學的歷史教材中也直接採用了《西遊記》的作者是吳承恩的說法。但是，從今天學術界的考證來看，這一結果是存在爭議的。

從目前所能見到的各種比較老的《西遊記》版本看，沒有一部是署名為吳承恩的。《西遊記》作者署名為吳承恩，是近代以來的事情，是胡適的一個考證結果。但是，由於材料的局限和胡適在利用材料時的一些先入之見，導致胡適的考訂結果不可避免地實存一些常人很難發現的疏漏之處。他認定《西遊記》的作者是吳承恩，主要是基於歷史典籍的記載和《西遊記》中出現大量的淮安方言。

明刻本《新鐫全像西遊記傳》書影

吳承恩是明朝山陽人，也就是今天的淮安。他出生在一個破落的小商販家庭，父親吳銳，原是一個讀書人，喜好讀書，凡是經史百家，沒有不看的，而且還很喜歡談史談政。後來為了養家糊口，吳銳被迫棄文從商，販賣綢緞布匹，卻不善經營，樸實木訥，以致家境清寒，到了吳承恩這一代，更是家道中落。但在父親的影響下，吳承恩從小聰慧敏捷，博覽群書，尤其喜愛看稗史野史、志怪小說一類的書籍。後來，吳承恩進了私塾讀書，怕老師看到，便偷偷地把這些閒書放在桌子底下來讀，積累了不少關於民間神話方面的故事。嘉靖八年（一五二九年），吳承恩到淮安知府葛木所創辦的龍溪書院讀書，葛木見他有下筆立就之才，很賞識他。但是由於吳承恩不善於作八股一類的死文字，因而屢試不中。一直到了四十多歲，才補為貢生，又等了六年才在長興縣做了一個縣丞之類的小官。

他生性倔強，恥於官場的各種周旋應付，因而時常與友人朱曰藩把臂入酒壚，灑脫自放，寄趣於詩酒之間，來宣洩自己懷才不遇的鬱悶心情。吳承恩自己的仕途雖然很不順利，但是因為他自幼就有文名，所以交往了一些當時非常有名的文人，例如他和嘉靖狀元沈坤、詩人徐中行都是摯友。這也說明雖然他科舉不成，但還是一個非常有才的人。

科場的失意，同時也使窮困潦倒的吳承恩有機會回到自己所嗜好的小說上來。由於吳承恩從小就讀了大量的鬼怪志異一類的小說，心中積累了大量的素材，並具有詼諧戲謔的文人氣質，他對宋元話本《大唐三藏取經詩話》中孫行者、元雜劇《西遊記》中豬八戒等形象有了好奇之感。同時，他還對唐太宗時僧人玄奘西行取經，歷盡千辛萬苦，耗時十七年，終於從天竺取回佛經的有關民間傳說產生了濃厚的興趣。以他這一生的情況來看，《西遊記》確實很有可能是他所作。而且在他去世後四十多年編的天啟朝《淮安府志》中明確記載了《西遊記》是吳承恩的作品之一。學者們通過分析書中的語言，認為大多數都出自淮安的俚語，以此推斷作者應該是淮安人無疑。清代的大學問家紀曉嵐也從書中提到的司禮監、錦衣衛、兵馬司等機構設置推測其應為明代人所作。綜合以上種種條件，似乎吳承恩是《西遊記》作者已經成了必然的答案。

二十世紀二〇年代，魯迅根據前輩學人的記載和有關文獻，在其專著《中國小說史略》中，提出了《西遊記》作者為淮安人吳承恩的觀點；同時，胡適、董作賓及稍後的鄭振鐸、趙景深等人也開始了對吳承恩的研究。趙景深還於西元一九三六年首次撰成《西遊記作者吳承恩年譜》。至此，原本在清代學人筆下尚且模糊的吳承恩的輪廓逐漸被勾勒出來。但是，這一系列的考證似乎也存有可疑之處。一是從現存的吳承恩詩文以及他同文友交流的文字中從未提及撰寫《西遊記》的事情。二是《淮安府志》中雖然記載了吳承恩著《西遊記》，但書中沒有說明這本《西遊記》是什麼類別的書，是演義小說還是地理方志。還有學者認為，《西遊記》很多地方寫到是金丹大道，但是吳承恩根本就不懂煉丹術，不可能寫出這麼一部奇書。此外，先前我們證明《西遊記》作者是吳承恩的最大證據就是大量淮安方言的出現，但是書中同時還存有許多其他地方的方言，這個問題又如何解釋？由此可見，《西遊記》的作者是吳承恩一說也還不能說就是定論。

在此之前曾有人提出《西遊記》的作者是丘處機的說法。丘處機少年出家，自號長春子，從師於王重陽，是全真七子之首。他在南宋末年名氣很大，元太祖鐵木真也慕名請他去蒙古傳道。據說，丘處機抱著「入世」的想法，率領十八個弟子前去蒙古草原，朝見鐵木真大汗，並講解道法，使鐵木真十分欽佩。後來，他又遊走於蒙古各地，宣揚道教真義。他的弟子李志常曾以此為題材，寫了本《長春真人西遊記》，簡稱《西遊記》。漸漸的，人們把《長春真人西遊記》與小說《西遊記》混同，並認為丘處機是小說《西遊記》的作者。

丘處機畫像

因為《西遊記》風行明代之後，各種版本都不署作者名，所以即使當時的人也無法弄清楚這本書的作者到底是誰。到了清代汪象旭著《西遊證道書》，卷首有《丘長春真君傳》一文，提出了《西遊記》的作者就是丘處機的說法。他還提出，在《西遊記》的原書中曾附有元朝虞集所撰寫的序，序中記載著紫瓊道人請他為《西遊記》寫序，並說這個道人就是丘處機。但問題是，這本《西遊記》到底是不是記載有孫悟空、唐玄奘的《西遊記》，是不是人們將丘處機的弟子所作的《長春真人西遊記》等同於小說《西遊記》了。因為在小說《西遊記》中寫到明代之事，而丘處機是南宋末代人，根本不可能知曉明代之事。二是《西遊記》中很多地方出現淮安方言，丘處機一輩子生活在華北，不可能會使用淮安話。由此，汪氏所提出的《西遊記》作者是丘處機的說法也是值得商榷的。

最近又有人提出了《西遊記》的作者是明嘉靖的「青詞[11]宰相」李春芳的說法。在吳承恩的詩集中有一首《贈李石麓太史》的詩，而李春芳的號就是石麓。李春芳是直隸興化縣（今江蘇省興化市）人，嘉靖年間中狀元及第，因善於撰「青詞」而累升至宰相。少時曾在江蘇華陽洞讀書，故又有號「華陽洞主人」。這就與世德堂本《新刻出像大字官板西遊記》卷首的「華陽洞天主人校」一句連繫了。此外在《西遊記》的第九十五回還有一首詩：「繽紛瑞靄滿天香，一座荒山倏被祥。虹流千載清河海，電繞長春賽禹湯。草木沾恩添秀色，野花得潤有餘芳。古來長者留遺跡，今喜明君降寶堂。」這首詩的第四、五、六、七四句，正是暗含有「李春芳老人留跡」的意思。

此外還有人提出西遊記的作者是開封地區周王府的藩王所作。在我們所能見到的《西遊記》

中，有一篇署名陳元之的序：「《西遊記》一書，不知其何人所為，或曰出今天潢何侯王之國，或曰出八公之徒，或曰出藩王自製。」也就是說這本書有可能是藩王自創。但我們看《西遊記》一書，可謂博大精深，無所不包，作者不僅要對佛學、道學有很精深的研究，還要對歷史、對《易經》有很深的造詣。《西遊記》中很多地方諷刺道家皇帝，而讚美賢王，正是表現了地方藩王對嘉靖的不滿。《西遊記》中還有許多開封方言，也可證明此書出於開封人之手。而且當今所能見《西遊記》的版本正是從藩王府中刻印的。

還有學者根據《永樂大典》殘本中發現的「夢斬河妖」一段文字，提出同上面幾種觀點都不同的看法，他在《永樂大典》的殘存「遊」字部裡面，發現了《西遊記》中「夢斬河妖」中的一段，同《西遊記》中記述的一模一樣，大約有八百多字。其中的人物描寫栩栩如生，情節十分生動。因為明朝初年就已經有《西遊記評話》面世，而署名吳承恩的《西遊記》是出現在一百年之後，這說明了《西遊記》的作者，也許並不是明朝晚期的吳承恩，而是另有其人。《西遊記》的作者到底是誰，也許還有待於進一步探討和研究。

11青詞：道士祭祀天地神明的祝詞，用朱筆寫在青籐紙上。後遂成為一種文體。

天啟大爆炸之謎

三百多年前的明朝天啟年間，在北京的王恭廠一帶發生了一次奇怪的大爆炸，範圍半徑大約七百五十公尺，面積達到二點二五平方公里。關於這次大爆炸的情況，明末史學家計六奇在《明季北略》中收錄了一段話：「天啟丙寅五月初六日巳時，天色皎潔，忽有聲如吼，從東北方漸至京城西南角，灰氣湧起，屋宇動盪。須臾，大震一聲，天崩地塌，昏暗如夜，萬室平沉。東自順成門大街（今宣武門內大街），北至刑部街（今西長安街），長三四里，周圍十三里，盡為齏粉。屋數萬間，人二萬餘，王恭廠一帶糜爛尤甚。僵屍重疊，穢氣熏天；瓦礫騰空而下，無所辨別街道門戶。傷心慘目，筆所難述。震聲南自河西務，東自通州，北自密雲、昌平，告變相同。京城中即不被害者，屋宇無不震裂，狂奔肆行之狀，舉國如狂，象房傾圮，象俱逸出。遙望雲氣，有如亂絲者，有五色者，有如靈芝黑色者，沖天而起，經時方散。」在《明宮史》中也有關於這件事情的記載：「天啟六年（一六二六年）五月初六日辰時，忽大震一聲，烈逾急霆，將大樹二十餘株，盡拔出土，根或向上而梢或向下；又有坑深數丈，煙雲直上，亦如靈芝，滾向東北。自西安門一帶皆飛落鐵渣，如麩如米者，移時方止。自宣武門迤西，刑部街迤南，將近廠房屋，猝然傾倒，土木在上，而瓦在下。殺死有姓名者幾千人，而闔戶死及不知姓名者，又不知幾千人也。凡坍平房屋，爐中之火皆滅。唯賣酒張四家兩三間之木箔焚燃，其餘則無焚毀，凡死者肢體多不全，不論男女，盡皆裸體，未死者亦皆震褫其衣帽焉。」一時人的筆記《日下舊聞》、《天變雜記》也有關於這次詭奇的大爆炸的記載。可見這件事情是歷史事實，並不是某一個人杜撰，或是演繹出來的。

根據前人的記載，可以看出這次大爆炸大約是這樣的：明朝天啟年間，五月初六上午九點左右，北京的天空十分明亮，突然間，從城東北方至城西南傳來一陣轟隆聲，並出現了一個特大的火球在空中滾動。天空中有絲狀、潮狀的五色亂雲在四處橫飛，有大而黑的蘑菇、靈芝狀雲柱直豎於城西南角。接著就發生了驚天動地的大爆炸，方圓十三里之內，瞬間夷為平地。這場大爆炸突如其來，其慘烈、詭祕世所罕見。

據說，在爆炸之前還有奇怪的徵兆出現。據《明宮史》記載，在大爆炸前的夜裡，前門角樓出現「鬼火」，發出青色光芒，有好幾百團之多，飄忽不定。不一會兒，鬼火合併成一個耀眼的大團。《天變邸抄》中記載，在事發之前，後宰門的火神廟中忽然傳出音樂，一會兒聲音細些，一會兒聲音粗些。守門的內侍剛要進去查看，忽然有個大火球一樣的東西騰空而起，俄頃，東城發出震天的爆炸聲。爆炸當時本來天空晴朗，忽然就聽到一聲巨大的轟雷響起，「隆隆」地在大地上滾過，聲音震撼天地。只見從北京城的西南角，湧起一片遮天蓋地的黑雲。不過一會兒，又是一聲巨響，天崩地裂。頓時，天空變得漆黑一團，伸手不見五指。東至順成門大街，北至刑部街，長三四里，方圓十三里，萬餘間房屋建築頓時變成一片瓦礫。兩萬多居民非死即傷，斷臂者、折足者、破頭者無數，屍骸遍地，穢氣熏天，滿眼一片狼藉，慘不忍睹，連牛馬雞犬都難逃一死。王恭廠一帶，地裂十三丈，火光騰空。東自通州，北自密雲、昌平，到處雷聲震耳，被損壞的房屋建築無數。老百姓有僥倖活命的，也都是披頭散髮，狼狽不堪，驚恐萬狀。舉國上下，陷入一場空前的大災難之中，誰也不知道究竟發生了什麼事。不久，又見到南方的天空上有一股氣直沖入雲霄，天上的氣團被絞得一團亂，演變成各種奇奇怪怪的形狀，有的像亂絲，有的像靈芝，五顏六色，千奇百怪，許久才漸漸散去。

爆炸發生的時候，明熹宗朱由校正在乾清宮用早餐，突然，聽到一聲震徹天地的巨響，震得大殿都搖晃起來，熹宗不知發生了什麼事，還以為是有人向宮殿打火炮。驚嚇之下顧不得皇帝的儀面，發了瘋似的往外逃。跑出門後，慌不擇路，拚命地向交泰殿奔去，身邊的侍衛們都驚得不知所措，不知道發生了什麼事情。有一個貼身的小太監緊跟著熹宗向交泰殿跑，不料，跑到建極殿旁的時候，突然從上空飛下一片琉璃瓦，正好砸在這個小太監的腦袋上，當即腦漿迸裂，倒地而亡。熹宗一見，駭得目瞪口呆，直到跑到交泰殿鑽到大殿一角的一張大桌子下，才回過神來。

這場大爆炸的消息迅速傳遍了全國，全國上下都震駭至極，人心惶惶。由於古代的人們都相信「天人感應」學說，在明朝的時候這種學說尤為流行，上到天子王公下到黎民百姓，都相信如果國家政治清明，百姓安康，上天就會降下祥瑞以示鼓勵；但如果國家政治腐敗，忠奸不分，黎民困苦，上天就會降災異以示警告。因此，很多人都認為這次大爆炸就是上天對當今皇帝的警告，因為明朝天啟年間的政治也實在是昏亂不堪。於是，王公大臣們都紛紛上書，要求皇帝匡正時弊，重振朝綱。熹宗見群情激奮，而且這件事情的發生也實在是既詭祕又恐怖，不得不下了一道「罪己詔」，表示要「痛加省醒」，並告誡大小臣工，「務要竭慮洗心辦事，痛加反省」，希望藉此能使大明江山長治久安，「萬事消弭」。同時，熹宗還從國庫中撥出黃金一萬兩用來救濟災民，派出京兆一帶的官員負責查明爆炸發生的前因後果。

後來經過調查，人們發現這次的大爆炸的確有點蹊蹺。一是在爆炸發生之前發生了很多奇怪的徵兆。二是在爆炸中有許多人失蹤。有一位新任總兵拜客，帶著七名跟班徧役，走到元宏寺大街時，聽到一聲巨響後，竟然連人帶馬都消失得無影無蹤；在爆炸發生後，西會館的塾師和學生一共三十六人也全都不見了蹤影；還有幾個抬著大轎子的人在承恩街上行走，爆炸之後，大轎被打壞了，依然還在原處，但轎子裡的人和八名抬轎的轎夫卻都不知去向；更為奇怪的是，菜市口有個姓周的人，正站著同別人說話，爆炸之後，居然頭顱不見了，屍體倒在地上，而同他說話的幾個人卻都沒事。這還不算奇怪，最為奇怪的是這次爆炸中的遇難者，不論男女，不論死活，也不管是在家中還是在路上，都被脫光了衣服，全都變得赤身裸體，一絲不掛。後來人們發現，這些被脫去的衣服全都飄到了離爆炸發生地十幾里處的西山一帶，衣服零零落落地掛在樹梢上。此外，還有大量的器皿、衣服、首飾、銀錢等竟然跑到了昌平縣的校場一帶。也許這裡面有古人渲染的成分，但從記載來看，這種奇怪的脫衣現象應該是確實存在的。在爆炸發生時，有許多大樹被連根拔起，掉落在遠處。連石駙馬大街上一尊千斤重的大石獅子，居然也被一捲而起，落在十幾里外的順成門一帶；豬馬牛羊、雞鴨狗鵝更是紛紛被捲入雲霄，又從天空中落下。長安街一帶，在爆炸發生後，還從天上落下許多人頭來，德勝門一帶落下的人的四肢最多。這一場碎屍雨，一直下了兩個多小時。木頭、石頭、人頭、人臂以及缺胳膊斷腿的人、無頭無臉的人，還有各種家禽家畜的屍體，紛紛從天而降，真是駭人聽聞。

那麼，這次奇怪的大爆炸到底是怎麼回事呢？當時的人沒有弄明白是怎麼回事，都認為是上天降下的災異。後來人們為了弄清這次災變的真相，還特意在西元一九八六年，天啟災變三百六十周年的時候，召開了一個專門的研討會。在這次研討會上，人們提出了地震說、火藥爆炸說、颶風說、隕星說、大氣靜電釀禍說、地球內部熱核高能強爆動力說、隕星反物質與地球物質相逢相滅說等諸多不同的說法。但是，無論哪一種說法都未能完全解釋爆炸發生時的詭異之處。

因為，這次大爆炸發生的地點正好處於京城的軍火廠一帶，當時駐守京城的三大營、五軍營、三千營、神機營等明軍主力部隊都已經開始使用火器，有的還配有先進的紅衣大炮。當時的王恭廠就是為這些軍隊來製造火藥和炮彈的軍火廠，應該有比較大的火藥庫。據此，有人提出，這次大爆炸並不是什麼奇怪的災變，而是一次軍火庫爆炸事故。各種典籍中的記載之所以那麼奇怪，是因為當時的人們都沒有見過威力如此大如此集中的爆炸，各種詭奇的徵兆也許是當時人的一種誇大和演繹。

但是，這種說法並不能完全服眾，有三位美國科學家根據當時的歷史記載結合現代的科學技術，對比分析了蘇聯通古斯大爆炸發生後的現場情況，提出這次爆炸是因為一個由反物質組成的隕石，意外地闖入太陽系，落到北京王恭廠一帶，撞擊引發的災難。但是，如果這次大爆炸是由反物質引發的，卻又沒辦法解釋爆炸中「不焚寸木」的現象。因此，至今人們未能為這次大爆炸找出一個合理的解釋，謎底的解開似乎還需要進一步的探索。

李自成出家了嗎？

李自成，原名鴻基，陝西延安府米脂縣人，是明末農民起義軍最主要的領袖之一，又稱李闖王。崇禎二年（一六二九年），李自成聚眾起義，後來，又率眾投奔了山西的另一股農民軍高迎祥。崇禎九年，高迎祥被俘就義之後，李自成被推為闖王，成為明末農民起義軍的領袖。李自成很會用兵，他知曉明軍的實力，很會利用地形優勢聚殲敵人。在他的領導之下，起義軍連戰連捷，先後攻陷了很多明朝州府，並順利地進入四川。崇禎十年，兵部尚書楊嗣昌提出「四正六隅，十面張網」的策略，限制起義軍的活動，各個擊破，頗見成效。隔年李自成又在潼關遭到洪承疇、孫傳庭的伏擊，將士傷亡慘重，幾乎全軍覆滅，李自成僅率領部將劉宗敏等十八騎勇士突圍逃入陝西的深山之中。

崇禎十二年（一六三九年），李自成經過三年的準備和恢復，再次舉兵攻明，轉戰陝甘、河南一帶，順利與當地農民軍首領會師，部眾發展到數十萬人之多。後李自成率軍連戰連捷，攻克宜陽，取得盧氏。李自成在轉戰的過程中，先後有許多有知識的人加入，如對李自成產生了重要影響的牛金星、李岩等人就是在這一時期加入李自成的起義軍，並很快成為心腹謀士。

後來李自成採納李岩的建議提出了「均田免糧」的口號，「迎闖王，不納糧」，李自成的起義軍得到勞苦大眾的一致擁護。崇禎十四年（一六四一年）春，李自成在城內守軍的策應下攻陷洛陽，殺死了民憤極大的福王朱常洵。不久李自成又率軍圍開封，數攻不克，轉戰鄧州，擊殺明朝總督傅宗龍。

崇禎十五年，李自成與羅汝才以二十萬人的部隊再圍開封，激戰二十餘日未能攻克，但卻回師攻破河南襄城，俘斬明總督汪喬年和降明的農民軍首領李萬慶。繼而攻克陳州，與當地農民軍會合，返師第三次圍開封。先殲滅出城突襲的三營明軍，後連破鄭州、滎陽、上蔡，掃清開封周圍明軍據點。明督師丁啟睿、總兵左良玉率師十餘萬挺進朱仙鎮。李自成以部分兵力繼續圍城，率主力占領朱仙鎮有利地形迎擊明軍，獲得大勝，俘虜明軍數萬人。崇禎十六年正月，李自成攻克襄陽，提出了「三年不徵，一民不殺」的口號，李自成被擁為奉天倡義文武大元帥。隨後，李自成採納謀士顧君恩計策，制定先取關中、再攻山西、後取北京的作戰方略。李自成親自率大軍北上河南，在汝州之戰中殲滅明軍四萬餘人，迫使孫傳庭敗逃往陝西。李自成乘勢追擊，盡殲鎮守潼關的明軍，擊殺孫傳庭，占領潼關、西安等地，隨即分兵追殲明軍殘部，連下延安、漢中、榆林諸重鎮。

崇禎十七年（一六四四年）正月，李自成建立大順政權，年號永昌，李自成稱大順王，改西安為西京。隨後李自成率軍強渡黃河，攻進山西境內，攻克太原。然後，李自成兵分兩路，一部由大將劉芳亮率領攻河北，自己同大將劉宗敏率主力部隊北上寧武關，從北面迂迴圍攻北京，李自成率領大軍順利攻下大同、宣府、昌平，於三月十七日攻到北京城下。此時，明朝的崇禎皇帝已經無軍可調，守城的都是一些老弱病殘的兵士。崇禎急調山海關總兵吳三桂和江南明軍率兵勤王，但是為時已晚。三月十九日，李自成率軍攻破了北京城，崇禎帝朱由檢萬念俱灰，自縊於煤山之上。

李自成在攻陷北京之後，開始被勝利沖昏了頭腦。這些農民出身的起義軍將領以為攻陷了北京，除掉了明朝的皇帝，就是大功告成，可以坐享天下了。李自成和劉宗敏等人也都開始忙於修建宮室，搜羅美女，對明朝的官員進行追贓。他們沒有及時地追剿依然據守江南的幾十萬明軍，也忽視了重兵在握的山海關總兵吳三桂。起初的時候，李自成還想招降吳三桂。但是，由於義軍將領在追贓的過程中，致使吳三桂的父親吳襄自殺殉國，更讓他不能忍受的是，自己心愛的寵妾陳圓圓也被義軍大將劉宗敏搶了過去。吳三桂一怒之下投降了多爾袞，打開城門引兵入關。四月十三日，李自成率軍十萬討伐吳三桂，兩軍在山海關前的一片石接戰，這真是一場惡戰！只見狂風大作，飛沙走石遮蔽天日。李自成的大順軍和吳三桂的軍隊在風沙之中展開一場不辨敵手的血戰。霎時間，金鼓之聲，吶喊之聲傳到百里之外。在農民軍的層層包圍之下，吳三桂率軍左衝右突，拚命死戰。雙方苦戰了大半日，到下午時分，吳三桂幾乎要支撐不住了。就在他精疲力竭、即將崩潰的時候，多爾袞的八旗鐵騎突然從亂石之間殺了出來，大順軍雖然奮勇拚殺，與清軍苦戰半日，但最終還是在兩軍的圍攻之下落敗。大將軍劉宗敏中箭負傷，損兵數萬，李自成被迫急令撤退，清軍乘勝追擊，一直追出四十多里開外，獲得糧草騾馬無數。

山海關之戰後，李自成退回北京。由於主力遭到重大傷亡，李自成不得不做出放棄北京退守關中的戰略決策。二十九日，李自成在武英殿再行登基禮，第二天便率軍撤出了北京，揮師西進，據關中以抗清軍。十月，多爾袞率軍入關，順治帝定鼎燕京之後，馬上抽調八旗勁旅攻剿李自成。為了徹底消滅李自成的幾十萬大軍，多爾袞命英親王阿濟格為靖遠大將軍，率軍八萬西討李自成，旋即又命豫親王多鐸率部下精兵與之合剿。

在清軍和明朝降兵的合擊之下，李自成的大順軍節節敗退，一直退到了陝西潼關。潼關之戰，大順軍再次失利，被迫退出陝西，轉戰河南、湖北，準備奪取東南作為抗清基地。但是清軍卻對大順軍緊逼不放，派出重兵節節阻擊，南明政權的明軍也順勢攻擊大順軍，導致李自成在湖北武昌、陽新、江西九江接連失利，東下的去路也被切斷。

後來，李自成率軍到達九宮山一帶，此後便失去了蹤跡，幾十萬的大順軍也像蒸發似的，一下子就沒了。關於李自成最終的結局，後人提出了許多不同的看法。

其中一種最具代表性的說法是李自成在九宮山被地主團練攻殺。提出這種說法的最主要依據是清朝靖遠大將軍阿濟格給朝廷的奏報和南明王朝駐湘將領兵部尚書何騰蛟給唐王的報告。阿濟格的奏報中稱：李自成兵盡力盡，僅帶親信二十人，竄入九宮山中，被村民圍困，無法脫逃，自縊而死。他派人前去驗屍，而屍體已經腐爛，無法辨認。何騰蛟給唐王的報告也稱，自己的部眾將李自成斬於九宮山下，只是丟了首級。但是，這兩個說法似乎都存在許多可疑之處，令人難以盡信。因為李自成是一位「萬金之賞莫能購，十道之師莫能征」的軍事奇才，不僅驍勇異常，而且還很有謀略。他的生死對清王朝或南明王朝統治者來說都是一個很重要的問題，但在阿濟格和何騰蛟的報告中都存在模糊之處。

阿濟格的奏報中說李自成的屍體「屍朽莫辨」，何騰蛟的報告中則稱屍體無頭，也就是說兩位將領都沒有親自看到死的這個人就是李自成。而是根據別人的報告，臆斷這就是李自成，便急忙上了摺子邀功請賞。特別值得一提的是，李自成退居湖湘時，手下尚有四十餘萬兵馬，駐九宮山一帶的至少也有數萬人，絕非奏報中所稱的僅帶二十名親信。況且，如果李自成真的被殺，他的幾十萬大軍豈能善罷甘休？九宮山能平靜嗎？然而，事實上，當時九宮山很平靜，那幾十萬大軍也很平靜。也就是說，李自成遇難九宮山說，要麼是兩位將領為了邀功請賞而造出來的，要麼是李自成與其部下故意施放的煙幕彈，用李自成已死作緩兵之計。這樣，一方面可以打消南明王朝對這支大軍的敵意，另一方面，也可以緩解清軍對他的攻擊，以便可以等待時機成熟時東山再起。

另外一種比較流行的說法是，李自成沒有死，而是在夾山寺出家做了和尚。這一說法，最早見於《澧州志林》的記載，書中說李自成兵敗之後並沒有死，而是跑到了湖南的石門夾山寺出家做了和尚，法號奉天玉。後來有人便到夾山寺探訪，寺中一位七十多歲的老和尚還記得夾山寺過去的事情，告訴他奉天玉和尚是順治初年入寺的，聲音像是西北的人。他還在寺中親眼見過一幅李自成的畫像。西元一九八一年，在石門夾山寺發現了奉天玉大和尚墓。據考查，在一個瓷罈中盛的遺骨，與李自成身材相近，墓中陪葬物與李自成家鄉陝西米脂縣的習俗相同。此後，考古人員又在夾山寺發現了「敕印」的石龜和「奉天玉詔」銅牌，「敕」字和「詔」都是皇帝的專用名詞，由此可見，這個奉天玉極有可能就是做過皇帝的李自成。

但對這一說法也有人持有異議。他們認為，奉天玉大和尚的墓和其他文物的發現，只能說明石門夾山寺確實有奉天玉大和尚這個人，但並不能證明奉天玉大和尚就是李自成。李自成生前左眼曾受箭傷失明，《澧州志林》中描述的李自成畫像卻雙目炯炯有神，與事實不符。李自成在夾山寺出家一說，也還有待商榷。

近來又有人對李自成的生死提出更新的說法，認為李自成兵敗後，沒有出家做和尚，也沒有在九宮山遇難，而是輾轉來到粵北樂昌的金城山，在這裡繼續從事抗清鬥爭，後來因叛徒出賣而受傷，死於馬背之上。

當然，以上的三種說法，都各有一定道理，但都是一家之言，並非定論。事實如何，也許永遠也弄不明白。

袁崇煥被殺謎案

袁崇煥（一五八四年—一六三〇年）自幼胸懷大志，最關注的是當時並不為當權者重視的遼東邊事。那時努爾哈赤率領的後金力量已經開始崛起，數次率領八旗勁旅攻擊明朝，成為明王朝在北方邊境的心腹大患。但是，此時的明朝，上從皇帝，下到群臣，整天生活在花天酒地之中，要麼醉生夢死不問時事，要麼鉤心鬥角，黨爭不斷，弄得滿朝烏煙瘴氣，一片混亂。袁崇煥雖然是一介寒士，卻從小關注邊疆戰事，他熟讀兵書，精於布陣之道，希望將來能在邊疆為國盡忠效力。當了邵武知縣後，袁崇煥還經常在日常政務之餘，找來曾經在遼東邊鎮當過兵的退伍老兵瞭解一些當地的實際情況。雖然他在三十八歲之前，沒有到過遼東，卻對邊地的地勢、戰事、人事瞭若指掌，為他日後在遼東的作為打下了堅實的基礎。

天啟二年（一六二二年），袁崇煥進京朝見皇帝，向朝廷提出了許多靖邊[12]之策，受到皇帝的賞識，破格提升他為兵部主事，負責掌管策應遼東的防務。為了進一步瞭解實際情況，袁崇煥曾冒著被後金軍隊俘虜的危險，單槍匹馬地在山海關外考察了十幾天。經過這次考察，袁崇煥更加加深了對遼東防務的瞭解，並胸有成竹地對其他官員說只要給他足夠的兵馬糧草，他就可以固守關外。後來，遼東邊事告急，袁崇煥自告奮勇要前往遼東前線，便被任命為兵部僉事，專門負責關外的軍事活動，從此，袁崇煥開始了他的軍事生涯。身負重任的袁崇煥來到山海關後，馬上到各個城口實地勘察，尋找防務上的漏洞，按照實地調查的結果重新布置防務。要守住山海關，就必須固守關外的寧遠新城，寧遠同山海關相互依託缺一不可。所以，他上任之後，就集中全部人力物力，修築寧遠城。在他的精心修築下，寧遠成為山海關外最堅固的一座軍事重鎮。

袁崇煥看到現存駐守部隊由於長年征戰，大都變得老弱病殘，為了加強軍隊的戰鬥力，袁崇煥著手招募了一支新的軍隊進行嚴格的訓練，對原駐守軍隊也進行大力整頓，殺了幾個虛報兵額的軍官，拒止了軍隊中綱紀敗壞的勢頭。通過幾年的整頓和布署，寧遠城成為關外第一個人口繁密的軍事重鎮，關外受亂所害四處流離的百姓都聚集到寧遠城尋求庇護，往來的商賈也絡繹不絕，到處都呈現出一派新氣象。此外，袁崇煥還先後收復了寧遠周邊的錦州、松山、右屯等地，修建軍事防禦，派軍兵駐守，使之同寧遠城互為犄角，大大加強了防守的堅固性，使明軍的北部防線從邊境向北推移了兩百多里，加大了戰場的縱深度。袁崇煥督師遼東之後，後金軍隊見袁崇煥排兵布陣嚴陣以待，不敢再輕易進犯，邊境較以前大為穩定。

12 靖邊：安定邊疆。

然而明朝內部的傾軋還是如火如荼。當時正是魏忠賢等一夥閹黨興風作浪的高潮時期，他們見邊地情況逐漸安定下來，又開始了排斥異己的活動。在魏忠賢的主導下，原來主持山海關內外軍務的大學士孫承宗被罷職，改派了閹黨之中的骨幹人物高第來接替。高第絲毫不懂軍事，一到任上就下令撤回關外所有駐防力量，袁崇煥據理力爭也毫無作用。結果到最後，只有寧遠城在袁崇煥的極力堅持下被保留下來，其他耗盡心血才建立起來的防禦城則全部廢棄了。守軍撤走，關外原已安頓下來的百姓再一次地流離失所。後金見明朝軍隊主動後撤，馬上組織軍隊南犯。袁崇煥向駐守山海關的高第請援，高第卻毫不理睬，等著看袁崇煥的好戲。袁崇煥沒辦法，只好動員寧遠城中一切力量固守城防，在城外實行堅壁清野政策，還寫下血書，激勵將士和他一起與寧遠共存亡。

西元一六二六年正月，努爾哈赤親率後金八旗勁旅進攻寧遠。袁崇煥率領守軍據城死戰，士兵們個個奮勇上前，百姓們也紛紛上城頭幫忙，守軍使用紅衣大炮猛烈轟擊八旗軍，使得善於騎射、長於野戰的八旗勁旅被阻於城垣之外，攻城不得。數輪攻擊後，後金兵將傷亡十分慘重，許多兵將死於明軍炮火之下，連統帥努爾哈赤本人也被紅衣大炮擊傷。努爾哈赤自以十三副鎧甲含恨起兵以來，戎馬生涯四十四載，大戰小戰無數，總是戰無不勝，攻無不克，從未遭受過如此之敗。

在寧遠之戰中袁崇煥統領的軍隊雖然取勝，但是由於孤軍奮戰，也是元氣大傷。為了爭取軍隊的休整時間，也為了試探後金的意圖，袁崇煥私下派出使節去見努爾哈赤，還向努爾哈赤說：「老將橫行天下久矣，今日見敗於小子，豈其數耶！」努爾哈赤深受重傷，又經使者這麼一氣，很快便鬱悶而死，終年六十八歲。努爾哈赤死後被葬於瀋陽盛京郊外的福陵，清朝建立後他被追諡為「承天廣運聖德神功肇紀立極仁孝睿武端毅欽安弘文定業高皇帝」，廟號太祖。這本來只是袁崇煥的緩兵之計，但是由於他沒有事先向朝廷報告，結果為日後埋下了禍患，也給後金實行反間計以可乘之機。

天啟七年（一六二七年），熹宗病死，弟弟朱由檢登基為明思宗，即崇禎皇帝。崇禎登基之後，十分重視遼東的戰事。為了實現收復遼東的夢想，他重用這時被閹黨壓抑罷官在家的袁崇煥，授以兵部尚書的重任，督師薊遼。袁崇煥上任之後的第一件事就是整頓軍紀，在整頓的過程中，他發現皮島守將毛文龍竟敢私自販運軍糧，簡直是目無軍紀！為了嚴肅軍紀，袁崇煥未經朝廷批准，擅自殺掉了毛文龍，卻惹怒了崇禎。崇禎本想處置袁崇煥，但是由於遼東防務無人可派，只好先隱忍不發。

崇禎二年（一六二九年），後金新繼位的皇太極率領大軍，躲開袁崇煥的防區，從龍井關、大安口一帶攻破長城守衛，進犯北京城。袁崇煥得到京師危急的消息後，馬上帶兵千里飛馳回京支援。由於晝夜奔馳，關寧鐵騎的步兵被遠遠丟在後面，甚至最精銳的九千騎兵中也有四千人掉了隊，只剩下五千和他一起趕到了北京。袁崇煥到達北京城外之後，馬上與山海關總兵滿桂合力在北京城外各門狙擊後金軍。在堅持了一段時間後，明朝各地勤王軍馬日益逼近北京，形勢漸漸逆轉，開始有利於明軍。

袁崇煥是後金的一個心腹大患，為了除掉他，皇太極採用了范文程的計策，離間崇禎和袁崇煥。他們偽造了袁崇煥與皇太極的書信，並讓人冒充袁崇煥的使者，向皇太極邀功，還故意讓俘獲的太監聽見，然後放回這個太監。崇禎本來就已經對袁崇煥產生懷疑，此時再經太監這麼一說，更是對袁崇煥是漢奸深信不疑。同時，後金的軍隊在作戰的時候，也用了計策。他們用袁崇煥部下用過的箭矢射傷滿桂。滿桂回城後軍醫為他拔出身上所中箭矢，發現上面刻有袁崇煥所部之記號。滿桂原本也與袁崇煥有點過節，如今發現袁崇煥竟然在聯手對付外敵的時候暗算自己，因此勃然大怒，便以箭矢和身上傷口為證，進宮找崇禎告了御狀。

兩方一對，崇禎果然中了計，認為袁崇煥與後金勾結，引兵入關，於是馬上將袁崇煥逮捕下獄。袁崇煥的部下一聽主帥居然被皇帝抓了起來，馬上發生譁變，祖大壽等大將甚至決定帶兵返回山海關，不再理會京師被圍的緊急狀況。崇禎這下急了，馬上命令獄中的袁崇煥寫信給部下，要求他們回師抵抗後金軍。袁崇煥就遵從皇帝的旨意寫了封信給自己的部下，要求他們以國家利益為重回軍援師。祖大壽等將領還是懷著對袁崇煥的敬慕之心，便回軍迎戰，擊退了後金的軍隊。在城外激戰的這幾個月裡，崇禎不敢動獄中的袁崇煥，害怕引起兵變，可是心裡恨袁崇煥入骨。等後金軍隊剛一退去，他就以「通敵叛國」的大罪判袁崇煥凌遲處死。

可憐這一代名將，傾盡畢生心血與精力來保衛國家，最後卻被扣上投敵的罪名，更可悲的是北京城中的百姓不明真相，對皇帝的說詞信以為真，認為是袁崇煥引敵人來到城下，一個個都恨袁崇煥入骨，行刑之日，紛紛出錢買袁崇煥身上割下的肉，邊吃邊罵袁崇煥這個「叛徒」。袁崇煥死後曾留下「身中清白人誰信，世上功名鬼不知」的悲壯詩句表明自己的冤屈。袁崇煥被殺後，他的部下佘義士深感袁崇煥之大義，「夜竊督師屍」，葬在了北京崇文門的一個菜園子中，並讓後代世代在此守墓。袁崇煥的冤案直到乾隆四十七年（一七八二年）才真相大白，得以昭雪。

後來，梁啟超和康有為以及金庸曾對袁崇煥的事蹟進行過大量的考證，並寫了許多關於袁崇煥的文章，從此袁崇煥的冤屈才為世人所知，一大歷史疑案才最終為世人所瞭解。

崇禎長平公主生死之謎

崇禎十七年（一六四四年）三月十八日的北京城籠罩在一片愁雲慘霧之中，李自成的起義軍從兩面圍困了北京城。北京城裡的明朝君臣們都驚慌奔走，尋找逃走的出路。崇禎皇帝也在無奈之中跌坐在龍椅之上，他已經寫了詔書給江南的明軍統帥和山海關總兵吳三桂，但是，從此刻的情況來看，似乎已經是遠水救不了近火了。因為，李自成的大軍已經加強了攻城的攻勢，守衛北京城的這些老弱病殘也支撐不了多久。李自成為了減少戰鬥的傷亡，曾派投降的明朝太監杜之秩和申芝秀從城牆上吊入城中，去皇宮中勸崇禎主動退位，結果被崇禎大罵了一頓趕了出來。

傍晚時分，李自成開始率軍攻城，崇禎最信賴的重臣、守城總管、宦官曹化淳居然打開了彰儀門，獻城投降，義軍進占外城。崇禎聽到這個消息，頓時如同五雷轟頂，外城一破，北京再無險可守了。崇禎和太監王承恩來到皇城的高處四下眺望，只見外面到處火光沖天，喊殺聲不絕於耳，看起來內城被攻破也只是轉眼之間的事了。他待了半晌，又回到宮中，見了周皇后，才嘆了一口氣說：「大勢去矣。」兩人不禁相對落淚。崇禎和周皇后勉強支撐著，將三個兒子叫到面前，讓永王和定王兩個皇子化裝成平民，逃出了紫禁城。周皇后一直陪在他身邊默默垂淚，一言不發。等到把太子也打發走後，她才過來跪下向崇禎磕頭說：「我服侍陛下十幾年了，你卻從沒聽我一句勸。現在也沒什麼可說的了，我也唯有以一死殉君國了。」話說完，她就站起來轉身回房去了。一會兒宮女出來報告說，皇后已經自縊身亡了。崇禎聽後，待了一會兒，又說：「好！好！死得好！」

崇禎總共有六個女兒，其中四女早逝。崇禎十七年，崇禎還有兩個女兒，即長平公主和昭仁公主。長平公主居住壽寧宮，今年剛滿十六歲，是他最疼愛的女兒。「長平」，長長久久地享受太平，這兩個字包含了多少父親對女兒的愛和希望啊！他本來已經為愛女選了周世顯作女婿，可是這一切眼看就要成為泡影了。長平公主還在期待能與未婚夫周世顯相會，像弟弟們那樣逃出皇宮，崇禎為了防止城破之後女兒受辱，便在自殺之前，衝入壽寧宮，長平公主牽衣而哭。崇禎帝說：「汝何故生我家？」崇禎大慟，揮劍砍去，砍下了長平公主左臂，長平公主昏死過去。失魂落魄的崇禎認為女兒已經死了，沒有再劈第二劍。接著，崇禎又衝進昭仁宮，砍殺了這裡的三公主，三公主死後，清廷以其居所為名，追謚她為昭仁公主。隨後，崇禎又走向袁貴妃，命她趕快自盡。袁貴妃遵命自縊，不料繩子卻自己脫落了。崇禎見狀，又揮著手中的劍砍傷了袁貴妃的左肩。

傍晚，崇禎帝帶著一批太監衝出宮門，逃命去了。他們出東華門，至朝陽門，又奔安定門……在城內兜了一圈，都被他的臣僚擋了回來，逃生不得後，只得重返宮中。十九日凌晨，崇禎帝登上鐘樓，鳴鐘召集百官，但無一人前來。眾叛親離的崇禎潦草歪斜地寫出了以下遺言：「朕非庸暗之主，乃諸臣誤國，致失江山。朕無面目見祖宗於地下，不敢終於正寢。賊來，寧毀朕屍，勿傷百姓！今日亡國，出自天意，非朕之罪。十七年慘澹經營，總想中興。可是大明氣數已盡，處處事與願違，無法挽回。十七年的中興之願只是南柯一夢！」然後與宦官王承恩一起溜出紫禁城，登上了後面的萬歲山（今景山），自縊而死。太監王承恩也以死殉主。那幾天紫禁城裡亂成一團，誰也沒有顧得上去看看長平公主的「屍體」，所有的人來了又去了，她就那麼一直躺在冰冷的青磚地上。

後來長平公主被人抬到周皇后的父親周奎家中，五天後竟然甦醒過來。當她醒來的時候，北京城已經成了大順國的天下。周奎不敢收留她，就把她交給了李自成，李自成見長平公主居然死而復甦，感到很意外，於是將她交給劉宗敏救治。幸好，「大順」只在北京城裡待了兩個月，就結束了它的歷史使命。李自成沒有來得及帶上長平公主，就在清軍的追擊下敗逃遠去。

清軍引兵入關後，為了籠絡人心，多爾袞下令，五月初六至初八，為崇禎帝哭靈三日，上諡號懷宗端皇帝，後來又改稱莊烈愍皇帝，並將他和周皇后的棺木起出，重新以皇帝之禮下葬，葬在昌平縣明皇陵區銀泉山田貴妃陵寢內，妃陵改稱思陵，一后一妃陪著崇禎去往另一個世界。

長平公主在京城遊蕩了幾天，看到父母終於入土為安，長平公主雖然國破家亡，也終於得到了一絲安慰。但是其後她再也沒有得到三個弟弟的絲毫消息。與她相依為命的，這時只有崇禎的袁貴妃。袁貴妃雖然重傷，最後也像長平那樣逃過一劫。

清順治二年（一六四五年），長平公主向順治帝及攝政王多爾袞上書，說：「九死臣妾，跼蹐高天，願髡緇空王，稍申罔極。」她希望自己能夠出家為尼，斷絕這塵世間的哀傷悲痛。然而，她是先朝長平公主，為了讓漢人歸心，這個願望，清朝廷是不會答應她的。不但不答應，在長平公主上書不久後，順治帝的詔命就跟著下達了——不許公主出家，而是讓她與崇禎為她選定的駙馬周世顯完婚，並且同時賜予府邸、金銀、車馬、田地。但僅僅過了幾個月，長平公主就病逝了，時為順治三年（一六四六年），長平公主還不滿十八歲，賜葬廣寧門外。

另外據張廷玉的《明史．公主傳》記載：「長平公主，年十六，帝選周顯尚主。將婚，以寇警暫停。城陷，帝入壽寧宮，主牽帝衣哭。帝曰：『汝何故生我家！』以劍揮斫之，斷左臂；又斫昭仁公主於昭仁宮。越五日，長平主復甦。大清順治二年上書言：『九死臣妾，跼蹐高天，願髡緇空王，稍申罔極。』詔不許，命顯復尚故主，土田邸第金錢車馬錫予有加。主涕泣。逾年病卒。賜葬廣寧門外。」《明史．流賊傳》記載：「長平公主絕而復甦，舁至，令賊劉宗敏療治。」基本上與上面的說法相同。

但這只是歷史的一說，還有一種說法說，長平公主沒有死，而是出家做了尼姑。這個故事在民間傳說和武俠小說中十分流行。大致說有一位武功超凡的獨臂女尼，乃是明崇禎皇帝的嫡出長平公主，因為國破家亡，被父親砍去手臂後流落民間，懷著深仇大恨的公主練就了一身武功，誓要為父母報仇雪恨，人稱獨臂神尼九難。傳說九難收了八個天下無敵的徒弟，其中有個呂四娘。呂四娘是九難的關門弟子，後來潛入深宮，刺殺了雍正皇帝，輾轉為師父報了家國之仇。這八個了不起的徒弟，被稱為「清初八大俠」，威震天下。此外，在金庸的小說《碧血劍》和《鹿鼎記》中也有長平公主的影子出現。在《碧血劍》中的長平給人最強烈的印象是相貌長得極美及氣質高貴，十分符合她皇家公主出身的身分。《鹿鼎記》描繪長平公主為獨臂神尼：「白衣俠女纖塵不染，神功蓋世浪跡江湖。可憐如花似玉女，生於末世帝王家。國破家亡烽煙起，飄零淪落夢天涯。」與此同時，粵劇中有一部極為經典的《帝女花》，講的也是長平公主的故事。說她在明亡後，出家為尼，後來又被清朝廷找到，要她與駙馬完婚。為了讓父母能夠平安下葬，弟弟們能夠被釋出牢獄，她答應了這個要求。洞房花燭之夜，長平公主和駙馬周世顯服下了砒霜，以死報國。這些故事聽來雖然浪漫，但畢竟只是傳說而已。那麼真實的歷史又是怎樣的呢？

也許真實的歷史無人可知，長平公主短暫的一生，經歷了風雲變幻的際遇，歷經了三個特殊的王朝：明、大順、清。也許她真出了家，選擇了青燈古佛、緇衣黃卷相伴終生；也許她一生都沒有踏出過北京城一步，鬱鬱而終。但是，有一點可以肯定的是——纏了一雙小腳的長平公主絕對不可能成為一個武俠高手。

崇禎太子下落之謎

據《明史．諸王傳》記載崇禎帝一生共生有七個兒子。其中，周皇后生了三個，即太子慈烺、懷隱王慈烜（皇二子）、定王慈炯（皇三子）；田貴妃生子四人，即永王慈炤（皇四子）、悼靈王慈煥（皇五子）、悼懷王慈燦（皇六子）、悼良王（皇七子）。崇禎十七年（一六四四年），李自成攻陷北京城的時候，皇太子朱慈烺十六歲，皇三子定王朱慈炯十四歲，皇四子朱慈炤只有十歲。除了這三個兒子外，崇禎其他的兒子都已早逝。

三月十八日，李自成的大軍已經包圍了北京城，崇禎意識到局面已經無可挽回，自己也恐怕逃不過被殺的命運，但愛子心切的崇禎仍想著也許他的兒子能趁亂逃出城去，給大明多保留一些血脈。所以這一天晚上，他把自己的兒子都叫到跟前，讓他們都換上平民百姓的衣服，由太監護送出外逃生，試圖讓他們趕緊趁亂逃出城去，到南方重建王師，捲土重來。於是，在天黑以後三個少年悄悄地溜出了紫禁城。第二天一大早，崇禎得到消息說守城的太監叛主投降，李自成的軍隊已經進城了，他知道這下自己是徹底無路可逃了，就讓皇后自縊，又揮劍砍倒了貴妃和公主，自己帶著一個老太監到紫禁城後面的煤山上上吊自殺了。臨死之前，他還在自己的衣服上寫下遺書，要求各地的官員協力輔佐外逃的太子，重新振興大明朝。他自己雖然死了，但是太子逃出去總還有一絲復國的希望存在，這是他死前心中念念不忘的事。崇禎真是用心良苦啊，只是大明江山氣數已盡，他有點太異想天開了。

然而出逃的太子和他的兩個弟弟又到哪裡去了呢？對於這個問題，時人以及後人先後提出了幾種不同的說法。第一種說法是，太子三兄弟並沒有逃出被李自成重重包圍的北京城。外面到處都是戰火，三個人沒有辦法，商量了一下，決定先到周皇后的父親，也就是他們的外公周奎家裡去躲一躲，等外面平靜一些的時候再設法逃到南方去。但是由於外邊的情況實在是太混亂，太子來不及去周公府，便隱匿於民間，定王和永王一起去了周皇后的父親周奎家。三月十九日，李自成進城，命令搜尋太子與定王、永王。不料，周奎見局勢不妙，膽小怕事，生怕引火上身，就於二十日清晨，將定王和永王交給了李自成。

後來，皇太子也被李自成的軍隊搜獲。由此還出現了一段太子與李自成之間的對話。太子問李自成說：「為什麼不殺我？」李自成說：「你沒有罪，我豈能妄殺！」太子說：「既然這樣，你聽我幾句話：第一，不可驚我祖宗陵寢；第二，速速埋葬我的父皇母后；第三，不可殺我百姓。」據說李自成接受了他的建議，不但沒有殺他們，還封了皇太子為宋王，另外兩個皇子也封了爵，一併交給大將劉宗敏看管。後來，李自成得到吳三桂叛明的消息，四月十三日，親自帶兵去討伐吳三桂，並且把崇禎皇帝的三個兒子都帶在身邊，想用他們勸說吳三桂投降。不料這一去，李自成的軍隊大敗而逃，崇禎的三個兒子都在亂軍中不見了。此後，太子、定王和永王的下落都不清楚，或說曾被吳三桂奪去，或說定王在城南遇害。

第二種說法是太子逃出宮後，無處可去，被一個貧苦的老太太收養。但是老太太家裡太窮，只好把他送到國丈周奎的家裡。太子與當時在周奎府中的長平公主相見後，兩人抱頭痛哭。長平公主與太子都是周皇后所生，乃是一母同胞的姊弟，由此來看，這個皇太子也許是真的。周奎舉家向太子行君臣之禮，並問太子：「你一直藏在哪裡？」太子回答說：「城陷之日，我單獨藏匿在東廠門外。一日夜出，潛至東華門，被一個貧苦的老太太收養。後來又將我送到崇文門外的尼姑庵中，在那裡假裝貧困無依的孤兒住了半個月。」但是，由於周奎膽小怕事，不敢長時間收留太子，太子無奈地再次流落街頭。後來被巡邏的清兵以「犯夜」罪逮捕，交給刑部審理。皇太子向審理的官員說自己是前明皇太子，但是刑部主事官員認為皇太子絕對不會這麼明目張膽地說自己是皇太子，就斷其為假冒的。後來，由於他一再地宣稱，刑部主事錢鳳覽就找來原司禮監太監王德化等人前來辨認，結果都說就是皇太子。於是錢鳳覽上書朝廷，最後，攝政王多爾袞認為皇太子如果活在世上，就是明朝遺老遺少的一面旗幟，於是決定將皇太子押於監獄，後來被處決在獄中。

還有一種說法認為，太子成功地逃出了北京，一路上不知吃了多少苦頭，終於順利地逃到南方。後來，太子被南明的小朝廷接到南京，行前還曾問來接他的李繼周說：「迎我進京，是讓我做皇帝嗎？」李繼周說：「此事奴婢不知。」其實這只不過是他天真的想法罷了。

南明福王朱由崧是他的叔叔，這時候已經當了監國，就等著稱帝了。他聽說崇禎的太子前來投奔，這還得了，如果證明這個少年真是太子，他就得歸政於太子，就無法當皇帝了。所以，太子到南京後，朱由崧沒有直接接見他，也沒讓他入宮，而是把他安排在興善寺暫住，並派兩名太監去見太子，辨認真偽。這兩人見了之後，說果真是皇太子，福王得知之後，大怒，處死了兩名太監，並殺掉了去接皇太子的李繼周。後來又讓原總督京營太監盧九德去辨認，盧九德鑒於前車之鑒，不敢表態，只說有些相像，卻認不真。皇太子在南京的消息傳出去之後，引發了弘光朝的政治危機。為此朝臣們分成兩派，處於長江中游的左良玉等人以擁護皇太子為名率軍入京；江北的黃得功、劉良佐等總兵也上疏要求善視太子。

福王為了保住自己的皇位，想方設法地想除掉這位真假未明的皇太子。他逼迫曾經充任太子講官的王鐸，一口咬定太子是假，並將太子下獄審訊，並結案說假太子真名叫王之明。後來，清軍大舉南下，南京不保，福王等人也逃到了太平府。南京百姓衝入監獄，救出了皇太子登上皇位。只可惜幾天之後，他再次落入清軍的手中，被多鐸處死。

第四種說法認為太子一開始確實是被李自成所獲，但是在李自成軍隊敗退北京的路上，劉宗敏受了重傷，放鬆了對他的看管，他就找了個機會從軍隊中逃了出來，跟隨他的還有他以前的老師李士淳。李士淳是明朝翰林院編修，曾任太子講官，明亡後被迫接受李自成封的官職。

因為李士淳原籍在廣東嘉應州（今廣東省梅州市），他們就一路逃回了李士淳的老家，在嘉應州陰那山出家當了和尚。他們在人跡罕至的深山裡建了一座寺廟叫做「聖壽寺」，大殿就取名叫「紫極殿」，處處都顯示了寺中和尚的神祕出身。據說在太子死後，廟裡就開始供奉一尊「太子菩薩」的神位。這尊神位始終保留著，直到辛亥革命以後，清王朝覆滅了，人們才知道原來供奉的這尊塑像就是明朝的逃亡太子。李士淳的後人也聲稱他們的先祖確實在亂軍之中救了太子，並把太子帶回自己的家鄉，兩人一同出家做了和尚，就此度過了餘生。

後來，還曾多次有人宣稱自己是明朝的皇太子，甚至在清朝已經建立很長一段時間後，還有人不斷冒充是崇禎太子而起兵造反。有些人即以「朱三太子」為號召，舉兵抗清，清廷大力搜捕，史稱「朱三太子案」。康熙十二年（一六七三年）冬，北京有楊起隆者，詐稱自己是朱三太子，組織旗下奴僕、佃戶，密謀起事。因事機洩漏，為清廷鎮壓，楊起隆逃走。康熙十九年（一六八〇年），在陝西捕獲楊起隆，清廷指其為假冒的朱三太子，在京磔死。三藩之亂時，福建蔡寅亦詐稱朱三太子，擁眾數萬，與臺灣鄭經勾通反清，被清軍擊敗於天寶山。康熙四十年（一七〇一年）後，江蘇太倉、浙江大嵐山等處反清力量均稱擁立朱三太子。康熙四十七年（一七〇八年）正月，捕獲在浙江大嵐山起兵抗清的張念一；四月，清廷根據他的口供在山東汶上縣捉獲張姓父子，指為起義軍所擁立之朱三，押解至浙審問。張供認本名朱慈炯，係崇禎帝第三子，長期流落河南、浙江等地，先後改姓王、張，以課讀糊口，時年已七十五歲，與江南、浙江等處反清力量並無關係。但清廷指其偽冒明裔，以「通賊」罪仍將朱氏父子解京處死。朱三太子一案從此才告終結。

但這些都只是歷史中的一說，崇禎太子的歸宿到底如何？至今還是一個未解之謎，成為明末清初的一大歷史疑案。

孝莊太后下嫁之謎

孝莊太后名為博爾濟吉特・布木布泰，又名大玉兒，蒙古科爾沁部貝勒博爾濟吉特・寨桑之次女，是清太宗皇太極的妃子，史稱孝莊太后。在努爾哈赤時代，就已經定下了滿蒙聯姻的策略。早年孝莊的姑姑哲哲嫁給了皇太極做福晉，也就是後來的孝端文皇后，但是由於婚後很久沒有生育，於是皇太極又於天命十年（一六二五年）二月，迎娶了孝端文皇后的姪女布木布泰。只有十三歲的布木布泰，在她哥哥吳克善的伴送下來到後金，成為皇太極的福晉。

崇德元年（一六三六年），皇太極改國號為大清，在盛京稱帝。在分封五宮後妃時，布木布泰被封為永福宮莊妃，為五大福晉之一，居於西宮。她的姑姑哲哲位居中宮做了皇后，而後入宮的孝莊的姊姊海蘭珠被封為宸妃，位居東宮。崇德三年（一六三八年）正月，孝莊生下皇子福臨，成為皇太極的第九個兒子。與此同時，最受皇太極寵愛的宸妃所生的皇八子夭折了。孝莊在皇太極面前並不得寵，皇太極最喜歡的是孝莊的姊姊宸妃。但是，紅顏短命，宸妃僅僅活了二十幾歲，在崇德六年（一六四一年）就因病去世了。宸妃死後，皇太極也變得整天悶悶不樂，兩年後就鬱鬱而終了。

皇太極死後，由於生前沒有選立太子，因此出現了皇位之爭。在清朝國內形成了多爾袞與皇太極長子肅親王豪格兩派。多爾袞與豪格皆是手握重兵，多爾袞是努爾哈赤的第十四子，與皇太極是同父異母的兄弟。因為多爾袞長得很像努爾哈赤，而且多爾袞的生母大妃烏拉那拉氏也在努爾哈赤面前最為得寵，因此，努爾哈赤早就有立其為汗位繼承人的意思。但是，努爾哈赤去世時，多爾袞還小，母親烏拉那拉氏又被逼殉死，使多爾袞失去了登上汗位的機會。皇太極即位之後，多爾袞對他忠心耿耿，為了大清的基業率軍英勇作戰，被封為睿親王，領正白旗，成為皇太極最為得力的助手和最為信任的心腹。

皇太極死後，多爾袞在弟弟多鐸的支持之下，也想覬覦皇位。此時，背後有兩黃旗擁護的肅親王豪格，與同有兩白旗擁護的多爾袞形成了激烈爭奪的局面。兩派劍拔弩張，各不相讓，隨時都有暴發衝突的可能性。但是雙方又各有顧忌，誰也沒有必勝的把握。最後，為了解決這個棘手的問題，多爾袞的兄長代善出面勸說多爾袞，要他為大清的基業著想，不要因為皇位的爭奪而使太祖太宗創立的大清基業毀於一旦。最後，多爾袞審時度勢，在五大臣會議上，拒絕了擁戴者對自己的推薦，提出一個折中的方案：由皇太極第九子年幼的福臨繼位，由他和鄭親王濟爾哈朗共同輔政。

這個提議平衡了各個方面的利益，從而避免了在明亡前夕的關鍵時刻清王朝內部的分裂和相互殘殺。福臨繼位之後，母以子貴，孝莊也被冊立為皇后，稱聖母皇太后。孝莊歷經三朝，兩輔幼帝，一個是自己的兒子福臨。福臨六歲即位，即位後不久，大清王朝就在多爾袞的率領之下入主中原，成為名副其實的中原王朝。

清朝初年，政局動盪，事務繁多，而且其中還夾雜著各派別之間的權力爭鬥。孝莊太后為了維護兒子的帝位可謂是嘔心瀝血，費盡心機，只希望他長大後能夠成為一代名君，也就可以心安了。只可惜到頭來福臨還是辜負了母后的一片苦心，年紀輕輕就隨著自己心愛的妃子神祕逝去。孝莊輔佐的第二個幼帝便是其孫玄燁。玄燁繼位時年僅八歲，孝莊又以太皇太后的身分輔佐年幼的康熙。在除鰲拜，定三藩的過程中孝莊也是坐定宮中，成為康熙的主心骨。康熙二十六年（一六八八年）十二月二十五日，這位不知歷經了多少大風大浪，看過多少世間風雲變幻的女中強人終於走完了她不平常的一生，享年七十五歲。

孝莊臨死之前，曾經叮囑康熙說：「太宗的山陵奉安已久了，不可為我輕動，況且我心中也捨不得你們父子，就將我在你父親的孝陵附近擇地安葬吧。」後來康熙遵照太皇太后的懿旨，將孝莊生前居住的慈寧宮拆遷移建到孝陵附近的昌瑞山下，改稱「暫安奉殿」，停靈其中。這樣一停就是三十八年。直到雍正三年（一七二五年），康熙的兒子雍正即位之後，才正式建陵安葬。但是，奇怪的是孝莊的陵墓並沒有像其他葬於清東陵的皇帝、後妃們一樣葬在風水牆的內側，而是被葬在了風水牆的外邊。孝莊為什麼不肯葬回皇太極的身邊，孝莊的陵墓又為什麼被葬在風水牆的外邊呢？難道這裡面有什麼不為世人所知的隱情？

這種奇怪的葬制，也為諸多早就流傳於世的有關孝莊的傳言提供了依據。其中，流傳最廣，至今仍為史學界爭論的一大熱點就是：孝莊曾經下嫁多爾袞之說。他們認為，孝莊太后之所以不願意回關外與皇太極合葬就是因為曾經下嫁多爾袞，無顏相見於地下。還說，這次婚禮大典是由禮部等衙門操辦，極為隆重，中外文武百官都上表祝賀。持這一說的學者主要是有以下幾個依據：一是從當時的形勢來看，多爾袞在入關之後權勢極大，擊敗大順，攻下南明，幾乎是多爾袞一手打下了大清的萬里江山。而且清朝入關初年的各種典章制度也是出於多爾袞之手。當時他總攬朝綱，控制軍隊，雖然不是皇帝但實際上權力比皇帝還大，所以孝莊和順治為了穩住這位攝政王，先後加封其為「叔父攝政王」、「皇叔父攝政王」，進而孝莊又不惜下嫁給多爾袞，讓順治稱其為「皇父攝政王」。

其二，根據滿族的風俗，有兄終弟娶其嫂是合乎禮儀的。因此孝莊下嫁多爾袞從滿族的角度講也沒有什麼說不通的。其三，人們認為，後來順治之所以加封多爾袞為「皇父攝政王」，就是因為母親下嫁給他，這樣叫更合乎情理。他們的再一個證據就是南明遺民張煌言一首叫《建夷宮詞》的詩，詩中言：「上壽觴為合巹尊，慈寧宮裡爛盈門，春宮昨進新儀注，大禮躬逢太后婚。」這裡面明確地說出了太后下嫁之事。張煌言是當時代的人，他的詩應該是有一定的歷史依據的。此外，還有人說，曾經在內閣大庫檔案中見過順治時太后下嫁皇父攝政王的詔書。由於上面的幾條證據，這一派學者認為太后下嫁多爾袞應該是歷史上的鐵案，毋庸置疑。

但是，持反對意見的史學家們接著提出了自己的理由。他們認為孝莊與多爾袞成親雖然合乎滿族的風俗，但這並不見得他們就會按照這個風俗來做。孝莊與多爾袞從早年就相互傾慕也是沒有史學依據的野史傳說。孝莊是兩朝皇太后，曾經擔負過輔佐兩任君主的重任，如果孝莊曾下嫁多爾袞，她就變成了王妃，也不會再有皇太后和太皇太后的身分。張煌言是前明遺臣，他寫詩的時候還進行著抗清的鬥爭，他故意以此來詆毀清朝君王也說不定。張煌言當時身在江南，根本不可能詳細知曉北京城裡發生的事情，而且詩詞本身作為一種文學創作，有誇大和歪曲的可能，也不能直接拿來作歷史證據。如果真的有太后下嫁之事，那麼在當時朝鮮的《李朝實錄》中應該有所記載，因為當時清朝的詔書基本上都會發給朝鮮一份，但事實上裡面沒有任何關於太后下嫁的記錄。

同時在古代中國皇上稱有功的大臣為父並不奇怪，古代就已經有過稱大臣為尚父、仲父的先例，這裡順治加封多爾袞為皇父攝政王也沒有什麼奇怪。而且，多爾袞死後不久，就開始有人告發他生前曾謀篡帝位，剛剛親政的順治皇帝馬上下令將多爾袞削去爵位，撤出宗廟，除去宗室名分，籍沒家產人口入官，平毀陵墓。如果孝莊真的曾經下嫁多爾袞一定會反對順治的這個決定，繼續維護多爾袞的名譽。再一個是，前面的學者所說的有關孝莊下嫁多爾袞的詔書，別人誰也沒見過，只是一個已經丟失的孤證，也沒有辦法完全地證明歷史。因此，他們認為孝莊下嫁多爾袞之事純屬野史小說中的傳言。

可見，孝莊下嫁多爾袞依然是史學界的一大疑點，可謂否定者有之，肯定者也有之，事實的情況如何，史學界至今仍然沒有一個完全肯定的答案，大都對這一問題採取存疑的辦法，至於各種影視文學作品的各種解說，都是根據歷史演繹出來的戲說之辭，不能當作歷史事實的觀點來看。

順治帝出家謎案

順治十八年（一六六一年），大清帝國入主中原後的第一位皇帝順治帝福臨在養心殿駕崩，當時年僅二十二歲。順治死後，其八歲的兒子玄燁即位，也就是後來的聖祖康熙皇帝。對於順治的死，《清世祖實錄》僅僅記載了「丁巳，夜，子刻，上崩於養心殿」等寥寥數語，清朝皇室的家譜《玉牒》中也僅僅記錄了順治駕崩的時間和地點。而對於順治駕崩前後的狀況和死因則閉口不談。皇帝駕崩如此重大的事情為什麼在清朝的正史中只有如此之少的記載呢？難道這裡面有什麼不為世人所知的隱情？而且更令人驚訝的是，埋葬順治皇帝的孝陵之中，據調查並沒有順治的屍骨存在，而是一座衣冠塚。由此，關於順治的生死問題引發出了一場曠日持久的爭議，而且這個謎至今未解，依然是一個充滿著神祕和傳奇色彩的歷史謎案。

有關順治帝生死的問題，人們大致提出了三種說法。首先一個就是在民間和小說故事中流傳最為廣泛的順治出家說。據說，順治皇帝親政前後，去孝莊皇太后的宮中問安，見到了一個貌若天仙、氣質非凡的女子。順治對她一見鍾情，再也難以忘懷。按照清初的規定，後妃及王子貝勒的福晉、夫人等都要輪流去皇太后宮中陪皇太后消遣。後來，順治終於查明這個女子原來是自己的弟弟博果爾的福晉董鄂氏。順治帝為了得到董鄂氏，就經常宣她入宮陪皇太后，實際上是來陪他。時間久了，順治與董鄂氏好似乾柴烈火，不自覺地就萌發出愛情的火花。但是，這件事情後來被博果爾給發覺了，他嚴厲地斥責了董鄂氏。順治知道後，就又把博果爾訓斥了一番。博果爾懾於皇帝的顏面不好當面發作，但又實在嚥不下這口氣，沒過多久就憤懣而死。博果爾死後，順治就順理成章地將董鄂氏納入宮中，並冊封其為賢妃。董鄂氏在宮中同順治帝極為恩愛，不久，就被加封為皇貴妃。後來董鄂氏還為順治生下一個小阿哥。只可惜好景不長，造化弄人，沒過多久他與董鄂氏的這個兒子便夭折而死。董鄂氏受不了喪子的打擊，很快就病倒了，董鄂氏的身體本來就不好，這次病倒沒多久，就鬱鬱而終了。

董鄂氏的病逝對順治來說簡直是一個天大的打擊。他在董鄂氏死後，整天茶飯不思，也不問朝政，就一個人在那裡暗自垂淚，並寫了長達幾千字的《行狀》祭文，又命大學士金之俊寫了《別傳》，來寄託自己的哀思。後來順治又追封董鄂氏諡號為「孝獻莊和至德宣仁溫惠端敬皇后」，以皇后之禮厚葬了這位心愛的妃子。在安葬了董鄂氏之後，順治無意再做皇帝，對他來說，心愛的女人一死，就已萬事成空了。於是他決心剃髮為僧，從此遁入空門。任憑皇太后和大臣們怎麼勸說也無濟於事。順治十八年（一六六一年）正月初八，順治拋下自己的大清基業和幼子老母，到五臺山出家做了和尚。孝莊皇太后為了遮掩這次突然的變故就謊稱順治帝因病去世，並借順治的口氣擬了一道罪己遺詔，由年僅八歲的玄燁繼承了大統。

這一說法在後世的稗官野史之中極為流行，而且有些學者也持此說。據《清朝野史大觀》的記載是：「世祖（順治）之於董貴妃，所謂君非姫氏，居不安，食不飽者也。乃紅顏短命，世祖對之，忽忽不樂，未數月，遂棄天下，遁入五臺山，削髮披緇，皈依佛土……滿洲族人，雖百方勸解，卒不能回。由是於十八年正月，謬謂世祖病殁，而以十四罪自責之遺詔下矣。」說的是順治在董鄂氏死後，萬念俱灰遂棄天下遁入空門，到五臺山出家做和尚。同時清初著名詩人吳偉業的一首《清涼山贊佛詩》的詩也記載了這段歷史。《清涼山贊佛詩》中寫道：「陛下壽萬年，妾命如塵埃。願共南山槨，長奉西宮杯。」這個陛下當是指順治皇帝，還寫道：「可憐千里草，萎落無顏色。」「可憐千里草」其實是將「董」拆開來寫，指的是董鄂氏；「萎落無顏色」指的是董鄂氏病逝。「八極何茫茫，日往清涼山。」指的就是順治帝茫然無依的情況之下，選擇在五臺山清涼山出家。

其實，順治崇信佛教並不是在董鄂氏死後才開始的。根據清宮檔案記載，順治皇帝少年的時候，在遵化打獵曾遇到過一位在山洞內靜修的法師。順治與他談論了很久，從此對佛教產生了濃厚的興趣。後來，順治曾多次到京西的海會寺與寺裡的高僧憨璞談禪。順治在宮裡也經常研讀佛經，參悟禪機。據滿洲貴族昭槤撰的《嘯亭雜錄》記載，順治「博覽書史，無不貫通，其於禪語，尤為闡悟。嘗召琳、木陳二和尚入京，命駐萬善殿，機務之暇，時相過訪，與二師談論禪機，皆徹通大乘。」這裡的木陳大師後來還專門寫過一本有關順治談禪的《北遊集》，只可惜後來因為觸犯到順治生死謎案的大忌，在雍正年間被查禁了。從清廷查禁此書來看，順治皇帝的生死下落似乎確實與佛家有關。與此同時，此處提到的僧人琳也與順治出家的說法有關。據說董鄂氏病死之後，順治萬念俱灰，對他身邊的僧人說：「朕於財產固然不在意中；即妻孥黨亦風雲聚散，沒甚關係。若非皇太后一人掛念，便可隨老和尚出家去。」他還在西山慈善寺題壁詩說：「十八年來不自由，江山坐到幾時休？我今撒手歸山去，管他千秋與萬秋。」後來，順治決意要遁入空門，請琳的大弟子茆溪行森為自己剃髮，從此出家做了和尚，法號「行痴」。

據《康熙起居注》記載，康熙即位後不久，曾在孝莊皇太后的帶領下先後五次到五臺山禮佛。孝莊與康熙為何如此頻繁地前往五臺山，這說明也許順治真的沒有死而是在五臺山出家做了和尚。而且據說，到了清朝末年，慈禧西逃的時候，仍在五臺山見過當年順治的一些宮廷用具。

與此說相反，還有一種說法就是順治確實是因為出天花而死。據《平圃雜記》記載：「順治十七年（一六六〇年）底，福臨染上天花，禮部奉旨宣布免去元旦大朝慶賀禮。正月初二，順治為祈求佛法庇佑，親自把最寵愛的太監吳良輔送到憫忠寺剃度，作為自己的替身。正月初四，朝廷正式向文武大臣宣布皇帝患病。初五日，宮殿各門所懸的門神、對聯全部撤去。接著傳諭全國『毋炒豆，毋點燈，毋潑水』，並下令釋放所有在牢囚犯，以祈祝皇帝康復。初七日夜，

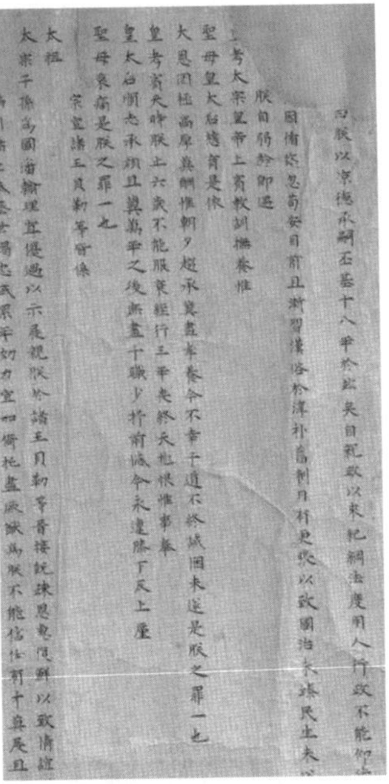
曰朕以涼德承嗣丕基十八年於茲矣自親政以來紀綱法度用人行政不能仰法
因循悠忽苟安目前且漸習漢俗於淳朴舊制日有更張以致國治未臻民生未遂
朕自弱齡即遇
皇考太宗皇帝上賓教訓撫養惟
聖母皇太后慈育是依
大恩罔極高厚莫酬惟朝夕趨承冀盡孝養今不幸子道不終誠悃未遂是朕之罪一也
皇考賓天時朕止六歲不能服衰絰行三年喪終天抱恨帷事奉
皇太后順志承顏且冀萬年之後庶盡子職少抒前憾今永違膝下反上廑
聖母哀痛是朕之罪一也
宗室諸王貝勒等皆係
太祖
太宗子孫為國藩翰理宜優遇以示展親朕於諸王貝勒等晉接既疏恩惠復鮮以致情誼
滿洲諸臣或歷世竭忠或累年効力宜加倚託盡厥猷為朕不能信任有才莫展且

順治皇帝遺詔圖影（部分）

福臨死於養心殿。」「毋炒豆，毋點燈，毋潑水」這些禁忌只有在皇帝「出痘」的情況下才會出現，因此，許多人相信順治確實是因為出天花而死去。同時在順治朝的翰林院學士王熙的《自撰年譜》中，也有關於順治出痘的記載，書中寫到，在王熙應召進入養心殿以後，病榻上的順治對他說，朕得了痘症，恐怕是好不了了。此後不久，宮中就傳出了順治駕崩的消息。

最近，學術界又提出了一種關於順治死因的最新說法——順治是死於鄭成功的炮火。這種說法是由鄭家的後人廈門學者鄭萬齡提出來的。一個偶然的機會鄭萬齡在一本手抄的《延平王起義實錄》中發現一段驚人的記載：有人密報鄭成功，高崎之戰中，順治皇帝在廈門思明港被炮擊沒，清軍將領達素不敢對外公布這個消息，自己也畏罪自殺。此外，還有一處也提到順治皇帝的死：太師鄭芝龍降清後，屢次寫信勸兒子鄭成功投降都以失敗告終，但順治並未將他治罪。順治被炮斃於廈門後，輔臣蘇克薩哈與鄭芝龍有仇，向康熙建議：「鄭成功可以用炮擊死我們的先皇，皇上難道就不能處死他的父親嗎？」康熙採納了他的意見，即位不久後，鄭芝龍就被處死。

由此學者們提出了一種說法：西元一六六〇年五月，鄭成功兵敗南京，退守廈門之後，清朝派大將軍達素率領重兵攻打廈門，順治也參加了這次戰役，卻不幸被炮擊中身亡。但是，也有學者對此提出異議，因為在記載鄭成功生平事蹟的《先王實錄》一書中並沒有關於打死了順治的記載，它裡面只提到了鄭成功在廈門一戰中擊敗了清軍統帥達素的軍隊。而且在南明大臣張煌言給永曆皇帝的奏報中，也沒有關於順治被鄭成功炮擊而死的記載。到底順治有沒有御駕親征廈門，又是不是死於鄭成功的炮火之下，還有待於學術界的進一步考證。

董鄂妃是不是董小宛

據《清朝野史大觀》的記載：「世祖（順治）之於董貴妃，所謂君非姬氏，居不安，食不飽者也。乃紅顏短命，世祖對之，忽忽不樂，未數月，遂棄天下，遁入五臺山，削髮披緇，皈依佛土……」還有一種說法是，順治十七年（一六六〇年）八月，皇貴妃董鄂氏因喪子之痛鬱鬱而終，順治皇帝也在愛妃的病逝之後，茶飯不思，不久便也隨之駕鶴西行。且不言順治到底是出家還是死了，但有一點是可以肯定的，就是順治是死去抑或遁入空門都與自己心愛的妃子董鄂氏有關。這個董鄂氏到底是何等美人，能夠令執掌天下之權的大清皇帝心儀至此。

順治定鼎北京之後，總共立過三位皇后。第一位皇后博爾濟吉特氏是蒙古科爾沁親王之女，孝莊皇太后的親姪女。順治十四歲時，與博爾濟吉特氏完婚，並冊封她為皇后。但是由於博爾濟吉特氏從小嬌生慣養，極度任性又善妒，不能容人，所以順治很不喜歡這位來自蒙古的美人。兩個人在一塊兒經常吵架、賭氣，順治對此耿耿於懷。兩年之後，順治不顧朝臣反對，廢掉博爾濟吉特氏的后位，降之為靜妃。順治的第二位皇后也是來自蒙古，原來是順治的一個妃子，順治廢掉博爾濟吉特氏之後，為平衡滿蒙之間的聯盟，不得不再次冊立一個來自蒙古的妃子為后，也就是後來的孝惠章皇后。但是，順治也不喜歡這位毫無個性的皇后，他真正喜歡的是後來的皇貴妃董鄂氏。

董鄂妃是順治一生中最喜歡的女人。順治十年（一六五三年），年僅十六歲的董鄂妃在秀女大選的時候，被順治看中。但孝莊皇太后為了平衡親王之間的關係，將其許配給了順治的弟弟襄親王博穆博果爾。襄親王是皇太極的第十一子，順治同父異母的弟弟，選秀後的第二年，董鄂氏就與襄親王舉行了婚禮。但是，順治始終對這位自己相中的佳人念念不忘。經常召她入宮侍候皇太后，實際上是與自己幽會。時間久了，順治與董鄂氏自然而然地萌發出愛情的火花。但是，這件事情後來被博果爾給發覺了，他嚴厲地斥責了董鄂氏。順治知道後，就又把博果爾訓斥了一番。博果爾懾於皇帝的顏面不好當面發作，但又實在嚥不下這口氣，沒過多久就憤懣而死，死時才十六歲。

博果爾死後不久，順治宣布冊立董鄂氏為妃，並讓禮部挑選吉日舉行入宮大禮。這個說法在與順治關係密切的外國傳教士湯若望的筆記中也有所記載：「順治皇帝看上了一位滿洲軍人的夫人，後來被這位軍人知道了，他因此事申斥夫人時被順治聞知，打了他一個耳光。軍人於是因憤致死，順治皇帝就將這位軍人的夫人收入宮中，封為靜妃。」後來據史學家陳垣考證，這位滿洲軍人應該就是指順治的同父異母弟弟襄親王博果爾。

董鄂氏因從小接受過比較多的教育，琴棋書畫無所不通，可謂順治後宮的第一才女。就是這種後宮女子少有的才華與氣質深深地吸引了順治，兩人經常在一塊兒下棋、談禪，有時竟徹夜不休。不久，順治又加封董鄂氏為「皇貴妃」，地位僅次於皇后。順治與董鄂氏兩人之間的感情極好，以至於順治日常的飲食也由董鄂氏親自安排。順治十四年（一六五七年），董鄂氏為順治生下一個小阿哥，但是這個新生的小阿哥沒活多久就突然夭折了，這對董鄂氏來說簡直是一個天大的打擊。無法承受喪子之痛的她從此一病不起，不久便鬱鬱而亡。董鄂氏死後，順治痛不欲生，親自監工在東陵為其修建墳墓，並追封其為「孝獻莊和至德宣仁溫惠端敬皇后」，以前所未有的隆重葬禮埋葬了她。此後，自己也在極端鬱悶的情況之下神祕地走下歷史的舞臺。

至於這位神祕的董鄂氏的身世歷來就存在著爭議。有人說董鄂氏就是秦淮八大名妓之一的董小宛。這種說法主要見於稗官野史與民間傳說之中。據《清朝野史大觀》記載，順治十七年（一六六〇年）八月，貴妃董鄂氏病逝。數月後，順治遁入五臺山，皈依佛門。董鄂氏即冒辟疆之妾，秦淮名妓董小宛，於明朝弘光末年，被掠到北京，入宮後，賜姓董鄂氏，專寵於皇帝。冒辟疆懼禍，作《影梅庵憶語》假說小宛已死。此外，有人認為清初著名詩人的《清涼山贊佛詩》詩中所寫的也是董小宛：「陛下壽萬年，妾命如塵埃。願共南山槨，長奉西宮杯。」當時順治與董小宛的故事傳得沸沸揚揚，人們認為陛下就是順治皇帝，而「可憐千里草，萎落無顏色」，草下千里就是個董字，詩中的妾指的就是董小宛。

這個董小宛是明朝末年江南的名妓，同柳如是、李香君、陳圓圓等人並稱為「秦淮八豔」。

明朝滅亡之後，清軍大舉南下，董小宛被督軍江南的清軍統帥洪承疇看中，將其搶入府中，後來又作為禮物送給了孝莊皇太后為侍女。孝莊見其伶俐乖巧，就把她留在自己的身邊，並賜其滿洲姓董鄂氏。後來，順治到皇太后的宮中問安，與董小宛一見鍾情，便經常約她出來幽會。在與董小宛接觸的過程中，順治徹底為她的氣質和才氣所傾倒。後來這件事情被孝莊發覺，孝莊害怕順治會因此而荒廢政務，就瞞著順治把董小宛許配給襄親王博果爾。於是，接下來便出現了奪弟之妻的一幕。就這樣一代名妓變成了皇宮大院裡的皇貴妃。據說，後來孝莊還是怕順治會因此耽誤了國家大事，就想方設法地把董小宛給送到了西山的玉泉寺。後來順治又千方百計地找到玉泉寺，與董小宛相會。孝莊為了斬草除根就派人放火燒掉玉泉寺，並說董小宛已被燒死。順治聽後痛不欲生，自己出家當了和尚。

當然，這只是後人的一種傳說，事實上據專家考證，董小宛根本不可能是董鄂氏。其實董小宛是江南「四大公子」中冒辟疆的小妾。明朝崇禎十一年（一六三八年），冒辟疆到南京參加科舉考試。經方以智、侯方域的介紹認識了「才色為一時之冠」的董小宛。冒辟疆原屬意同為秦淮八豔的陳圓圓，而董小宛對冒辟疆一見鍾情。後來陳圓圓遭李自成擄走，董小宛又對他一片深情，冒辟疆便在一眾朋友的幫助下以三千兩銀子替董小宛贖了身，並納她為妾。明亡之後，清軍南下，董小宛也隨著冒家四處逃亡、顛沛流離。最終於順治八年（一六五一年）正月初二，死於水繪園影梅庵家中，年僅二十八歲。據冒辟疆所作的《影梅庵憶語》記載，冒辟疆與董小宛認識時董小宛就已經十六歲了，而同時期的順治帝卻只有兩歲。

但《清史稿》後妃傳的記載中卻說：「孝獻皇后董鄂氏，內大臣鄂碩女，年十八入侍。上眷之特厚，寵冠後宮。」也就是說順治娶董鄂氏時是十九歲，董鄂妃十八歲，與前面的董小宛的年齡根本不相符合。同時，在《影梅庵憶語》一書中冒辟疆對董小宛的一生做了完整的記載。說他與董小宛在她十六歲時相識，納為妾時董小宛十九歲。順治八年（一六五一年），董小宛病死，年僅二十八歲。據說現在還有當時文人墨客為董小宛寫的悼念詩詞。從另一個角度講，董小宛是一民間女子，又是一位妓女，要皇帝娶一個妓女，這是不現實的。因此董小宛即董鄂氏之說是不成立的。

歷史上的董鄂氏出生於滿洲世族之家，是內大臣鄂碩之女。她十八歲的時候，以德選入掖廷，備受皇帝寵愛。順治十四年（一六五七年），董鄂氏誕下皇四子。次年正月此子不幸夭折，董鄂氏傷心欲絕，染病不起，於順治十七年（一六六〇年）八月病逝，年僅二十二歲。順治痛不欲生，輟朝五日，傳諭親王以下、滿漢四品官員以上，公主王妃以下命婦等人，全部聚集到景運門哭喪，移送梓宮的時候，這些人又必須隨同護送。順治自己也親自穿了十二天的喪服，朝廷官員和命婦們要為此穿喪服二十七天。百日祭奠之時，又是諸王以下、文武官員以上，公主王妃以下、各官命婦以上，全部齊集舉哀。順治還破例追封董鄂氏為皇后，並加謚為「孝獻莊和至德宣仁溫惠端敬皇后」。親自撰寫《行狀》祭文，命大學士金之俊題寫《別傳》。可見

── 史實，說真的

董鄂氏其實就是順治的一個寵妃，並非是董小宛，而且也不是被孝莊設計害死的。事實上，董鄂氏是因為自己的孩子夭折，悲傷過度成疾而死。歷史上的董鄂妃與董小宛應該不是一個人，兩人只不過是由於各種歷史的巧合才被後人演繹成一個人罷了。

雍正帝暴死之謎

雍正十三年（一七三五年）八月二十三日，雍正皇帝在圓明園猝然去世。雍正皇帝死得十分突然，無論是他的皇后皇子，還是身邊最得寵的大臣都沒有絲毫心理上的準備。據雍正朝大學士張廷玉的《自訂年譜》中記載，雍正在臨終之前，沒有絲毫一病不起的跡象，張廷玉在雍正死之前不久，還曾「每日進見」。雍正駕崩那天，張廷玉被急召進宮，得知雍正皇帝已瀕彌留，這個消息使他「驚駭欲絕」。

雍正死得很急，而且關於他的死，清朝官書正史上又少有記載，據雍正的《起居注》記載：雍正帝在八月二十一日的時候，感覺身體有點不適，但仍可以召見臣工。到了二十二日的時候，雍正沒有再召見臣工，皇子寶親王、和親王終日守在身旁，以防不測。到了戌時（午後七時至九時）的時候雍正的病情突然加重，宮中傳出急詔召諸王、內大臣及大學士覲見。結果到了二十三日子時（夜十一時至翌日一時）的時候，雍正就龍馭上賓了。但是官書正史上並未言明雍正到底是患了什麼疾病。而且官書實錄、起居注等文獻對雍正生病期間的狀況也稀有記載。以至於時人後人都對雍正的死因妄加猜測，眾說紛紜。雍正駕崩之後，他的靈柩在清宮只停放了十九天就被移到雍和宮永佑殿。為什麼他的靈柩會這麼著急地從皇宮中移到寺廟裡，難道雍正的死真的有什麼不正常的地方嗎？

對於雍正的死，在《滿清外史》、《清宮遺聞》、《清宮十三朝》等野史中也有記載，不過在這些野史著作中都認為雍正是被呂四娘刺殺而死的。要說明這種說法，還要先從雍正六年（一七二八年）的文字獄呂留良案說起。清朝入關後，社會中依然存在著一股反清復明的祕密反抗運動，從各地起義到祕密結社，民間用各種方法打擊清廷。

呂留良是清初具有民族主義思想的一位學者，在他的著作中蘊涵了大量的反清思想。到了雍正年間，也就是呂留良去世四十多年後，有兩位讀書人曾靜和張熙讀了呂氏之書，受其影響，忽然萌生了反清復明的想法。曾靜當時是湖南省永興縣的一名秀才，在科舉的道路上屢試不中，後來便一邊參加科舉考試，一邊在本地教書，被人稱為蒲潭先生。曾靜讀書的時候看到了呂留良的寧可削髮為僧也不赴清之薦舉的事蹟以及呂的《四書講義》、《語錄》等書中的「悖逆」文字，大受感動，於是一時心血來潮，便也想做一名反清復明的鬥士。他不僅這麼想，而且還真的派了自己的學生張熙到呂留良家鄉去訪書。

張熙在沿途聽說了一些關於雍正殺父、逼母、篡位的傳聞，並聽說忠良岳飛的後人時任陝甘總督的岳鍾琪都開始上書譴責皇帝了，就將這些道聽塗說來的東西回報給曾靜，使得曾靜感覺自己舉旗反叛的時機已經來臨，便同張熙一塊兒寫了一封策反信，前去策反岳鍾琪。後來，張熙將這封署名為「天吏元帥」的策反信送到了岳鍾琪的手中，岳鍾琪看過之後，見信中全是一些大逆不道之詞，驚訝萬分，立刻派人將張熙拘禁，經過審查張熙又供出了湖南的曾靜。案情大白之後，岳鍾琪慌忙地如實上奏雍正皇帝。雍正十分震驚，於是便傳諭浙江總督李衛捉拿了呂留良的親族、門生，並銷毀他的所有書籍著作。後來，雍正曾親自寫作《大義覺迷錄》來為自己辯白，同時為了表明自己的「深仁厚澤」，他沒有殺掉曾靜和張熙，而是令兩人到各地去宣講《大義覺迷錄》。

但是對於呂留良一家就沒有那麼幸運了。雍正親自下旨說：「自古帝王之有天下，莫不由懷保萬民，恩加四海，膺上天之眷命，協億兆之歡心，用能統一寰區，垂庥奕世。蓋生民之道，惟有德者可為天下君。……夫我朝既仰承天命，為中外臣民之主，則所以蒙撫綏愛育者，何得以華夷而有殊視？……乃逆賊呂留良好亂樂禍，私為著述，妄謂『德祐以後，天地大變，亙古未經，於今復見』。而逆徒嚴鴻逵等，轉相附和，備極猖狂……朝議呂留良呂葆中俱戮屍梟示，嚴鴻逵沈在寬皆斬決，族人俱誅殛，孫輩發往寧古塔給披甲人為奴。仰天下億萬臣民，凜垂為戒。」結果已死的呂留良和其子呂葆中被開館戮屍，梟首示眾；呂留良另一子呂毅中被斬立決；呂留良的其他家人都被流放到寧古塔給披甲人為奴。其他刊印、收藏呂留良著作的相關人等也都分別被判以斬監候、流放、杖責等刑。

呂留良案牽涉極廣，但也留下了活口。傳說呂留良一族慘遭族誅之後，呂的女兒四娘被呂家的一個貼身童僕救出，逃到了深山老林之中，從此隱姓埋名，尋機為父祖報仇雪恨。後來，呂四娘遇到了武藝高超的獨臂神尼，在她的精心指導之下，呂四娘成為一名武藝高超的劍客。為了能夠為家人報仇，呂四娘潛入京師，經過一番祕密的考察和打聽，終於弄清了雍正皇帝的行動規律。有一天，她得到密報說，雍正今晚要在圓明園過夜，圓明園防守比較鬆懈，呂四娘便飛簷走壁，躍入圓明園，找到了正在龍床之上熟睡的雍正皇帝，一劍砍掉了他的腦袋，然後提其首級逃出宮外，遠走高飛。天亮之後，宮中的太監見都這麼晚了，皇帝還沒有起床，就請來皇后，到雍正的寢宮一看，發現他已經身首異處死去多時了。於是宮中大驚，謊稱雍正病重，急召諸位王爺大臣們入宮，並封鎖了雍正被殺的消息，只說雍正是突然得病去世了。還有傳言說，雍正的棺木中收殮的是一具無頭屍體，因為沒有真的頭，就給他做了一個金頭。

當然，這只是野史小說中的一種傳言，也有學者對這些傳言提出過批駁，認為這種行刺之說純屬謠言。因為呂案發生後，他的家人都處於嚴密的控制之下，根本不可能有漏網之魚。此外，圓明園在皇帝在的時候，防守極為森嚴，呂四娘根本不可能穿過晝夜巡邏的衛兵，輕易地就進入寢宮，刺殺皇帝。

還有一說認為，雍正是服丹藥中毒而死的。這些人通過細緻的研究雍正的起居注發現，雍正十分崇尚方術，為了求得長生不老，在宮裡蓄養了大批的和尚、道士。他自己也很熱衷占卜、求神等術數，甚至還常常用此來決定對官吏的任用和升黜。在雍正的《御製文集》中寫下了不少歌頌神仙、丹藥的詩。而且在政務之餘，雍正還常常在道士和尚們的指導之下，研究煉丹、采苓、放鶴、授法等道家祕術。雍正為了求得長生，還經常服用道士們進獻的丹藥，在朝鮮的史籍中就有關於雍正帝沉迷方術，以至於病入膏肓，自腰以下不能動的記載。

另外，人們還從雍正的即位者、乾隆皇帝這裡找到了一些證據。雍正死後僅隔了一天，也就是八月二十五日，乾隆就突然下了一道諭旨，驅逐圓明園中煉丹的道士們出宮，並對煉丹道士張太虛、王定乾等人說：「若伊等因內廷行走數年，捏稱在大行皇帝（指雍正）御前一言一字……一經訪聞，定嚴行拿究，立即正法。」新君剛剛即位，雍正大喪未完，朝中有眾多事務需要處理，乾隆別的事情不去做，而急著下令驅逐數名道士，這種做法確有奇怪之處。驅逐道士的同時，乾隆還另外降下一道諭旨，諭令宮中的太監、宮女不許妄行傳說國事，「恐皇太后聞之心煩」，「凡外間閒話，無故向內廷傳說者，即為背法之人」，「定行正法」。乾隆帝為什麼不許宮中太監宮女們亂說，難道此間真的有什麼不想為外人知道的隱情？連繫前面乾隆對和尚道士們的處理，也許「中毒身亡」之說確實有幾分可能。而且，後人用現代醫學知識來對比雍正死之前的症狀，發現雍正死之前的症狀與中毒而死的症狀極為相似。

以上為流傳較廣的兩種說法，至於歷史事實究竟如何，還有待史學界的進一步考證。雍正死後被葬於清西陵的泰陵，謚號「敬天昌運建中表正文武英明寬仁信毅睿聖大孝至誠憲皇帝」，世稱雍正皇帝。

乾隆身世之謎

讀過金庸的武俠小說《書劍恩仇錄》的人都知道，在這部小說中的乾隆皇帝被描述成浙江海寧陳閣老的兒子。金庸這麼寫也並非空穴來風，因為，自清末以來，野史筆記和民間傳說中確實都認為乾隆是海寧陳家陳閣老的兒子。由此，人們也就展開了關於乾隆身世的一番爭論。

在《清朝野史大觀》中的〈高宗之與海寧陳氏〉一文是這樣記載的：雍正在還是皇子的時候，就與浙江海寧的陳家關係很好。有一天，恰好兩家的夫人都在同一天生了孩子，只不過雍正家生的是一個女孩，陳家生的是一個男孩。後來，胤禛命人將陳家的孩子抱來看看，卻悄悄地將孩子給掉了包，把陳家的男孩換成了女孩。陳家後來發現了這件事情，但懾於雍正的權勢，也沒敢聲張。後來，康熙駕崩之後，雍正做了皇帝，海寧陳家也由此變得飛黃騰達，滿門公卿。當年被雍正替換的孩子，也就是皇四子弘曆在雍正駕崩之後，做了皇帝，對海寧陳家更為優待，自己也曾先後六次南巡江浙，去陳家拜訪自己的親生父母，並親筆在陳家的宅堂題寫了「愛日堂」和「春暉堂」兩塊牌匾。「愛日」一詞，來源於漢朝楊雄《孝至》一文，意思是兒子孝敬父母的日子；「春暉」一詞來自唐代孟郊《遊子吟》中「誰言寸草心，報得三春暉」的詩句，後人常以春暉來比喻母愛。這兩方匾額的題詞內容都有兒子尊敬和孝順父母的意思，於是，後人就認為，乾隆題下這兩塊牌匾含有孝敬親生父母的意思。

後來，據說雍正的那個被替換到海寧陳家的女兒長大之後被嫁到江蘇常熟蔣家，蔣家為她修築的小樓就名為「公主樓」。另外據《清代外史》記載，乾隆自己也知道自己不是滿人，而是漢人，在宮中的時候就經常穿著漢服，還問身邊的寵臣自己是否像漢人。在許嘯天的《清宮十三朝演義》中也認為乾隆六次下江南住在陳家的目的就是為了探望親生父母。由此，人們認定乾隆帝也許確實是海寧陳閣老家的兒子。

但是，對於這種說法也有人提出異議。根據皇室族譜《玉牒》的記載，在乾隆帝降生之前，雍正帝已經有了三個兒子，雖然長子和次子都早早夭折了，但第三個兒子此時已經八歲，雍正也正當壯年，沒有理由在有了兒子的情況下還偷偷摸摸地用自己的女兒去換陳閣老的兒子。在《玉牒》上還清楚地記載著，康熙五十年（一七一一年）八月十三日，孝聖憲皇后鈕祜祿氏誕乾隆於雍和宮。而且乾隆對自己的生母十分孝順，曾親自侍奉皇太后三上泰山，四下江南求佛和遊玩，多次陪母親到避暑山莊避暑。皇太后晚年，乾隆特意用三千多兩黃金做了一個金髮塔，用來存放供奉母親梳頭時掉下來的頭髮。由此可見，乾隆是由雍正的夫人鈕祜祿氏所生不假。

同時，學者們還對傳說中的海寧陳家進行了考證。海寧是浙江省錢塘江邊上的一個小縣。所謂的海寧陳家就是指陳世倌家，因為曾經入閣為官，所以被當地人稱為陳閣老。陳家在康熙、雍正、乾隆三朝，仕途通達，多人官居高職，顯赫一時。乾隆為什麼六下江南，曾有四次住到海寧陳家的私人花園，其實是因為清朝自康熙年間起就開始修建錢塘江兩岸的海塘，以減輕海潮對兩岸人民的危害。乾隆即位後，對這項工程非常重視，趁著南巡之時前往修塘的前線視察也是應該的。那麼既到海寧，總得有個合適的住所，浙江海寧是一個偏僻的小縣，當時找不到比陳家花園更好的地方讓皇帝住了。

陳家花園是海寧名勝，亭臺樓榭，花木扶疏，自然就成為接駕駐蹕之處。再說陳家花園離陳家住宅實際還有幾里路遠，乾隆在陳家花園住過四次，但對陳家子孫卻一次也沒有召見過，更談不上「探望親生父母」了。這個園子本叫做「隅園」，乾隆在居住之時親自把它改名為「安瀾園」。「安瀾」即水波不興之意，由此也可以看出，乾隆臨視海寧，確實是為了巡視海塘工程。至於前面提到的那兩塊匾額，陳家倒是確有此物，只不過根據史學家孟森的考證，這兩塊牌匾不是乾隆所題寫，而是康熙寫的。

《陳元龍傳》記載了這件事情。一個是在康熙三十九年（一七〇〇年）四月，康熙在政務之餘召見群臣，一時興致極好，就說：「你們家中各有堂名，不妨當場寫給我。我寫出來賜給你們。」當時在康熙朝中做官的陳元龍奏稱說：家父年逾八十，我曾想寫「愛日堂」三字，以表孝心。康熙就給他題寫了這個堂名。另一個是在康熙五十四年（一七一五年）六月，陳元龍奏稱自己的弟妹黃氏為侍奉公婆在家寡居四十一年，康熙為褒揚節孝，便題寫「春暉堂」匾額賜給她。也就是說這兩塊牌匾根本就與乾隆沒有關係。而且乾隆對陳世倌的態度也絕對不像是父子。據記載，乾隆十三年（一七四八年），時任文淵閣大學士的陳世倌因為起草諭旨出錯，被乾隆當眾斥之為「少才無能，實不稱職」。如此言語，怎麼會是父子關係呢？

曾經將這段傳說演繹成小說的金庸也曾親自說過，《書劍恩仇錄》中所謂的乾隆弟弟陳家洛這人物是他杜撰的，乾隆是海寧陳家後人的傳說靠不住。

關於乾隆皇帝的身世，除了在是不是雍正的兒子上存在爭議外，乾隆的生母是誰？出生地在哪兒？也存在不同的看法。一種說法認為乾隆是由熱河行宮裡一個醜宮女在草棚裡所生的。傳說有一年雍正隨康熙到熱河打獵，射倒一隻梅花鹿，雍正喝了很多鹿血。鹿血有很強的壯陽功能，雍正喝後難以自持，就隨便拉了一位很醜的李姓漢族宮女發洩一番，沒想到這一次偶然竟然就種上了龍種。第二年，雍正再次來熱河的時候，聽說李姓女子懷上龍種，怕此事傳出去壞了自己的名聲，忙派人把她帶到草棚，後來醜宮女就在草棚裡生下乾隆。

還有一種說法認為，乾隆的母親是雍正的一個使喚丫頭。這一說法來源於王闓運《湘綺樓文集》中的記載。他裡面的〈烈女傳〉記載了乾隆的一句話：「始在母家，居承德城中，家貧無奴婢，六七歲時父母遣詣市買漿酒粟面，所至店肆大售，市人敬異焉。十三歲時入京師，值中外姊妹當選入宮。……孝聖容體端頎中選，分皇子邸，得在雍府。」後來，這個丫頭竟生下了乾隆。

此外，民國時期的熊希齡，還提出了「乾隆帝之生母為南方人，諱名『傻大姊』，隨其家人到熱河營生」的說法。當然這些說法都只是一家之言，並不可靠。據清朝皇室族譜《玉牒》記載：「世宗憲皇帝（雍正）第四子高宗純皇帝（乾隆），於康熙五十年辛卯八月十三日，由孝聖憲皇后鈕祜祿氏、凌柱之女誕生於雍和宮。」也就是說乾隆皇帝是由鈕祜祿氏生於雍和宮，即原雍親王的府邸。

乾隆自己也認為自己出生於雍和宮。他還曾經多次在詩或詩注中，暗示自己出生在雍和宮。在《新正詣雍和宮禮佛即景志感》詩中，乾隆寫到「到斯每憶我生初」，說明乾隆認為自己出生在雍和宮。乾隆四十五年（一七八〇年），乾隆皇帝到雍和宮禮佛，又說：「十二初齡才離此，訝今瞥眼七旬人。」詩下還注明：「康熙六十一年始蒙皇祖養育宮中，雍正年間遂永居宮內。」說明乾隆帝自己認為他生於雍和宮之中。但是，乾隆的兒子嘉慶皇帝卻提出了不同的看法。乾隆朝官員曾任避暑山莊總管的管世銘曾有一首詩歌這樣寫道：「慶善祥開華渚虹，降生猶憶舊時宮。年年諱日行香去，獅子園邊感聖衷。」詩下注明：「獅子園為皇上降生之地，常於憲廟忌辰臨駐。」也就是說承德避暑山莊的獅子園才是乾隆皇帝的出生地。

且在嘉慶皇帝為乾隆所寫的賀壽詞《萬萬壽節率王公大臣行慶賀禮恭紀》中也提到：「康熙辛卯肇建山莊，皇父以是年誕生都福之庭。」嘉慶二年（一七九七年），嘉慶又在《萬萬壽節率王公大臣等行慶賀禮恭紀》詩中提到：「敬惟皇父以辛卯歲，誕生於山莊都福之庭。」也就是說，乾隆是在避暑山莊誕生的。

對於這些歷史的疑點，現在已無法回到當時去考證，後世的學者們也只能根據各種傳世的文獻材料進行推測了。

福康安是不是乾隆的私生子

福康安是傅恆的第三子，乾隆皇帝孝賢皇后的內姪。福康安在乾隆在位時曾先後擔任侍衛統領、戶部侍郎、戶部尚書、軍機大臣，後又被加封為貝子[13]，官至武英殿大學士。死後又被乾隆賜諡文襄，追封為嘉勇郡王，配享太廟。此等隆恩際遇在皇族之外的異姓大臣中可謂極為少見。也正是這種特殊的恩寵，使得人們懷疑是不是乾隆帝與福康安之間有什麼異乎尋常的特殊關係。

一種傳說說福康安是乾隆的私生子，從小就被乾隆帶入宮中培養。福康安長大之後，乾隆對他十分器重，先後封他作御前侍衛統領、戶部侍郎，後來又升其為戶部尚書，賜封為貝子。乾隆原本還想封他為王，只是礙於朝中大臣們的說法，不好無緣無故地封賞，於是便為福康安挑選精兵良將，讓他帶軍四處征戰、立下了不少軍功。眼看就可以封王了，可惜福康安沒有這個福氣，還沒等到封王就在軍中因病去世。乾隆無奈之下，只好追封其作了郡王。對此，後人還曾作詩諷刺說：「家人燕兒重椒房，龍種無端降下方；單闡幾曾封貝子，千秋疑案福文襄。」意思就是說乾隆因福康安是自己的兒子，一直想封他為王。但是，清朝自三藩之亂後，曾立下異姓不王的祖訓，而乾隆執意加封福康安為郡王，說明乾隆與福康安之間的關係確實不一般。

那麼福康安到底是不是乾隆皇帝的私生子呢？要弄清這一點，還要從乾隆與福康安家的淵源談起。福康安的父親傅恆是乾隆孝賢皇后富察氏的弟弟。富察氏在雍正五年（一七二七年）的時候，被冊封為寶親王弘曆的嫡福晉。弘曆即位之後，富察氏被冊封為皇后。富察氏一家可以說是一個豪門之家，她的曾祖父哈什屯在順治時曾擔任過議政大臣，祖父米思翰是康熙朝的內務總管、戶部尚書、議政大臣，伯父馬齊時任兵部尚書，後官至武英殿大學士，父親李榮保時任察哈爾總管，哥哥廣成先任大理寺卿，後任御史、都統，弟弟傅恆任戶部尚書、軍機大臣、保和殿大學士，後授一等忠勇公。傅恆一家被賜第東安門內，權勢盛極一時。

乾隆與傅恆一家的關係也確實有點說不清楚，特別是與傅恆的夫人更是有一種說不清道不明的關係。據說傅恆夫人那拉氏是滿洲第一大美人，入宮朝見時被乾隆看見，從此便喜歡上了這個內弟妹。兩人從此經常在後宮幽會，後來竟然生下一個私生子，這個孩子據說便是福康安。

另外據野史記載，乾隆皇后富察氏的死也與乾隆同傅恆夫人的私情有關。乾隆十三年（一七四八年）正月，皇后富察氏隨乾隆帝和皇太后前往山東曲阜祭孔。後來，乾隆一行人從曲阜回北京，三月十一日夜船到了德州，乾隆等人在龍舟中宴飲同樂，傅恆夫人也來到船上助興。宴席間乾隆作詩說：「坤闈設帨慶良辰。」皇后接著續道：「奉命開筵宴眾賓。」傅恆夫人隨後續道：「臣

13貝子：清朝宗室及蒙古外藩的爵職之一，地位在貝勒之下，鎮國公之上。

妾也叨恩澤逮。」乾隆則接道：「兩家並作一家春。」皇后從此便看出了乾隆同傅恆夫人之間有隱情。於是，當晚她就到乾隆的龍船上查探，果然捉住乾隆和傅恆夫人在私通。皇后力諫乾隆要注意形象，乾隆不但不聽反而加以斥責，皇后羞憤難當，當即投水而死，當時才三十六歲。當然這只是野史筆記的記載，並不能作為憑據。

但是，後人研究了乾隆與傅恆一家特殊的關係後發現，乾隆和福康安之間確實有一些說不明白的地方。一是乾隆三十五年（一七七〇年），傅恆病死之後，乾隆前往傅恆府上弔唁，曾作過一首悼亡詩，詩中說：「平生忠勇家聲繼，汝子吾兒定教培。」前半句沒有什麼奇怪之處，但後半句「汝子吾兒」四個字卻讓人難以理解。為什麼乾隆稱傅恆的兒子也是自己的兒子呢？是褒揚厚待忠臣之舉，還是其中確實蘊涵著什麼隱情？

此外，福康安從小就被乾隆接到宮中親自培養，對他極為器重，先後任其為兵部侍郎、兵部尚書、總管內務府大臣、太子太保，恩寵可謂隆極一時。但奇怪的是乾隆居然沒有招這位恩寵有加的青年作駙馬。從福康安的其他兄弟來看，大哥福靈安，被封為多羅額駙，為正白旗滿洲副都統；二哥福隆安，被封為和碩額駙，任兵部尚書兼軍機大臣。福康安的兩個哥哥都做了額附，以乾隆對他的寵愛，沒理由不許一位公主給他。而且當時乾隆的宮中確實也有一位與福康安年齡相當的格格尚未出嫁。據說福康安的父親傅恆還曾經入宮向乾隆請求，讓福康安尚公主為額駙，但乾隆只是微笑不許。這到底是為什麼呢？是乾隆對福康安另有安排，還是因為福康安確實是龍種，不能夠尚公主？

而且，乾隆對福康安的恩寵也確實不同於一般的朝臣。福康安小的時候就被乾隆帶到內廷，親自培養，待之與諸位皇子沒有差別。福康安長大之後，乾隆又對他委以重任，先後擔任吉林將軍、盛京將軍、成都將軍、雲貴總督、四川總督、陝甘總督、閩浙總督、兩廣總督、武英殿大學士等要職。福康安生活豪奢，常常引來地方官員的不滿，地方官員曾多次上奏福康安收受賄賂、索要財物的過失，但乾隆卻絲毫不加責怪。這又為福康安的身世之謎埋下一個疑點。

從上面的證據來看，福康安的身世確實值得懷疑，但是，由於沒有充足的證據，學術界還無法確定地說福康安就是乾隆的私生子。

由此，還有人認為福康安是乾隆私生子的說法不可信。首先他們認為富察皇后投水自盡一說不成立。據歷史記載皇后富察氏，性賢淑，尚節儉，不奢華，孝順太后，敬愛乾隆，兩人之間的感情極好。有一次乾隆患了癤子，治癒之後，太醫說要靜養百日，元氣方可恢復。為了讓乾隆靜養，皇后曾經幾個月都在乾隆的寢宮外就寢。百日之後，乾隆恢復之後她才回自己寢宮。富察皇后病死之後，乾隆悲慟不已，曾經連續十二天，為皇后靈柩添擺供品，並寫下一篇情真意切的《述悲賦》來紀念他與皇后之間的感情：「《易》何以首乾坤？《詩》何以首關雎？惟人倫之伊始，固天儷之與齊。……悲莫悲兮生別離，失內位兮孰予隨？」後一句說的是：我是如此悲痛，這樣的生死離別，使我失去了賢內助，今後誰來陪伴我呢？

人們根據乾隆皇帝與富察皇后的恩愛之情，推斷乾隆寵愛福康安也許是因為他是孝賢皇后的親姪子，個性又和乾隆很投合。而且，從福康安一生的功績來看，所受恩寵可謂受之無愧。福康安從十九歲開始戎馬生涯，一生轉戰南北，功勛卓著。乾隆三十七年（一七七二年），福康安率領清兵平定大小金川；乾隆四十九年（一七八四年），福康安平定甘肅伊斯蘭教徒起義；乾隆五十二年（一七八七年），福康安又遠涉東南，平定了臺灣林爽文起義；接著又在乾隆五十七年（一七九二年）前往尼泊爾打退了廓爾喀族的入侵，福康安曾經率兵打到加德滿都，使清軍獲得重大的勝利。福康安為大清效命疆場二十餘年，安內攘外，立下了赫赫戰功。乾隆六十年（一七九五年），福康安奉命帶兵鎮壓苗民起義，初戰告捷，但是就在成功指日可待的時候，福康安卻由於長途跋涉的勞累於五月病逝軍中。對於福康安的死，乾隆悲慟萬分，揮筆寫道：「到處稱名將，功成勇有謀。近期黃閣返，驚報大星流。自嘆賢臣失，難禁悲淚收。深恩縱加增，忠篤哪能愁。」然後，又下旨追封其為嘉勇郡王。有如此赫赫戰功，乾隆要封福康安為王也沒有什麼奇怪。

對於沒有確鑿證據的疑案，後世之人不可妄加推測，應該採取存疑的態度去面對這些問題，全面地瞭解各種說法的來龍去脈和證據所在，也許哪一天發現了新的材料，這些歷史的謎案就可以徹底地揭開了。

◆◆◆《紅樓夢》作者質疑◆◆◆

《紅樓夢》是中國十八世紀中期的一部古典小說，它在中國及世界發展中占有顯著的地位。也正是由於《紅樓夢》在中國文學史上占有如此重要的地位，所以一百多年來關於《紅樓夢》作者的爭論也從來沒有停止過。從《紅樓夢》問世後不久一直到今天，學者們先後提出各種不同的看法。

那麼《紅樓夢》的作者到底是誰呢？以王夢阮為代表的《紅樓夢》索隱派，首先提出《紅樓夢》為順治帝福臨為董鄂氏而作的說法。這一派學者認為董鄂氏即是秦淮名妓董小宛，本是當時名士冒辟疆的小妾，後來被清兵奪去，送到北京，成為順治的妃子，並得到順治的寵愛。董鄂氏病死之後，順治痛不欲生，跑到五臺山去做了和尚。《紅樓夢》裡的賈寶玉即是順治自己，林黛玉即是董鄂氏。「世祖臨宇十八年，寶玉便十九歲出家；世祖自肇祖以來為第七代，寶玉便言『一子成佛，七祖升天』，又恰中第七名舉人；世祖諡『章』，寶玉便諡『文妙』，文章兩字可暗射。」「小宛名白，故黛玉名黛，粉白黛綠之意也；小宛是蘇州人，黛玉也是蘇州人；小宛在如皋，黛玉亦在揚州；小宛來自鹽官，黛玉來自巡鹽御史之署；小宛入宮，年已二十有七，黛玉入京，年只十三餘，恰得小宛之半。……小宛遊金山時，人以為江妃踏波而上，故黛玉號『瀟湘妃子』，實從『江妃』二字得來。」從《紅樓夢》中的這些隱語與順治帝和董鄂氏的巧合之處，索隱派的學者們認為此書必定為順治帝福臨所作。但是，對這一派的說法，接著就有人提出異議。孟蓴蓀在《董小宛考》一文中，證明董小宛比順治的年齡大一倍還多，根本不可能是董鄂氏，所以，他認為索隱派的觀點有點牽強附會。

後來，教育學家蔡元培又提出《紅樓夢》是清代康熙年間出現的政治小說的說法。他根據《紅樓夢》一書中「弔明之亡，揭清之失，而尤於漢族名士仕清者寓痛惜之意。書中『紅』字多隱『朱』字。朱者，明也，漢也。寶玉有『愛紅』之癖，言以滿人而愛漢族文化也」等情節提出《紅樓夢》的作者是一位民族主義者的觀點。當然，從學術的角度講這只是一家之言。

此後不久，又有人提出《紅樓夢》的作者為康熙朝大學士納蘭明珠的兒子納蘭成德（後改名為納蘭性德）。這一派觀點來源於陳康祺的《郎潛紀聞二筆》，書中講到先師徐柳泉先生云：「小說《紅樓夢》一書即記故相明珠家事。金釵十二，皆納蘭侍衛所奉為上客者也。寶釵影高澹人，妙玉即影西溟先生……」後來，俞樾在他的《小浮梅閒話》中也提出了類似的說法。

但自一九二一年胡適的《紅樓夢考證》發表以來，《紅樓夢》為江寧織造曹寅之後曹雪芹所作的觀點成為了學術界的主流觀點，並為世人所接受，成為現在大家所公認的一種通俗觀點。胡適將歷史考證學的方法用於文學考證，認為與曹雪芹同時在南京為官的袁枚的《隨園詩話》

中記載有一段話：「康熙間，曹練亭（練當作楝）為江寧織造，每出擁八騶，必攜書一本，觀玩不輟。人問：『公何好學？』曰：『非也。我非地方官而百姓見我必起立，我心不安，故藉此遮目耳。』素與江寧太守陳鵬年不相中，及陳獲罪，乃密疏薦陳。人以此重之。其子雪芹撰《紅樓夢》一書，備記風月繁華之盛。中有所謂大觀園者，即余之隨園也。明我齋讀而羨之。」胡適以此為證據，考證出《紅樓夢》的作者應該就是曹雪芹。胡適的考證極為精密，以至於他考證的結果，成為史學界最經得起考驗的成果，《紅樓夢》的作者是曹雪芹的說法也幾乎成了學界的定論，為世人廣為接受。

曹雪芹，名霑，字夢阮，號雪芹，為滿籍漢族人。大約生於西元一七一五年，卒於西元一七六三年。祖上很受康熙皇帝的青睞，從他的曾祖曹璽開始，一家三代一直擔任江寧織造一職。曹雪芹的曾祖母做過康熙的乳母，祖父曹寅做過康熙的侍讀，曹家有兩位女兒入選為王妃。康熙六次南巡，有四次住在曹寅的江寧織造署內。曹寅還奉命經常以密摺向康熙報告當地政治情況和大官僚的動態。在康熙年間，曹家是江南少有的貴族世家。康熙死後，雍正即位，曹雪芹的父親曹頫牽連到皇室派別的鬥爭之中，被罷官、抄家，家道從此衰落。曹雪芹的一生恰好經歷了曹家由盛而衰的過程，由「錦衣玉食、飫甘饜肥」的貴公子，降為「茅椽蓬牖」[14]，繩床瓦灶」和「舉家食粥酒常賒」的落魄寒士，人生際遇的變化使曹雪芹感觸頗深，這種特殊的人

14 茅椽蓬牖：椽，架設屋子的木條。牖，音同「有」，窗子。茅椽蓬牖比喻屋舍簡陋。

生變故也成為他寫作《紅樓夢》的現實基礎。曹雪芹在極端的落魄之中「披閱十載，增刪五次」，終於完成了這部人類文學史上的輝煌巨著，並把自己的人生變故隱喻其中，從而出現了這部近似於曹雪芹家史的文學傑作。但是，曹雪芹只寫完前八十回就在貧寒落魄中與世長辭了，到了十八世紀，高鶚又續寫此書的後四十回，補成了現行的一百二十回本。

自胡適論證了《紅樓夢》確為曹雪芹所作之後，這種說法已為絕大多數的人所肯定，但是，也並不是沒有人提出異議。實際上，這一百多年來一直有人對《紅樓夢》的作者問題提出新的看法。臺灣曾經有一位學者提出，曹雪芹最多不過是《紅樓夢》的增刪改訂者，在他之前當有另一位具有遺民思想的人是原作者。這種說法沒有引起多大的反響。但到了西元一九七九年，小說戲曲研究員戴不凡發表了名為《揭開紅樓夢作者之謎》論文之後，一場大規模的關於《紅樓夢》作者的爭論再次展開。戴不凡認為曹雪芹不是《紅樓夢》的「一手創纂」或「創始意義」的作者，他是在「石兄」的《風月寶鑒》舊稿的基礎上，巧手新裁，改作成書的。總之，他認為曹雪芹只是小說的「改作者」，「石兄」才是此書的真正作者，但是卻又拿不出充足的證據來證明「石兄」這個人的存在。

近年來，《紅樓夢》的作者問題依然是紅學界的一大熱點。前段時間又有學者提出《紅樓夢》係曹雪芹的父親曹顒所作的觀點。這位學者認為《紅樓夢》的真正作者是曹雪芹的父親曹顒，曹雪芹只不過是小說中部分詩詞的作者。他認為《紅樓夢》的一百二十回都是一個作者所作，這一百二十回是按照歷史上真實的年代來寫作的，大約覆蓋了西元一七〇六年到一七二四年這樣的一個時間段。這一派觀點的主要證據就是小說中所記載的各種災荒、天象以及太妃去世和下葬的時間等都可以從真實的歷史事實中找到印證。因此，這位學者認為《紅樓夢》是一部編年自傳體性質的小說。此外，論文中還考證出賈寶玉出生日期為西元一七〇六年六月八日（農曆四月二十八日），正好與曹雪芹父親曹顒的生年相同。

除了這一派觀點之外，還有學者提出，《紅樓夢》的真正作者是曹雪芹的朋友敦敏與敦誠的叔父墨香。他們認為從對曹雪芹的考證來看，曹雪芹是不大可能寫出《紅樓夢》來的。這一說認為曹雪芹生於雍正二年（一七二四年），五歲時就被抄了家，所以他從小便生長於破落與貧困之中，根本不可能寫出賈府的那種榮華富貴的生活。另外，曹雪芹生活潦倒，幾乎無法度日，不大可能以十年之長的時間從事鴻篇巨制的創作。而且，曹雪芹生前的幾位好友也都從未提起過曹雪芹寫《紅樓夢》的事。既然曹雪芹用了十年工夫去寫《紅樓夢》，他的朋友不可能不知道。所以，曹雪芹不可能是《紅樓夢》的作者，真正的作者應是墨香。墨香是努爾哈赤的後人，後來家道衰落，他的生活際遇符合這麼一部大喜大悲的故事情節，而《紅樓夢》中的不少詩文中也確實可以讀出皇子皇孫的口氣。墨香在寫完《紅樓夢》時，曹雪芹已死，他便借用曹雪芹的名字，是為了防止「文字獄」之禍。

最近，又有一位瀋陽的老先生提出《紅樓夢》係曹雪芹的戀人薛香玉所作。薛香玉是曹雪芹的紅顏知己，比曹雪芹大兩歲，聰明過人。從曹雪芹的名字上可以看出「曹薛情」之意，該書寫的應是曹與薛的情史。曹雪芹在甲戌本的《凡例》中最後有「字字看來皆是血，十年辛苦不尋常」，也就是「『血』諧為『薛』，所以，《紅樓夢》應該是由薛香玉用十年的辛苦寫出來的」。

作為一部偉大的小說，《紅樓夢》很值得後人做進一步的研究和考證，也許有一天，還會有更驚人的成果被考證出來。

石達開生死謎案

石達開是太平天國的軍事奇才，廣西省貴縣人。早年加入拜上帝會，後來同洪秀全、馮雲山、蕭朝貴、楊秀清等人發動金田起義，石達開被封為左軍主將。西元一八五一年，太平天國在永安建制，石達開得封翼王。後率領太平軍作為先鋒，從廣西一路打到南京。西元一八五三年，太平天國攻陷南京，改為天京，正式建立起與清朝政府相對立的太平天國。石達開因為軍功卓著，成為太平天國的主要統兵將領之一。此後，洪秀全派西征軍沿江西上，直破江西、湖南、湖北等地，眼看就要攻下長沙，結果，由於一時疏忽被曾國藩所率領的湘軍所敗，太平軍節節後撤，先前攻下的武漢、黃州、岳陽等地先後失守，九江危急。

石達開銅像

這時石達開奉命率軍到九江前線增援，來到前線之後，他一面指揮九江等地的守軍頑強抗敵，一面將自己的軍隊分成幾個小組，將曾國藩的湘軍水師困鎖於鄱陽湖內，然後放火焚燒。這一戰幾乎全殲了曾國藩的水師軍隊，急得曾國藩幾乎要跳水自殺。從此西征軍扭轉戰局，順利地攻下了江西、湖北、安徽等大片的根據地，並進一步鞏固了長江中上游的九江、安慶等軍事堡壘。西征勝利之後，石達開又率精兵回師，會同燕王秦日綱等一舉摧毀清軍的江南大營和江北大營，解開了清軍對天京的圍困，太平天國在軍事上達到了全盛時期，石達開也因為軍功卓著得到太平軍將士們的一致擁護。

西元一八五六年夏，正當太平天國運動發展到全盛的時候發生了天京事變。楊秀清「逼天王親到東王府封其萬歲」，引起洪秀全的強烈不滿，洪秀全密令正在安徽督師的北王韋昌輝回京調解。韋昌輝同楊秀清素來積怨很深，九月一日，韋昌輝帶領精兵三千人趕回天京，殺死楊秀清及其家屬部眾兩萬多人。後來，石達開趕到天京，指責韋昌輝殺人太多，韋昌輝又想殺石達開。石達開在部眾的幫助下逃出天京，韋昌輝就殺了他的全家和部眾上萬人。石達開逃回江西前線之後，立刻率領親兵幾萬人，東返天京找韋昌輝報仇。殺紅了眼的韋昌輝又想殺掉洪秀全自立，洪秀全在天京軍民的配合之下，殺掉韋昌輝等人，才最終平息了這場血流成河的內訌。

天京事變是太平天國領導集團洪秀全、楊秀清、韋昌輝爭奪天國領導權力的內訌，它給太平天國造成極其慘重的損失，斷送了太平天國在軍事上的大好形勢，使太平天國元氣大傷。事變之後石達開奉詔回京輔政，十一月，石達開率軍從江西前線的寧國經蕪湖回到天京，受到天京軍民的熱烈歡迎，「合朝同舉翼王提理政務」，洪秀全也不得不加封石達開為「義王」，命他全權處理天國政務。石達開回京之後，盡棄前嫌，甚至連殺害了他全家的韋昌輝的父親和兄弟都不許予以傷害。他竭盡全力穩定因天京事變造成的混亂局面，加強各派之間的團結，起用年輕的將領，緩解太平天國在軍事上因為缺兵少將造成的壓力。他重用只有十九歲的年輕小將陳玉成，命他主持江北軍事；然後又派精兵，牽制住江南大營的清軍，爭取主動，力挽危局。西元一八五七年五月，剛剛被石達開提升的陳玉成率部攻入鄂東地區，迫使正想順江而下的清軍從九江分兵北上救援，遏制住了清軍圍攻的勢頭，打亂了清軍的戰略部署，重新取得戰場上的主動權。太平天國軍民的士氣重新高漲起來，把太平天國從面臨覆亡的危機中挽救過來。

但是，石達開的一片忠心反而引來洪秀全的猜忌，他見石達開輔政以來，功勛卓越，很得人心，又見石達開手下的部隊都是太平天國的精銳之師，軍力雄厚，便害怕石達開會像楊秀清、韋昌輝一樣對自己不利。因此，洪秀全對石達開「時有不樂之心」、「深恐人占其國，使洪氏一家一姓的天下失之旦夕」。於是，洪秀全分封他的哥哥洪仁發為「安王」，洪仁達為「福王」，負責管理軍隊的糧草，並參與國事，想以此來牽制石達開。但是洪秀全的這種做法違背了他起義之初許下的「非金田同謀首義、建有殊勛者不封王爵的規定」，也極大地傷害了石達開的忠心，他開始害怕洪秀全會對自己「陰圖戕害」，最後落個「忠而見逼，死且不明」的悲慘下場。

西元一八五七年六月二日，石達開一氣之下率領所部二十萬精兵離京西上。為了表明自己的忠心，他一路上張貼布告，表明「吾當遠征報國，待異日功成歸林，以表愚忠耳」。石達開的出走使得太平天國一時出現了「國中無人」、「朝中無將」的危險局面。清軍趁機反撲，太平天國的大好形勢再次毀於一旦，大片的根據地都被清軍攻陷。這時的洪秀全又想到了石達開，多次派人送信給石達開，想讓他率軍趕回天京。但傷透了心的石達開說什麼也不肯再回去了。

石達開率領十幾萬大軍，離開皖、贛根據地，轉戰浙江、福建等地，多次攻城都沒有成功。此後，石達開又率軍折入湖南，打算經湖南回師廣西，打回老家貴縣去。西元一八五九年七月，石達開攻占靈川縣，開始向桂林挺進，不料在甘棠渡遭到曾國藩湘軍的伏擊，太平軍損失慘重，陣亡一萬多人。這一戰之後，石達開的部隊陷入了沒有根據地、缺草少糧、士氣低落的危險之中。曾國藩也看出了這一點，高興地說：「既鈍於浙，鈍於閩，入湘後又鈍於永祁，鈍於寶慶，裹脅這人願從者漸少，且無老巢以為糧臺，糧米須擄，子藥須搬，行且自疲於山谷之間。」「氣散而不整，迥不似石往年情形。」便加緊了對石達開所率軍隊的圍攻。石達開走投無路，只好退守到長蛇嶺，進而轉戰四川，結果被湘軍大敗。同年秋天，石達開重整隊伍，在川南、黔北等地轉戰年餘，結果屢戰受挫。最後在四川的大渡河畔陷入清軍的重重包圍之中，進退無路，陷於絕境，多次率軍突圍都沒有成功。

後來，清軍派人前來勸降，說只要石達開投降，就可以保證太平軍幾萬將士性命無憂。石達開為保住部眾的性命，於六月十三日帶了自己五歲的兒子石定忠前去清營談判，希望清軍統帥駱秉章、唐友耕能「依書赴奏，請主宏施大度，胞與為懷，格外原情，宥我將士，請免誅戮，禁無欺凌，按官授職，量材擢用，願為民者散為民，願為軍者聚為軍」。結果他卻在洗馬姑被清軍誘捕，全軍將士也在被騙繳械後慘遭屠戮。

二十五日，石達開被押送到成都，清軍統帥駱秉章一見到他就問：「你投降嗎？」石達開凜然地回答道：「我來是乞死的，也是為我的部眾請命的，當下只求一死了。」六月二十七日，駱秉章等人在總督府會審石達開，石達開冷笑道：「是俗所謂成則為王，敗則為寇，今生你殺我，安知來生我不殺汝耶？」然後，便不卑不亢地自赴刑場。為了殺一儆百，清廷判石達開等人以凌遲處死。據說，石達開「臨刑之際，神色怡然」，「自就綁至刑場，均神氣湛然，無一毫畏縮態。且係以凌遲極刑處死，至死亦均默默無聲，真奇男子也！」這些記錄都出自清軍將領之手，他們的記錄尚且如此，可見石達開果真是一條硬漢。

石達開的遭遇是一個歷史的大悲劇。有人說，石達開沒有死，當年前往清營與清軍談判的人不是石達開，而是與他相貌酷似的養子。當時，他之所以要帶上五歲的石定忠就是為了讓清軍相信自己就是石達開。石達開在清軍開始進攻之時，便帶領幾個心腹化裝趁亂逃出了包圍圈，據說，後來還有人曾經在四川見過隱居的石達開。還有一種說法是，石達開率眾突圍之後，帶著自己的餘部和大量的珠寶逃到了貴州與廣西交界的叢山之中，見這裡群山延綿，是個藏兵駐軍以圖東山再起的好地方，便在這裡修築了一座山寨，將珠寶埋在山寨中的一個山洞中以作為自己有朝一日東山再起的資金。但是之後南京也被清軍攻破，洪秀全病逝，太平天國從此徹底失敗，隱居在此的石達開隨著年紀的增大，也逐漸失去了東山再起的信心。最後，他和他埋下的珠寶一樣都成為近代歷史上一個難解的謎。

李秀成是不是叛徒

西元一八六四年七月，曾國藩所率領的十幾萬湘軍將太平天國的首都天京圍了個水洩不通，天王洪秀全憂病交加去世，臨死的時候仍然作著天國神話的春秋大夢。洪秀全死後，他的兒子洪天貴福即位做了幼天王。但此時的太平天國已經是窮途末日，湘軍隨時都有可能攻破天京的城池。十九日，湘軍開始攻城，幾千門大炮在一時間打響，震得天地轟鳴。天京的城池很快就被打開好幾個大缺口，湘軍士兵蜂擁而入，守城的太平軍將士與湘軍展開了慘烈的巷戰。

為了保護天國的希望幼天王洪天貴福，太平軍的統帥李秀成親自率領數千餘名將士，護衛幼天王在太平門缺口處突圍而出。為了確保幼天王的安全，李秀成在突圍戰打響之前還特意將自己的那匹久經戰陣的寶馬換給了幼天王。經過一番血戰，李秀成終於率領部分士兵衝出城外，但由於圍城的湘軍實在太多，李秀成在突圍的過程中同大隊人馬走散。天亮之後，人睏馬乏的李秀成藏到天京城外的一座破廟中暫避，順便打聽一下幼天王和大隊人馬的消息。誰知由於李秀成一身王者的裝束，引起了兩個刁民的注意，他們一看李秀成的打扮就猜測他一定是昨晚從天京城中逃出來的某位重要人物，如果把他捉住，送到曾大帥的營中，一定會有重賞。於是，他們趁著李秀成熟睡的機會，將他捉住。二十三日，李秀成被縛送到了清營。

聽說李秀成被俘的消息，湘軍統帥曾國藩急忙趕到南京，並開始親審李秀成。李秀成從被俘到被殺，一共過了十六天。在此其間，他曾在囚籠中親筆寫下數萬字的供詞，也就是後人所稱的《忠王李秀成自述》。在後人所見的這本供詞中，人們可以看到李秀成在供詞中有明顯屈膝投降的意思。供詞中李秀成稱讚曾國藩「有仁愛」、「有德化之心」，說曾國藩對他有「恩情厚義」，還說「久悉中堂恩深量廣，切救世人之心，玉駕出臨瑤」，表示「我見老中堂大義恩深，實大鴻才，心悔莫及」，自嘆「一身屈錯，未遇明良」，並將京城淪陷喻作「我主無謀，清朝有福」。他還提出「收齊章程」，自願以「罪將」之身，出面代為招降太平軍餘部，從而「盡義對大清皇上，以酎舊日有罪愚民」，「免大清心腹之患再生」。根據供詞中的這些言語，後人推斷李秀成變節投降了清王朝，並親筆對清王朝寫下了這本搖尾乞憐的供詞。

那麼李秀成為什麼要變節投降呢？圍繞這個問題後世的學者們展開了一場曠日持久的爭論。著名的太平天國史專家羅爾綱認為李秀成投降曾國藩是效法三國時的蜀將姜維投降鍾會。他的投降並不是為了榮華富貴，也不是為了撿得一條命。李秀成貴為王爺之時，都能夠在戰陣之中，捨命奮戰，毫不懼死，此時身陷囹圄，他更不會為了一條賤命而搖尾乞憐。在審問他的過程中，曾有人問他「汝今計安出」時，李秀成就曾回答道：「死耳。」由此可見，李秀成不懼怕死，死時才四十二歲。據說他在臨刑前，毫無戚容，談笑自若，並寫下了十句絕命詩。這表明李秀成早已準備好就義，並未抱有求生的希望，他投降曾國藩主要是想勸曾自立為王，起兵反清。與此同時在曾家的後人中也流傳著「李秀成勸文正公做皇帝，文正公不敢」這樣的一個傳言。著名歷史學家陳寅恪也推測，曾國藩之所以不肯將《忠王李秀成自述》的原稿公布於世，其中必定有不可告人的祕密。至於他不願示人的那一部分究竟包含哪些內容，現在已無法考證。曾國藩不想造反，但又怕引起清廷的猜忌，為自己引來殺身之禍，所以才設法刪改了《忠王李秀成自述》的原稿內容，且違抗聖旨擅自處死李秀成。

當然，也有人認為李秀成投降曾國藩並不是要效法姜維，試圖東山再起，而是一種「乞活求生」的叛徒行徑。曾國藩在親自審問李秀成的過程中也許對他許下了某些承諾，使得李秀成對老謀深算的曾國藩產生了一些幻想，萌發投降求生的念頭。從李秀成的供詞中可以看出，李秀成對洪秀全後期的所作所為極其不滿，所以才會在供詞中自嘆「一身屈錯，未遇明良」。

太平天國後期，洪秀全開始陷入一種迷信的痴狂狀態，由於受韋楊變亂和石達開出走等事件的影響，他開始對異姓諸王抱有戒心，處處設法掣肘。李秀成由於後期軍權在握，也受到洪秀全的懷疑和牽制，忠心受到很大的打擊。有一次，李秀成請命親自率軍解救蘇杭之圍，洪秀全怕他率兵出走，或者發動叛變，臨行前迫使李秀成將自己的老母妻子兒女留在天京作為人質。這種無端的懷疑對於一向忠心耿耿的「忠王」李秀成來說簡直是天大的侮辱。這也難免會令他對洪秀全的天朝王國失去信心，感覺自己投錯了主子，一腔忠心到頭來也只是個天大的笑話。

至於在供詞中李秀成稱讚曾國藩的「有仁愛」、「有德化之心」、「久悉中堂恩深量廣，切救世人之心，玉駕出臨瑤」、「我見老中堂大義恩深，實大鴻才，心悔莫及」，以及說洪秀全到了如此境地是因為「我主無謀，清朝有福」，純粹就是為了討好曾國藩，以求不死，甚至還想通過「收齊章程」招降舊部來立功贖罪。

同時，當時參與審問李秀成的清軍將領趙烈文，在自己的筆記中也記載李秀成「言次有乞活之意」。李秀成相信曾國藩，抱著一絲希望寫下了幾萬字的投降書，並不知廉恥地對曾國藩說：「承恩惠示，真報無由。」只可惜曾國藩不會給自己留下後患，得到供詞之後就將李秀成處死了。

從上述的兩種爭論可以看出，學者們爭論的立足點都是李秀成所寫的《忠王李秀成自述》這本供詞。但是，這本供詞到底是不是真的呢？西元一八六四年八月七日，李秀成寫完供詞之後就被曾國藩在南京軍中處死。按照清朝的法律，這麼重要的犯人所寫的供詞應該在犯人畫押之後原原本本地上奏朝廷，但是，曾國藩似乎沒有這麼做。不知道是出於什麼想法。曾國藩找了八九個與李秀成字跡差不多的幕僚，將李秀成的供詞進行了重新繕寫，每個人只寫了其中的一小部分，都未能窺知這本供詞的全貌。曾國藩將這本供詞做了這麼一番修改之後才送軍機處備查，同時在安徽安慶九如堂刊印，也就是後人所見的九如堂刻本。曾國藩為什麼要對供詞進行重新繕寫？為什麼供詞的原本被他收藏起來祕不示人？這裡面難道真的像後人所說的那樣有什麼不可告人的隱情嗎？

由此，後世的學者們對《忠王李秀成自述》的真偽也產生了懷疑。曾經在太平天國任官的英國人呤唎在自己的《太平天國革命親歷記》中指出：「西元一八五二年，在太平軍占領南京以前，清官方即已捏造了一篇名為《天德供狀》的文件，偽託是叛軍領袖的供狀，謊稱他們俘獲了這個領袖。《忠王李秀成自述》很可能也是同樣靠不住的。這篇文件或為某個著名的俘虜所偽造（他可能因此而得赦免），或為兩江總督曾國藩的狡猾幕僚所偽造。」西元一九五六年，中國國家司法部的法醫研究所筆跡專家也推定，曾氏後人所存的《忠王李秀成自述》是「曾國藩所偽造」。但太平天國史專家羅爾綱提出了相反的結論，他通過研究廣西通志館從湖南湘鄉曾國藩後人家抄錄來的《忠王李秀成自述》原稿的抄本以及當時拍攝的照片中的筆跡、用語、語氣等，斷定「曾國藩後人家藏的《忠王李秀成自述》確是李秀成親筆」。

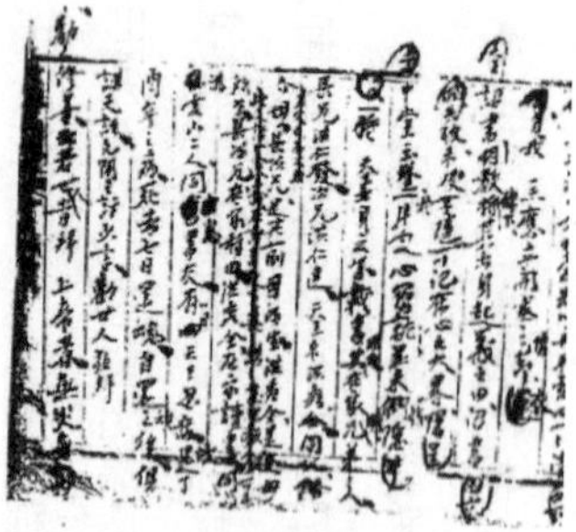

李秀城自述原稿首頁

原稿字數約有五萬字至六萬字，今所見湘鄉曾家所藏原稿只有三萬三千三百餘字，已被曾國藩撕毀了二萬多字。

此後，學者們對於這一問題展開了激烈的爭論。史學家榮孟源根據供詞中對太平天國領袖的一些犯諱之處，認為《忠王李秀成自述》應該係曾國藩偽造。陳旭麓則堅持《忠王李秀成自述》是李秀成的親筆，犯諱問題可能是李秀成在身陷囹圄情況下的一時疏忽，同時還指出《忠王李秀成自述》的稿本如果是假的，曾國藩又為什麼把它當寶貝一樣傳給後人呢？

我們現所見到的原件稿本主要有兩種：一種是民國時期，廣西通志館從湘鄉曾國藩後人那裡拍攝的「原稿」。另外一種是臺灣影印出版的由曾國藩的後人曾約農所藏的「原稿」。但是，學者們對這些原稿也持有疑問。有的學者認為，《忠王李秀成自述》稿本是李秀成的真跡；有的學者則認為現存的自述是曾國藩刪改過的，字跡相像也許是出於專門的偽造。由於《忠王李秀成自述》這本書是當今證明李秀成到底有沒有變節投降的唯一證據，它牽涉到李秀成到底是忠是奸的評價問題。既然作為唯一證據的《忠王李秀成自述》一書的真偽都存在疑問，那麼，李秀成到底有沒有變節投降的問題就更難說清楚了。

◆◆◆ 慈禧身世之謎 ◆◆◆

慈禧太后，這位統治中國長達四十八年的女人，她的生活經歷應該是巨細都有記載，按理說不會引起什麼疑案，但事實上並不是如此。由於清宮檔案、國朝正史等資料對於慈禧的童年生活都少有記載，由此，也引發了關於慈禧出身和出生地的一番爭論。

據清宮檔案記載：慈禧，名為葉赫那拉氏，滿洲鑲黃旗人。生於西元一八三五年，死於一九〇八年，安徽寧池太廣道惠徵之女。咸豐元年（一八五一年）大選秀女的時候，被選入後宮，封為蘭貴人。因得寵於咸豐帝，三年後又被封為懿嬪。咸豐六年（一八五六年）三月二十三日未時，懿嬪生了同治帝載淳。母因子貴，懿嬪也因此被晉封為懿妃。咸豐七年（一八五七年）正月又被加封為懿貴妃。西元一八六一年，咸豐帝駕崩承德行宮，同治帝即位，尊封她為聖母皇太后，徽號慈禧。西元一九〇八年十月二十二日，慈禧因疾病去世，卒年七十三歲。《清史稿．後妃傳》上的記載說：「孝欽顯皇后，葉赫那拉氏，安徽寧池太廣道惠徵女，咸豐元年，被選入宮，號懿貴人。四年，封懿嬪。六年三月，誕皇長子穆宗載淳，晉懿妃。七年，晉封懿貴妃。十年，從幸熱河。十一年七月，文宗崩，穆宗即位，尚孝貞皇后並尊為皇太后。」從文中的記載我們僅可以看出，慈禧名為葉赫那拉氏，鑲黃旗人，父親為安徽寧池太廣道惠徵。除此之外，對於慈禧的童年和出生地等等都少有記載。但這已經是檔案中關於慈禧早年的最詳細的記載。由於沒有詳細的記錄，後世的史家便通過自己的考證，提出了諸多關於慈禧身世的說法。有人說她出生在安徽，有人說她出生在呼和浩特，有人說慈禧出生在山西的長治市，是個貧苦的漢人人家出身，還有人說慈禧就是出生在北京。

在這些說法中，最有影響的就是慈禧生於北京說。這一說法不僅為部分史學家所認同，同時也得到慈禧娘家後人的認可。慈禧的曾祖父名叫吉郎阿，鑲藍旗人，曾在戶部做官，後來因為戶部錢糧虧空的問題受到牽連被罷了官。慈禧的祖父叫景瑞，曾在刑部做官，因為受到曾祖父錢糧虧空案的牽連，也被革了職。慈禧的父親惠徵開始在吏部做筆帖式，是一個類似於現在的祕書的八品小官。慈禧出生於西元一八三五年陰曆十月初十，當時他的父親惠徵正在吏部筆帖式的任上。所以，慈禧應該是生在這一時期惠徵所住的北京西四牌樓劈柴胡同。這一說法，在慈禧的娘家後人回憶中也有所提及，並且他們澄清了史學界的另外一個錯誤，那就是慈禧的乳名並不是叫玉蘭，而是叫做杏兒。之所以會產生這樣的錯誤，主要是因為慈禧曾經被封為蘭貴人，慈禧又非常喜歡蘭花，所以，後人才會誤認為慈禧的小名叫玉蘭。實際上慈禧的娘家人都叫她杏兒，學名叫做杏貞。

同時，關於慈禧的娘家在北京的說法，在曾任兩代帝師的軍機大臣翁同龢的日記中也可以找到佐證。據翁同龢的日記記載，同治九年（一八七〇年）八月十七日，慈禧的母親去世，在京城發喪。其母出殯時，「塗車芻靈之盛，蓋自來所未有，傾城出觀，幾若狂矣！沿途祭棚絡繹，每座千金，廷臣往弔者皆有籍，李侍郎未往，頗忤意旨。」由此可見，慈禧的母親死在北京，而且是在她掌握大權之後，這就排除了慈禧自幼喪母，生於貧苦人家的說法。

為了考清慈禧的身世，史學界對慈禧的父親惠徵的經歷也進行了一番考證。關於慈禧的父親惠徵，歷來也有眾多不同的說法。有人說他是一位被革職的正黃旗參領，有人說他是一位「掛印歸林」的大將軍，還有人說他是一位帶印脫逃的太廣道道員。這些當然都是為了襯托慈禧的身世而出現的各種傳言。根據大內的清宮檔案記載：慈禧的父親惠徵，鑲藍旗人，道光十一年（一八三一年）任吏部筆帖式，道光十四年（一八三四年）考察被定為吏部二等筆帖式，道光十九年（一八三九年）時升為八品筆帖式，道光二十三年（一八四三年）再次考察定為吏部一等筆帖式，道光二十六年（一八四六年）調任吏部文選司主事，道光二十八年（一八四八年）升為吏部驗封司員外郎，道光二十九年（一八四九年）被調任為山西歸綏道道員，咸豐二年（一八五二年）調任安徽寧池太廣道的道員。這同《清朝的皇帝》一書中「慈禧的父親惠徵，父官至安徽寧池太廣道，時當道光末年，洪楊起事，惠徵守土無方，革職留任，旋即病歿，遺妻一、子女各二，慈禧居長」的記載大體是一致的，因此，慈禧的父親是安徽寧池太廣道惠徵應該沒有什麼疑問。而且從惠徵的履歷表可以看出，慈禧出生之時，他還在京城任職，所以慈禧也應該是生在北京城。至於她的父親惠徵，據說後來死在太廣道任上，慈禧當權之後，又追封其父為承恩公，並將母家旗籍依照祖制由下五旗的鑲藍旗提升到上三旗的鑲黃旗。承恩公這一職位後來被慈禧的弟弟桂祥承襲。

在肯定慈禧的父親是惠徵的情況下，關於慈禧的出生地，除了北京說之外，還有甘肅蘭州說、浙江乍浦說、內蒙古呼和浩特說等多種說法。甘肅蘭州說的依據主要是史學家發現在甘肅布政使衙門也有一個叫惠徵的筆帖式，但從檔案對惠徵的記載來看，他確實是做過筆帖式，但是做的是吏部筆帖式，沒有在甘肅布政使衙門做筆帖式，所以這一說法值得懷疑。慈禧出生在浙江乍浦的說法主要依據的是當地出現的一些傳說，說慈禧的父親惠徵在此做驍騎校，慈禧就是出生在此地，並說慈禧之所以喜歡唱南方的小曲，就是因為從小在南方生活的關係。但是，這一說法同樣與檔案對惠徵的記載相抵觸。至於說慈禧生在內蒙古呼和浩特的說法，主要依據是此地有一條街道叫做「落鳳街」，並說慈禧和她的父親曾在此居住。但經史學家考證，慈禧的父親惠徵確實在此做過歸綏道的道員，但那時慈禧已經十五歲了，不可能是出生在這兒。

除了這幾種說法以外，還有一種說法，說慈禧出生於今山西潞安府，也就是今天的長治市。這個說法是山西一位叫劉奇的學者提出來的。這一說法不僅認為慈禧是出生在長治，而且對慈禧的身世，還提出了一種全新的說法。據這位學者考證，慈禧根本不是滿人，而是一位身世曲折離奇的漢家姑娘。西元一八三五年，慈禧出生在山西長治縣西坡村一個叫王增昌的貧窮農民家庭，並取名為「王小謙」。由於家境貧寒，小慈禧在四歲時，被賣給本縣上秦村宋四元做女兒，並改名「宋齡娥」。但等慈禧長到十二歲的時候，又被賣給了正在潞安府做知府的惠徵為婢，改名為「玉蘭」。有一次，玉蘭在服侍惠徵夫人富察氏洗腳的時候，看見她的腳底有一顆痣，便說自己的兩隻腳底都有痣。富察氏一聽大驚，兩腳底都有痣，那可是做皇后的命。於是，不敢再讓她做婢女，而收她作乾女兒，並在後衙中精心培養。到了咸豐二年（一八五二年），宮中秀女大選的時候，玉蘭便以惠徵之女葉赫那拉氏的身分，被選入宮。

這一說法在史學界引起了極大的轟動，這位學者在他的論著《解開慈禧童年之謎》一書中，列舉了三十八條證據來證明慈禧本來是漢人的說法。一是在西坡村王家的家譜上有「王小謙後來成為慈禧太后」的記載。二是在西坡村外羊頭上的山腳下有慈禧母親的墳。同時在慈禧的第二故鄉上秦村也發現了證據，就是在宋家後人宋六則和宋德文家裡發現了祖傳的光緒、宣統年間清廷製作的皮夾式清代帝后宗祀譜。在宋六則家中還發現了一封慈禧寄給其堂兄宋禧餘的感謝宋家養育之恩信件殘片和慈禧本人的單身照片。同時在這個村子裡還保留著一座叫做「娘娘院」的老房子，據說是慈禧童年的時候住過的。慈禧做了皇太后之後，當地的人們為了紀念，就把這間老房子改名為「娘娘院」保留下來。此外，作者還列舉了慈禧的一些與長治有關的生活習慣，如慈禧愛吃長治人常吃的蘿蔔團子、壺關醋、玉米糝粥、沁州黃小米，愛看上黨梆子等。這一說法在慈禧的御前女官德齡所寫的《清宮二年記》也可以得到印證，它裡面曾經記載到慈禧太后說她「喜歡鄉村生活，覺得那比起宮裡的生活來自然得多了」。

目前慈禧生於山西長治的說法在史學界產生了很大的影響，同時也引起了一些史家的反駁。慈禧太后的身世到底如何，也許還有待於史學界的近一步考證。

同治帝死因謎案

同治帝載淳是咸豐皇帝與慈禧太后的獨生子，生於咸豐六年（一八五六年）。慈禧在生了載淳之後，由懿嬪升為懿妃，第二年又升為懿貴妃。西元一八六一年，英法聯軍進攻北京，咸豐帶著慈禧母子倉皇逃往熱河避暑山莊。咸豐到熱河後不久，便因病而死。此時年僅五歲的載淳繼承皇位，年號祺祥，尊生母葉赫那拉氏為「聖母皇太后」。載淳即位後不久，慈禧便和慈安等人發動了「辛酉政變」，除掉了咸豐臨終時託孤輔政的八大臣，由自己和慈安垂簾聽政，控制了國家大權，並改年號為「同治」，所以，載淳又被後人稱為同治皇帝。同治在位十三年，他在位期間朝政完全處於慈禧的控制之下。載淳成人之後，慈禧本想歸政於他，誰知這位短命的天子，親政兩年後就因病去世了，死的時候不到十九歲。關於同治的死因，在史學界一直存在較大的爭論。正史的記載中，說同治是死於天花，但在民間的野史小說中卻說同治是因為逛妓院，染上了花柳病而死。兩種說法各執一詞，爭論不休。

近年來，有些學者根據替同治診病的御醫李德立、莊守和在《萬歲爺進藥用藥底簿》中對同治患病和診療過程的記載，推測同治確實是患天花而死。同治皇帝自同治十三年（一八七四年）十月三十日下午發病，到十二月初五夜病死，前後共經歷了三十七天的時間。在這其間，兩位御醫對同治的病情、所開的藥方都做了詳細的記載，同治發病時的症狀主要是：「脈息浮數而細。係風瘟閉束，陰氣不足，不能外透之症。以致發熱頭眩，胸滿煩悶，身痠腿軟，皮膚發出疹形未透，有時氣堵作厥。」此為明顯的天花症狀，同時，御醫們當時所開的藥是生地、元參、牛蒡子、蘆根等配製的「益陰清解飲」。這些草藥的主要作用是滋陰化毒，是治療天花的必用之藥。由此可見，同治是患了天花無疑。

有人說，在當時的情況下，天花也並非必死的絕症，平常百姓家出天花尚且都能照常活命，對於醫藥齊備，護理周到的皇帝來說，更不應該說是一種絕症。同治平時的身體很好，怎麼會一出天花就死了呢？所以，人們仍然對同治死於天花有點懷疑。但從御醫們所記的脈案來看，同治出天花之後，在御醫們的精心護理下，病情確實有了很大的好轉，痘顆也開始表發。但是，由於同治的內毒過盛，所發的痘粒中總是帶有血絲，而且還伴有咽痛作嘔，身顫口乾，便祕溺赤。身體內部積鬱的毒滯並沒有完全表發出來。這屬於中醫上所說的發痘不順利的情況。因此，御醫們在後來的脈案中診斷為：「由氣血為毒滯錮所致，症界於險！」再加上同治又「微感風涼」、「以致咳嗽鼻塞，心虛不寐；浸漿皮皺，似有停漿不厭之勢」。由此，同治的病情進一步加劇，情況越來越壞，並出現了許多併發症，開始全身浮腫，並出現大面積的潰爛。到了十一月十六日時，同治的病情急劇惡化，出現了「腎虛赤濁，餘毒挾濕，襲入筋絡。以致腰軟重疼，微腫，不易轉坐；腿病痙攣，屈而不伸……」體內的毒素已經開始侵入筋絡，從中醫上來說，已經到了無藥可救的地步。雖然御醫們還是盡力救治，但是在當時那種醫學尚不發達的情況下，即使皇家御醫，使用的依然是傳統的中草藥，對於發病極快的天花來說，除了清熱解毒之外，並沒有什麼很好的辦法。

面對內外症併發的同治，御醫們也是束手無策。從十一月十九日起，同治的病情開始急轉而下，全身出現大面積的潰爛，腰部甚至潰爛成洞，膿血不止；痘癰遍身，腫疼難忍；面頰腫硬，牙浮口黏；口噴臭氣，胸滿肋脹；大便腥臭，小便赤短。後來，痘毒上亢，有增無減。而且腰部與臀部的潰爛已串連一起，潰口外小，而內潰很深很大。每日流出的膿汁多達一茶碗，並開始發起了高燒。可見，同治此時的病情已經到了必死無疑的地步。此後不久，被天花病折磨了一個多月的同治因醫治無效死亡。有關同治的病情，在他的老師、軍機大臣翁同龢的日記中也有記載。在他的日記裡寫道：「初八日……諸臣上前瞻仰……伏見天顏溫目卒，偃臥向外，花極稠密，目光微露……」在同治的頭、面等處有許多灌漿飽滿的痘粒。而且《翁同龢日記》中對御醫們所開的方藥也有所記載，同宮裡的脈案上的記載基本一致。由此可見，同治也許確實是因為天花病而死的。

但是由於天花和梅毒的病症有些類似，因此後人懷疑同治得的是梅毒而不是天花。曾經是慈禧貼身丫鬟的女官德齡在自己所寫的回憶錄中，也對同治死於天花的說法提出了懷疑。同時，前面提到的給同治治病的御醫李德立的後人寫過一篇文章，說他的曾祖父曾口傳說同治確係患花柳病而死。同治病倒之後，李德立奉詔到宮內給他診治。診過之後，他懷疑皇上是染上了花柳病，但又不敢確診，因為他不明白九五之尊的皇上為什麼會染上這等紅樓妓院的病。於是，他又約了另一位御醫張本仁一起會診。最後，兩人都一致肯定皇上確實是患了花柳病，也就是我們今天所說的梅毒。皇上得了花柳病，如果傳到滿朝文武、天下百姓的耳朵裡，又是宮廷的一大笑話。對於極其愛面子的慈禧來說，是說什麼也不可能接受的，如果如實上奏，惹惱了她還會招來殺身之禍。但是，如若不據實稟奏，耽誤了病情，又怕慈禧怪罪。兩位御醫左右為難，覺得反正皇上得的是不治之症，恰好此時宮廷上下都傳言皇上患了天花，於是，他們就把同治的花柳病說成是患了天花，在皇帝的脈案和所開的方藥上也都是按照天花治療。

天花同梅毒都屬於內毒外發之病，所以他們所用的藥也都是些蘆根、元參、金銀花等滋陰化毒的藥劑。這才有了後人依據脈案，認為同治是得天花而死的誤解。由於給皇帝治病，每一方藥劑都要經過皇太后、帝師翁同龢等人的親自審定，所以，他們不敢明目張膽地用治療花柳病的藥劑，只好用這些藥理類似的藥來緩解這個不治之症。翁同龢當年看過他們所開的方子，在自己的日記裡記下這些藥劑也並不能說明什麼。再說，當時雖然有些王公大臣對皇上外出逛妓院的事情也有所耳聞，但是礙於皇帝和太后的面子，誰也不敢在公開場合明說。

根據野史故事記載，同治本來很喜歡皇后阿魯特氏，兩人感情很好。但是，由於慈禧不喜歡這位來自蒙古的才女，怕她會利用自己的心計挑唆兒子同治跟自己作對，奪了自己手中的大權。所以，她就強迫同治和有貌無才的慧妃接近，設法阻止他同皇后親近。據德齡在自己的《清宮二年記》裡面記載：慈禧將自己的宮殿設置在皇帝和皇后寢宮中間，並封閉了兩宮之間其他的通道，以至於皇帝和皇后來往，只能夠經過她的宮殿前面，以便於嚴密地監視帝后的行為。同治得不到自己喜歡的人，反而被迫向不喜歡的人親近，為了以示反抗，同治索性誰也不接近，整天自己獨宿乾清宮。時間久了熬不住，就帶幾個小太監化裝成公子爺到宮外的八大胡同去逛妓院。如此在花天酒地裡混了幾年，沒想到染了一身花柳病回來。其實有些王公大臣也知道皇帝逛妓院的事情，但是對於這種皇家的隱私事情，誰也不敢說出來，所以歷史中少有記載。

還有一種說法是慈禧為了保住自己的權力，害死了自己的親兒子。這種說法主要來源於《清宮遺聞》等野史。說同治患病之後，自己心知或許沒救了，就招來軍機大臣李鴻章來起草遺詔，在遺詔中安排貝勒載澍入承大統。但是，對於這種皇位繼承的大事，李鴻章不敢獨自承詔，他知道一旦按照此詔讓載澍入承大統，將會嚴重損害到慈禧的權力。如果惹惱慈禧，將會給自己帶來殺身之禍，於是他便向慈禧告了密。慈禧聽了大驚，親自前往同治的寢宮處理此事。到了皇帝寢宮之外時，恰好聽到皇后正在向同治哭訴慈禧平時對她的刁難之苦，還聽到同治說，不要傷心，日後總會有出頭的日子。慈禧聽完勃然大怒，立刻命令斷了皇帝的醫藥飲膳。此後不久，宮裡便傳出了同治駕崩的消息。

慈安太后暴死謎案

慈安太后（一八三七年—一八八一年），鈕祜祿氏，滿洲鑲黃旗人。其父穆揚阿曾任廣西右江道。咸豐二年（一八五二年）鈕祜祿氏被封貞嬪，後來又加封為貞貴妃，她為人幽嫻靜淑，舉止端莊，口木訥不善言辭，在眾妃嬪中從不爭寵，很得咸豐皇帝的尊重，不久就被咸豐立為皇后。

西元一八六一年，英法聯軍入侵北京，咸豐帶著眾妃嬪倉皇逃到承德避暑山莊。咸豐原來身體就不好，再加上驚嚇和一路奔波，到承德後不久就病倒了。由於皇帝病倒，所以，除了奕訢之外的王公大臣們都在承德伴駕。到了七月，咸豐的病情突然惡化，慌忙召親王載垣、端華、肅順、景壽、穆蔭、匡源、杜翰、焦佑瀛等人覲見，囑託後事。由於咸豐唯一的兒子載淳才年僅五歲，咸豐只好效仿太宗順治命八人為顧命大臣「贊襄一切政務」。安排好後事不久，咸豐就駕崩了。咸豐死後，年幼的載淳繼承了皇位，年號祺祥。尊奉剛滿二十五歲的咸豐皇后鈕祜祿氏為慈安皇太后，生母葉赫那拉氏為慈禧皇太后，也就是後人所稱的東太后和西太后。

咸豐去世之前，既怕八大臣會謀權篡位，又怕慈禧擅權專政，於是，他一方面安排八大臣輔助政務，另一方面又通過控制在兩太后手中的「朱批」玉璽來牽制八大臣。據說咸豐還在世的時候，就發現慈禧為人心狠手辣，害怕她將來母以子貴，會擅權專政。八大臣之首的肅順也曾極力勸咸豐效仿漢武帝殺鉤弋夫人的故事除掉慈禧，以防止後宮擅政。但咸豐念於感情，不忍下手。所以，咸豐崩殂之後，慈禧對於輔政的八大臣極為不滿。為了能夠獨攬大權，慈禧聯合咸豐的弟弟恭親王奕訢開始密謀一場宮廷的政變。按照祖制，咸豐死後，應該由咸豐的親弟弟恭親王奕訢輔政，但是由於咸豐對他心存猜忌，奕訢被排除在輔政大臣之外，因此他對八大臣輔政也極為不滿。慈禧祕派自己的心腹太監安德海進京召恭親王奕訢藉口奔喪前來承德商量。同奕訢商量好之後，一場暗藏殺機的宮廷政變就悄悄地展開了。

八大臣理政後不久，御史董元醇忽然上折，要求請兩宮皇太后垂簾聽政，遭到肅順等人的斥責。慈禧便藉著八大臣要求處置董元醇的機會，到東太后慈安那裡說怡親王戴垣等人獨斷獨行，批諭一切，似乎要發動政變，謀奪帝位，我們姊妹也應該加緊採取措施，爭取自己垂簾聽政。慈安本無意於垂簾，但被慈禧這麼一說，以為真的是事態緊急，便同意擬了除掉八大臣的懿旨。慈禧得到懿旨之後，便聯合在北京的奕訢，在回京的途中，逮捕了八大臣，宣布由自己和慈安親自垂簾聽政，並改年號為「同治」。慈禧雖然是皇帝的生母，但由於慈安曾經是正宮皇后，所以地位在慈禧之上。慈安太后生性平和，很少干涉政事，朝政大權實際上操縱在慈禧的手中，但這種地位的差別還是為她日後的命運埋下了一絲隱患。

西元一八八一年四月八日，一向身體很好的慈安太后突然暴斃宮中，當時年僅四十五歲。由於慈安死得很急，死前沒有絲毫徵兆，宮廷的正史上對於慈安的死因又少有記載，因此，慈安死後不久，世人便開始議論紛紛，傳出了有關慈安死因的多種說法。

一種說法，說慈安是因為和慈禧賭氣自殺而死。據《清稗類鈔》記載，祺祥政變之後，慈安與慈禧共同垂簾聽政，執掌朝廷的大權。慈安因為天性平和，不喜歡多問政事，所以朝政實際上是處於慈禧一人的控制之下。但有一次，慈禧突然得了重病，不能處理政事，慈安便代替慈禧獨自處理了一段時間的朝政。但權力欲極強的慈禧以為慈安這是要奪取自己手中的權力，便說慈安「誣以賄賣囑託，干預朝政，語頗激」，致使慈安氣憤異常，惱恨之下，「吞鼻煙壺自盡」。

還有一種說法是，慈禧毒殺慈安說。這一說法有三個版本。一說見於惲毓鼎的《崇陵傳信錄》。說咸豐在承德駕崩之前，心知慈禧為人奸險，害怕她日後仗子為惡，便密書一道諭旨留給皇后，說：「諮孝貞太后：懿貴妃援母以子貴之義，不得不尊為太后；然其人絕非可倚信者，即不有事，汝亦當專決。彼果安分無過，當始終曲予恩禮；若其失行彰著，汝可召集廷臣，將朕此旨宣示，立即誅死，以杜後患。欽此。」慈安同慈禧垂簾聽政之後，相處得還可以。到了西元一八八一年的一天，慈安突然對慈禧提起咸豐末年的舊事，慈安對慈禧提起自己還祕藏著咸豐密詔之事，慈禧看後大驚，當即慫恿宅心仁厚的慈安將遺詔燒了。此後不久的一天，慈安正在荷塘邊看金魚，突然，慈禧身邊的太監李連英送來一盒點心，並說：「這種點心，西佛爺覺得好吃，不肯獨用，送一點給東佛爺嘗嘗。」慈安聽了很高興，當即嘗了一塊。誰知這天夜裡慈安便暴病身亡了，這離慈安接見軍機大臣才不過幾個鐘頭的時間。更為奇怪的是慈安死後，並沒有按照制度，先召軍機大臣前來，再叫御醫開方拿藥，並由軍機大臣檢查方藥，也沒讓慈安的家人進宮驗視，而是暴斃之後接著就收殮入棺了。所以人們推測是慈禧在點心中下毒，毒死了慈安，怕別人知曉才會這麼做。

還有一種說法，說慈安因為殺掉了慈禧的得寵太監安德海，又抓住她和戲子私通，慈禧為遮蔽事實，便下毒毒死了慈安。這一說法在《清宮瑣聞》等野史之上記載很多。說一次慈禧面前的得寵太監安德海出京替慈禧置辦龍衣，但因為按照清宮的成法，太監不許出京城一步，如查出便立刻就地正法。可安德海仗恃著慈禧，不僅大搖大擺地出京，還在沿途大為招搖，騷擾百姓。山東巡撫丁寶楨聽到這個消息後，慌忙奏與東太后慈安和恭親王。慈安看後大驚，說：「這奴才如此妄為，還當了得！應當以國法處置。」便讓同治下旨斬了安德海。慈禧後來得知了這件事情，便開始懷恨慈安，再加上光緒即位之後，也喜歡與慈安親近，令慈禧更加忌恨。

慈禧喜歡看戲，經常召當時的一位名伶進宮演戲，時間久了慈禧便看上了他，還留他在宮中過夜。有一天，慈安到慈禧宮裡找慈禧，竟看到有個戲子睡在慈禧床上，慈安大怒，當即將這位戲子處死，並拿出先帝留下的「若慈禧仗恃生子驕縱不法，可按祖宗家法處死」的詔書，要廢掉慈禧。慈禧跪地求了很久，慈安才答應不再追究此事。但慈禧卻一直忐忑不安，生怕慈安哪天會不利於自己。於是慈禧讓宮婢給慈安送去點心，慈安吃後不久便暴斃了，連太醫都沒來得及叫。

另外，據清代翰林院學士文廷式的《聞塵偶記》記載：光緒八年（一八八二年）的春天，琉璃廠有一位姓白的古董商，經李連英介紹得幸於慈禧，當時慈禧四十六歲。白某在宮裡住了一個多月以後被放出。不久，慈禧懷孕，慈安得知後大怒，召禮部大臣，問廢后之事，誰知當夜慈安便暴死宮中。據說是慈禧聽說慈安要廢自己，便先下手為強，設計毒死了她。

兩宮太后垂簾聽政處

當然，這些版本眾多的說法，都是民間野史筆記的記載。據官方正史朱壽朋的《光緒朝東華錄》記載，慈安實際上是病死的。在本書中載有光緒七年（一八八一年）三月十日所發的關於慈安染病的上諭：「初九，慈躬偶爾違和，當進湯藥調和，以為即可就安。不意初十病情陡重，痰壅氣塞，逐至大漸，遽於戌時仙馭生遐。」同時在《翁同龢日記》中也提到慈安生病的事情。說她於光緒七年一月發病，病症為瘋癇甚重、神志不清、牙關緊閉、痰壅氣閉。由此，後世的史學家推測慈安可能是患了類似於現在的腦血栓一類的疾病，這一類疾病通常發病很快，在當時的醫療條件下，大夫們往往看不出其中的原理，就會產生各種各樣的推測。同時，這類心腦血管病發病時，有時會出現臉色發青、口吐白沫等類似於中毒的症狀，這就更會引起

——史實，說真的

人們的種種懷疑了。

慈安的死之所以會傳出這麼多的說法，主要是因為世人對慈禧的不滿。即使慈安不是死得如此緊急，世人仍然會給慈禧安上其他的罪名。當然，對於慈安的死，後人已經無法知曉其中的事實，所有的說法都只是後人根據某些材料的推測而已。

◆◆◆方伯謙被殺謎案◆◆◆

方伯謙（一八五三年—一八九四年），字益堂，福州人。西元一八六七年六月考入福建船政學堂，是這個學堂的首屆駕駛專業畢業生。方伯謙在船政學堂畢業之後被任命為伏波艦教官，曾率艦參加過抗擊侵臺日軍的任務。西元一八七五年，方伯謙被升任為福建水師揚武艦艦長。後來，被派留學，學習駕駛。學成歸國後在船政學堂任教。西元一八八一年，清政府組建北洋水師，方伯謙奉調前往，歷任鎮西、鎮北、威遠、濟遠等艦艦長。西元一八八九年升任北洋水師中軍左營副將兼濟遠艦管帶。西元一八九四年七月率艦護航運兵船隊前往朝鮮，在豐島海面與日軍遭遇。同年九月，方伯謙率濟遠艦參加黃海海戰。十七日，中日海軍在大東溝洋面展開了一場殊死的主力決戰。激烈的戰鬥持續至下午三時三十分。正當戰爭打得最激烈的時候，方伯謙擅自率艦駛離戰場。次日凌晨丑刻，濟遠先於艦隊五小時返抵旅順口。方伯謙向旅順營務處奏報的理由是：「輪上陣亡七人，傷者甚多，船頭裂漏水，炮均不能放，駛回修理。」同日，丁汝昌返回軍港之後向李鴻章匯報了黃海海戰的情況。李鴻章提出「此戰甚惡，何以方伯謙先回」，並電令丁汝昌等人查明情況。

二十二日，丁汝昌經過調查之後，向李鴻章奏明詳細的情形說：海戰打響之後，致遠艦衝鋒被魚雷擊沉，「濟遠」管帶方伯謙居然率艦撤出隊伍，逃離戰場，各船觀望星散。倭船分隊追趕濟遠不及，折回將經遠攔截擊沉，餘船復回歸隊。超勇艙內被敵炮擊入火起，駛至淺處焚沒。揚威艙內火起，又為濟遠攔腰碰壞，亦駛至淺處焚沒。查戰時定遠、鎮遠艙內亦為敵彈炸燒，一面救火，一面抵敵，皆無失事。超勇、揚威若不駛至淺處，火即可救。經遠同致遠一樣奮勇摧敵，聞自該管帶等中炮陣亡，船方離隊，如仍緊隨不散，火亦可救，廣甲管帶吳敬榮隨濟遠逃至三山島東擱礁，連日派船往拖，難以出險。現用駁船先取炮位，再不浮起，只得用藥轟毀。竊自倭寇起釁以來，昌屢次傳令，諄諄告誡，謂倭人船炮皆快，我軍必須整隊攻擊，萬不可離，免被敵人所算。此次乃濟遠首先退避，將隊伍牽亂，廣甲隨逃，若不嚴行參辦，將來無以儆效尤而期振作。餘船請暫免參。方伯謙即先逃走，實屬臨陣退縮，應請旨將該副將即行正法，以肅軍紀。

隨後，九月二十四日午時方伯謙被以「首先退避」、「牽亂隊伍」、「攔腰中撞揚威」三條大罪正法於旅順軍前。一百多年來，關於方伯謙的死，史學界一直爭論不休。有些人認為方伯謙確實是臨陣脫逃，被殺也是罪有應得；有些人認為方伯謙沒有臨陣脫逃，他的死只不過是做了李鴻章和丁汝昌的替罪羊，方伯謙案完全是中國近代歷史上的一大冤案。特別是近年來，兩種觀點各執一詞，爭論不休。

認為方伯謙死得冤的學者認為，丁汝昌從電請參辦方伯謙到對方伯謙的正法，只間隔了三天的時間，這三天中並未對方伯謙進行審訊，如此急著處死方伯謙實際上就是要拿方來作替罪羊。甲午海戰，北洋海軍失利，朝廷如果怪罪下來，身為北洋海軍執掌者的李鴻章和前線指揮官的丁汝昌都難逃其咎。為了逃避戰敗的責任，他們只能拿方伯謙提前脫陣來做文章，由此編造出「首先退避」、「牽亂隊伍」、「攔腰中撞揚威」三條大罪，將戰敗責任全推在方伯謙頭上，好為自己開脫。

這派學者還拿出了許多證據來證明自己的觀點。他們認為丁汝昌給李鴻章的報告，是有意打亂了戰場上實際的時間順序。揚威艦是在一時十分左右中敵炮起火，向大鹿島方向撤退，並在大鹿島附近擱淺。濟遠艦退出戰場是在三時三十分左右。濟遠艦退出戰場的時候，揚威艦已不在戰場，又怎麼可能把它攔腰撞壞呢？另外，濟遠艦和揚威艦一個在戰陣的右翼外側，一個在戰陣的左翼，兩艦相差很遠，根本不可能相撞。同時，兩艦撤出戰場的方向也是正好相反，一個向東南一個向西，相背而駛，更沒有相撞的可能。丁汝昌之所以要在奏報中打亂時間和位置的順序就是為了把整個海戰失敗的原因推到方伯謙一人身上，故意要拿方伯謙作海戰失敗的替罪羊。

他們指出濟遠艦的退出不是什麼首先退避，而是在力戰後受傷失去戰鬥能力的情況下，保存戰艦的無奈之舉。從濟遠艦返回後的情況來看，戰艦確實受到了嚴重的損傷。在黃海海戰的過程中，濟遠艦同廣甲、經遠、致遠四艦共同結陣禦敵。當戰鬥打到下午一兩點鐘的時候，廣甲艦臨陣畏縮首先逃離海戰戰場，致遠艦被敵艦魚雷擊中沉沒，經遠艦遭敵艦重創喪失戰鬥能力。也就是說，這一翼的四艘戰艦中，此時只剩下濟遠艦自己孤軍奮戰。它遭到四艘敵艦的圍攻，傷亡嚴重，又得不到主隊的救援，只好在危急的情況下衝出重圍西撤。所以，這種情況下的撤離根本不能說是臨陣脫逃。

另外，據一些學者考證，濟遠艦在撤離船隊之後，也沒有放棄戰鬥，而是獨自開闢了與日本的第一游擊隊在西戰場苦戰至海戰結束，才且戰且退地返回旅順軍港。至於為什麼日本的海戰記錄中沒有這一段戰鬥的記載，主要是因為，日艦為報豐島之仇，以第一游擊隊四艦圍攻濟遠艦，都未能擊沉濟遠，這事如果說出來將會使得第一游擊隊抬不起頭來。因此，他們不敢在海戰記錄中明言。至於濟遠為什麼比主力艦隊早回旅順基地幾個小時，學者們認為，這也許是因為濟遠艦和船隊航向、航程和航速的差異造成的，並非先逃四小時所致。此外，北洋海軍戰陣的混亂，也並非是方伯謙造成的，而是因為丁汝昌、劉步蟾指揮不當，編隊有誤的關係。甲午海戰開戰之後，丁汝昌把幾艘航速比較快的大型鐵甲艦置於陣頭，而把幾艘最弱的戰艦置於陣腳，這樣在艦隊奮力追敵的過程中，由於各艦航速上的差異，艦隊隊形不打自亂。處於後面的濟遠、廣甲、超勇、揚威等小型戰艦因追趕不上被拋在陣尾，使得日艦有機會以快船繞過陣頭大艦，轉而圍攻後翼弱艦，導致整個北洋艦隊處於被動挨打的局面之中。此後，又經劉步蟾擅自改變艦隊隊形，致使船隊更加混亂。所以，加給方伯謙的幾項罪名都不成立，方伯謙是被冤殺的。

對於上面的觀點，持反對意見的學者們也拿出了自己的證據。首先，方伯謙率艦退出戰場逃回旅順，這是不爭的事實。依據《北洋海軍章程》，「臨陣逃亡者，斬立決」，所以無論有什麼理由，方伯謙都違反了這條軍紀，被殺也是罪有應得。此外，學者指出方伯謙在黃海海戰之前的牙山海戰中就有臨陣脫逃謊報戰況的記錄。西元一八九四年七月二十五日，方伯謙率領濟遠艦會同廣乙艦，共同護送高升號運兵船前往朝鮮牙山。在豐島海面，與日本聯合艦隊中第一游擊隊遭遇。日艦首先開炮，挑起了豐島海戰。經過一番激戰，廣乙負傷東退，濟遠則且戰且退，日艦浪速、吉野緊追不放。濟遠艦曾升起白旗投降，無效。爾後又升起日本海軍旗，還是無效。最後，經義憤水手自發發炮還擊，擊傷吉野號，濟遠艦方得逃回旅順。逃回旅順後，方伯謙反而謊稱自己力戰挫敵，後又掛白旗誘敵，「我船後臺開四炮，皆中其要害，擊傷倭船，並擊死倭提督並官弁數十人，彼知難以抵禦，故掛中國龍旗而奔」，以此遮蓋自己臨陣脫逃的事實。

關於方伯謙在豐島海戰中的表現，《東方兵事紀略》這樣記載：「濟遠之奔，倭吉野追甚急。吉野為新式快船，每四刻能行二十三海里，勢將及，管帶方伯謙及樹白旗，繼而樹日本旗，倭追如故，時有水手王姓者，甚怒而素甚弱，問何人助我運子？又有一水手挺身願助，乃將十五生特尾炮連發四擊……伯謙既度生還，歸威海，遂稱擊斃倭海軍總統以捷聞。」由此可見，方伯謙是有著臨陣脫逃、謊報軍情的前科的。此次在黃海海戰中，據當時船上的一些水手們回憶，方伯謙在戰鬥打響之後，不但不敢在艦橋上指揮戰鬥，反而畏縮到鐵甲倉內，致使軍艦喪失戰機，腹背受敵。

對於那些替方伯謙翻案的學者們提出的論點，持反對意見的歷史學者們也一一進行了反駁。總之，從目前的狀況來看，方伯謙到底是不是被冤殺的，還不好下結論。這一問題的徹底解決，恐怕還要做進一步的考證。

袁世凱告密疑案

袁世凱（一八五九年—一九一六年），字慰亭，號容庵，是中國近代史上赫赫有名的人物。西元一八五九年九月十六日，他出生在河南省項城縣一個世代官宦的大家族。因科舉不第，便棄文投軍，投到淮軍將領吳長慶門下。西元一八九二年，袁世凱被派往朝鮮，並取得李鴻章的信任。西元一八九五年，袁世凱在李鴻章的保舉之下以道員銜赴天津督練「新式陸軍」，開始成為有軍權的實力人物。

西元一八九八年，清廷年輕的光緒皇帝在康有為、梁啟超等維新派人物的推動下，衝破頑固派的阻撓，開始實行變法維新。變法運動初期，袁世凱曾經表現出支援變法、積極推動變法的熱忱。西元一八九五年，在康有為發動公車上書以後，袁世凱也曾親自向光緒上書，條陳變法事宜。同年夏，康有為第四次上書光緒，都察院等部門拒絕代陳，袁世凱還曾幫助請求督辦軍務處代遞。強學會成立之後，袁世凱也積極參與，稱為強學會的發起人之一。袁世凱受命往天津小站編練陸軍時，康有為還曾親自為他設酒餞行。康有為對袁的印象也極好，認為：「袁傾向我甚至，謂吾為悲天憫人之心，經天緯地之才……」變法運動達到高潮之後，袁世凱又派徐世昌到北京與維新派保持緊密聯繫。袁世凱對戊戌變法的關心，騙取了維新志士和光緒對他的信任。光緒二十四年（一八九八年），光緒在頤和園召見袁世凱，破格提升他為候補侍郎，專辦練兵事務，並允許他可以不受榮祿節制，各辦各事。

西元一八九八年六月十一日，光緒毅然頒布《明定國是》的詔書，正式宣布變法。變法期間，光緒發布了上百道新政諭詔，除舊布新，內容涉及政治、經濟、軍事、文化等各個方面。但是，變法運動一開始就遭到以慈禧太后為首的封建頑固派的敵視與破壞，大部分的改革措施在頑固勢力的反對和阻撓下都變成一紙空文。光緒和慈禧之間的矛盾也逐漸激化，兩黨形同水火，勢不兩立。九月五日，光緒帝召見譚嗣同、楊銳、劉光第、林旭四人，授予他們四品官銜，令在軍機處章京上行走，參與新政。令下之日，還給四人一道「密諭」，要他們妥籌良策，推進變法。此後，兩黨之間的矛盾進一步惡化。

慈禧太后在守舊勢力的慫恿之下，預謀在光緒陪同慈禧到天津閱兵的時候，由擔任直隸總督的頑固派大將榮祿發動政變，罷黜光緒，推翻一切新政，讓慈禧重新垂簾聽政。光緒聽到消息之後驚恐萬分，於九月十四日與九月十七日連續兩次給康有為下達密詔，密詔中說：「朕位且不能保，何況其他？」要維新派籌商對策。康有為等人讀詔之後，知道形勢嚴峻，又將梁啟超找來協商。幾個人痛哭一場後，擬定一個孤注一擲的冒險計畫：實行兵變，包圍頤和園，迫使慈禧太后交權。他們計畫一方面要爭取手握「新建陸軍」又熱心變法事業的袁世凱發動兵變，誅殺榮祿，發兵圍困頤和園；另一方面派會黨首領畢永年帶領俠士潛入頤和園，捕囚慈禧。計畫的關鍵在於袁世凱。九月十八日深夜，譚嗣同隻身前往袁世凱的寓所法華寺，勸說袁世凱舉兵誅殺榮祿，包圍頤和園。譚嗣同見到袁世凱後，問他：「你認為皇上是怎樣的一個人？」袁世凱說：「是曠代聖主！」譚嗣同又說：「榮祿他們準備藉天津閱兵廢黜皇上的陰謀，現在只有你一個人可以救我們的聖主。你如果願意救，就請救之；如果不願意救，可以到頤和園向西太后告發我，也可以因此享盡榮華富貴。」袁世凱說：「你把我袁世凱看成什麼人了，皇帝是我們共同的英主。有什麼事情你就說吧，有用到我的，將萬死不辭！」譚嗣同見袁世凱說得信誓旦旦，就把誅殺榮祿、圍困頤和園、囚禁慈禧的計畫告訴袁世凱。袁世凱當時還激昂地說：「如皇上在我軍營裡，令我下手，那麼，殺一榮祿如殺一狗耳！」就這樣，譚嗣同以為袁世凱答應幫忙了，便返回寓所同康有為商量下一步的事情。

九月二十日（農曆八月初五日）袁世凱向光緒請訓，當天便乘火車返回了天津。九月二十一日早晨，慈禧便發動了戊戌政變，將光緒囚禁於中南海瀛臺，並假借光緒的名義，籲請慈禧「訓政」。慈禧執掌清廷大權後，下令捉拿康有為，查抄康的住地南海會館。康有為、梁啟超逃亡日本。與此同時，慈禧下令廢除在變法期間頒布的幾乎一切新政法令與措施，歷時一百零三天的戊戌變法遂告失敗。

百日維新失敗之後，傳統的史學觀點認為，是袁世凱的告密導致了慈禧發動政變。他當天乘火車返回天津向榮祿告密，出賣了光緒和維新派。當夜，榮祿又從天津乘車趕到北京向慈禧告了密，慈禧一怒之下便發動了政變。後人甚至還編寫了一首打油詩來諷刺袁世凱賣友求榮：「六君子，頭顱送；袁項城，頂子紅；賣同黨，邀奇功；康與梁，在夢中；不知他，是梟雄。」

對於這種說法，有人提出了疑問，據天津的《國聞報》記載，西元一八九八年九月二十日，袁世凱乘坐上午十一點四十分的火車返回天津，抵達天津時，就已經是傍晚了。所以袁世凱到榮祿府上告密，應該是在當天的夜裡，榮祿得知這一消息之後，不可能於當天夜裡便趕到北京頤和園告密。因為當時北京和天津之間的火車通行不久，只在白天行車，沒有夜車。但慈禧於第二天的上午就發動了政變，可見慈禧發動政變是早有預謀，並非因為袁世凱告密引起。另外一個疑點就是，慈禧發動政變之初，並沒有立即下令緝拿在密謀圍園計畫中擔任重要角色的譚嗣同。九月二十二日，譚嗣同還到梁啟超避居的日本駐華使館，把自己的手稿交給梁啟超，梁勸譚嗣同一塊兒走，譚嗣同說：「不有行者，無以圖將來；不有死者，無以酬聖主。」拒絕逃走。到了九月二十五日，譚嗣同才被捕。因此，如果袁世凱在九月二十日就已經告了密的話。慈禧在次日發動政變時，所發布的上諭中不應該只拘捕康有為、康廣仁等人，重點應該是譚嗣同。但諭旨中沒有譚

國聞報

於西元一八九七年十月二十六日創辦於天津，是維新派創辦的第一家日報，由嚴復創辦並任主編。嚴復創報的宗旨是：通上下之情，通中外之故。

嗣同，給康有為等人定的罪名也只是「結黨營私，莠言亂政」，並沒有「圍園劫后」等大逆不道的詞語。說明在慈禧發動政變之前袁世凱還沒有告密，即使他已經告了密，消息也還沒傳到慈禧的耳朵中。

據學者們考證，袁世凱其實是在政變發生之後告的密。在袁世凱自己所寫的《戊戌日記》中對於告密一事並未諱言，主要是袁世凱寫作日記的時候，還是清朝統治時期，告密一事對他來說也不是什麼醜聞，反而是忠於清朝的大功一件。但是有一點值得懷疑，那就是袁世凱九月十八日就通過譚嗣同知道了維新派企圖圍困頤和園，拘禁慈禧的計畫，他如果當時是想通過告密升官發財的話，完全可以在第二天就直接到頤和園向慈禧告密，沒有必要一直等到九月二十日的晚上才通過榮祿托出此事。由此可見，袁世凱在告密之前也是經過了一番利害考慮，並在不得已的情況下才說出這個祕密的。

據後人推測袁世凱之所以一直等到二十日晚上才告密，一方面是在靜觀事態發展，從自身安全的角度講，他不願貿然地參與到維新派誅殺榮祿、圍困頤和園、捕殺慈禧的計畫中去。他知道維新派手中除了一個徒有虛名的皇帝外，根本沒有什麼實力。自己如果按照康有為等人的計畫，帶兵圍困頤和園，成功的可能性很小。小站的兵雖然精銳，但人數卻遠遠少於榮祿掌握的軍隊，況且小站距離北京二三百里，要長途行軍，奔襲入京，勢必會受到早已被榮祿安置在京郊一帶的聶士成、董祥福等部的阻攔。另一方面，維新派的譚嗣同等人已經尋覓了會黨人物畢永年以及大刀王五等江湖俠客，還存在出其不意，突襲頤和園，控制慈禧的可能。所以，在事件沒有爆發之前，袁世凱還不想完全表明自己的態度。一直等到二十一日的上午，袁世凱前往榮祿府，看到榮祿的衛兵夾道迎接他，感覺到事態的嚴重，後來又聽到正在榮祿府上的楊崇伊告知他太后已經訓政。他見自己已被榮祿懷疑，更怕康有為等人被捕後供出自己在法華寺所說的話，無奈之下只好向榮祿告密，托出維新派兵變圍園的密謀，導致慈禧進一步加大了對維新派的打擊。

不過無論怎麼說，袁世凱曾告過密是毫無異議的。不論告密是在事前還是事後，只要是曾經賣友求榮的人，永遠都會被寫在歷史的一頁上，不會被人遺忘。

珍妃究竟因何而死

珍妃，他他拉氏，滿洲鑲紅旗人，生於光緒二年（一八七六年）二月初三，戶部右侍郎長敘之女。其祖父為陝甘總督裕泰，伯父長善為廣州將軍。珍妃與姊姊瑾妃自幼跟隨伯父在廣州長大。珍妃、瑾妃姊妹幼年時曾隨清末著名的學者、詩人文廷式讀書，精通詩詞歌賦，是滿族人家中少有的才女。光緒十四年（一八八八年）十月，秀女大選，慈禧太后選了自己的娘家姪女葉赫那拉氏做光緒的皇后，漂亮的珍妃姊妹也一塊兒被選入宮中，做了光緒的嬪，為九等嬪妃序列中的第五等。珍妃入宮之後很受光緒的寵愛，西元一八九四年，又因慈禧六旬萬壽加恩得以晉封，升為珍妃。

關於珍妃的事蹟在宮廷檔案和清朝正史中都少有記載，《清史稿》中僅以「恪順皇貴妃，他他拉氏，端康皇貴妃女弟。同選，為珍嬪。進珍妃。以忤太后，諭責其習尚奢華，屢有乞請，降貴人。逾年，仍封珍妃。二十六年，太后出巡，沉於井。二十七年，上還京師。追進皇貴妃。葬西直門外，移祔崇陵」等數言概之。至於珍妃最終為什麼觸怒了慈禧，又是怎麼投井而死，都沒有明確的歷史記載，導致後人在珍妃死因的問題上眾說紛紜。

百餘年來，在文學故事、影視戲劇裡最為流行的說法認為：珍妃的死，一方面是因為她在光緒面前得寵，引起了慈禧的姪女隆裕皇后的嫉恨。但最主要的原因是她在戊戌變法期間，深明大義，堅決支持光緒變法維新，觸怒了頑固保守的慈禧，慈禧一怒之下，將其幽禁到冷宮之中。庚子事變，慈禧出逃西安前夕，怕珍妃年輕受辱，沒了皇家的面子，便讓太監將她推入宮中的井中淹死。

光緒大婚之後，娶了一后二妃。皇后隆裕仗著自己是慈禧太后的親姪女，經常拿慈禧來壓光緒。光緒原本就打心眼裡討厭慈禧這個老太婆，隆裕這麼做，非但未能得到光緒的喜愛，反而使得光緒連她都討厭起來。隆裕從此徹底在光緒面前失寵，光緒成年累月不踏進坤寧宮一步。與皇后的跛扈嘴臉相比，珍妃姊妹天真可人又活潑伶俐，常常想出一些新穎的點子來逗光緒開心。光緒也著實從心裡喜歡這對小姊妹，整天同她們待在一起。隆裕看在眼裡，氣在心裡，經常跑到慈禧面前說珍妃的壞話。有一次，隆裕為了找珍妃的麻煩，勾結太監總管李連英，讓他指使珍妃宮內的小太監，把一只男人的鞋子偷偷地放在珍妃的床下，事後，自己又親自帶了幾個人到珍妃宮中搜查。搜出鞋子後，隆裕汙蔑珍妃和外邊的男人有姦情，要予以嚴處。光緒不許，隆裕便哭鬧著告到慈禧面前。光緒心知是隆裕故意設計陷害珍妃，便謊稱鞋子是自己放在那裡的。一場宮廷風波最終才得以避免。又珍妃年紀小，不太懂宮裡的規矩，為了討光緒的歡心，她經常換上男人的衣服在光緒面前走動。珍妃還十分喜歡照相，有一次，她通過宮裡的外國人弄到一臺相機，在宮中使用，自己還換上光緒的龍袍，照了許多女扮男裝照。慈禧聞知後大發脾氣，訓斥珍妃在宮中隨意玩弄妖術，女扮男裝不成體統，並派人將珍妃女扮男裝的照片悉數搜來銷毀，珍妃還為此受到慈禧的嚴重責罰。

光緒二十年（一八九四年）對日甲午戰爭時，光緒力圖改變，珍妃亦積極支持光緒變法維新。除了在光緒左右出謀劃策外，她還積極參與其中。珍妃勸說老師文廷式和堂兄志銳上疏彈劾李鴻章的心腹御史楊崇伊，引起李鴻章等人對她的嫉恨。楊崇伊便在慈禧面前誣奏珍妃企圖在文廷式、堂兄志銳等人的支持下取代隆裕為后，還要支持光緒自主朝綱。這正好觸到了慈禧的痛處。慈禧很快以「交通宮闈，擾亂朝綱」之罪，將文廷式罷官革職，永不錄用；志銳也被貶謫邊疆。珍妃和瑾妃姊妹也因此受到廷杖的責罰，並從貴妃降為貴人。

光緒二十四年（一八九八年）戊戌政變之後，慈禧重掌大政，將光緒囚禁於中南海瀛臺，珍妃也被慈禧貶入冷宮。珍妃被關入冷宮之後，生活十分淒慘，她被幽禁於一個不滿幾十平方公尺的小屋子內，不許出門一步，吃的喝的都是由宮女從門洞中送進來的殘羹冷飯。不僅如此，她還經常受到慈禧派來的老太監責罰。

光緒二十六年（一九〇〇年）八月中，八國聯軍兵臨北京城下，慈禧被迫出逃西安。她不敢讓被囚禁的光緒留在北京，怕他會在維新黨和洋人的支持下奪了自己的大權，便挾持光緒一塊兒出逃。臨行前，慈禧怕留下年輕的珍妃惹出是非，便命太監將她從被幽禁的景祺閣北小院叫出來。珍妃見大敵當前，慈禧反而要帶著皇帝出逃，便大聲說「皇上應當坐鎮京師，不能走」，並出言頂撞了慈禧。慈禧聽後頓時大怒，罵道：「這個畜生實在該死。」便對身邊的太監總管崔玉貴說：「把她塞到井裡去！」光緒跪下求情，慈禧也置之不理，命崔玉貴趕快執行。就這樣珍妃被崔玉貴推入慈寧宮後面貞順門的井中淹死了。當時年僅二十五歲。

兩年後，經過一番割地賠款的和議，八國聯軍從北京撤走。慈禧帶著光緒從西安返回北京，見珍妃所投之井依然如故，便命內務府將珍妃屍骨從井中撈起，裝殮入棺，隨後葬於阜成門外恩濟莊內務府太監公墓南面的宮女墓地。為了掩飾當年的暴行，慈禧還假惺惺地下了一道懿旨：「上年京師之變，倉促之中，珍妃扈從不及，即於宮闈殉難，洵屬節烈可嘉，加恩著追贈貴妃，以示褒恤。」但根據商衍瀛的考證，珍妃並不是因為支持光緒變法得罪慈禧，而是因為貪贓枉法的緣故，才被慈禧處置的。他根據宮裡太監所述的《珍妃之死》及光緒時進士、吏部主事胡思敬所著的《國聞備乘》等材料，發現珍妃確實有貪贓賣官的記錄。

珍妃因為得寵於光緒，在宮中也有一定的勢力，由於珍妃生活比較奢侈，經常導致自己的例銀不夠花，有時還會出現大量的虧空。根據清宮的制度，皇妃一年的例銀也就三百多兩，這麼少的錢根本就不夠珍妃揮霍。她為了彌補用度的不足，便仗著自己得寵於光緒的機會，勾結奏事處太監收受外官賄賂，甚至公開標價賣官。據說有個叫魯伯陽的人，為了求得一個「上海道臺」的官職，一次就送給珍妃黃金四萬多兩，惹得外邊的大臣們議論紛紛。珍妃不但不知收斂，反而又於光緒二十年（一八九四年）四月間，收了一個叫玉銘的人的幾萬兩銀子，替他謀求「四川鹽法道」這個官職。

依照清朝的制度，這一級別的官員在放任之前，都要先接受皇帝的召見。光緒在召見玉銘時，命他將自己的履歷寫出，誰知那玉銘竟然是一個連字都不會寫的無用之徒。光緒見狀大驚，隨即下了一道聖旨：「新授四川鹽法道玉銘，詢以公事，多未諳悉，不勝道員之任。玉銘著開缺，以同知歸部銓選。」後來，這件事情傳到了慈禧的耳中，她令光緒嚴究此事。經過查究，光緒才知曉此事竟然是珍妃所為。根據清朝的規矩，後宮是不許干政的。這件事情的處理，據《國聞備乘》記載：「初太后拷問珍妃，於密室中搜得一簿，內書某月日收入河南巡撫裕長饋金若干。」慈禧見後大怒，責光緒予以嚴處，光緒不得已，於十月二十九日下旨：「朕欽奉慈禧皇太后懿旨，本朝家法嚴明，凡在宮闈，從不敢干預朝政。瑾妃、珍妃承侍掖廷，向稱淑慎，乃近來習尚浮華，屢有乞請之事，皇帝深慮漸不可長。據實面陳，若不量予儆戒，恐左右近侍藉以為夤緣[15]蒙蔽之階，患有不可勝防者。瑾妃、珍妃均著降為貴人，以示薄懲，而肅內政。」那些同珍妃一塊兒賣官的太監也都受到了嚴厲的處罰，掌案太監王俊如被就地正法，珍妃所居的景仁宮的太監很多也被內務府慎刑司杖責而死。珍妃則被幽閉於宮西二長街百子門內牢院。由此可見，珍妃被幽禁並不是因為參與變法，而是因為賣官枉法。

15 夤緣：比喻攀附權貴以求進身。夤，音同「吟」。

至於珍妃的死，最近也有一種新的說法提出。據隆裕的後人回憶，珍妃並不是被慈禧害死的，而是她自己跳井而死。西元一九〇〇年，八國聯軍兵臨北京城下，慈禧決定帶著光緒等人出逃西安。臨行前她讓太監放出被幽禁的珍妃，要她到娘家躲避。珍妃不服從慈禧的安排，非要跟隨光緒，並頂撞了慈禧。慈禧一氣之下，抬腳就走。珍妃見慈禧不理，便跑到井邊說：「我活著是皇家人，死了是皇家鬼。」說完便跳了下去。慈禧等人急著出逃，便沒管她，直到從西安回來後，才派內務府給珍妃處理了後事，並下詔追封。

以上幾種說法，都各有依據，但沒有新的證據，恐怕也無法斷出誰是誰非。如今，古井依舊，美人不在，謎一樣的歷史，又當如何評說呢？

西元一九〇〇年，八國聯軍司令率軍穿過午門進入紫禁城。

光緒死因謎案

光緒三十七年（一九〇八年），三十七歲的光緒皇帝載湉在被囚禁的中南海瀛臺涵元殿駕崩。他死後的第二天下午，掌握了他一生一世的慈禧太后也在中南海儀鸞殿去世。兩位冤家似的人物死的時間竟然如此相近，是巧合，還是另有內幕？由於光緒生前曾遭到慈禧的囚禁和折磨，於是人們對於光緒究竟是怎麼死的議論紛紛，提出各種各樣的說法。

據說慈禧臨死前不久，神志仍然十分清醒，她曾接受軍機大臣張之洞的建議，在光緒於西元一九〇八年十一月十七日崩於瀛臺涵元殿之後，下諭「溥儀承繼毅皇帝為嗣，並兼承大行皇帝祧」，由於「嗣皇帝尚在沖齡，正宜專心典學，著攝政王載灃為監國。所有軍國政事悉秉予之訓示，裁度施行」。諭旨發出去不久慈禧便歸天了。由於她和光緒的死期如此相近，光緒死的前後慈禧又做了關於儲君的安排，所以人們便開始懷疑光緒先於慈禧一天猝死並不是歷史的巧合，而是慈禧在臨死之前，自知自己將要不行了，害怕光緒在她死後會重掌朝政。於是，慈禧便下詔安排好嗣君後，派人將光緒害死。在惲毓鼎的《崇陵傳信錄》以及徐珂編寫的《清稗類鈔》中就是持這種觀點。

光緒從小就在慈禧的淫威下長大，據《滿清野史》記載：光緒雖然是九五之尊，但整天吃的也是一些「久熟乾冷」的饌品，有些食物甚至都「半已腐臭」。有時候光緒想要御膳房換一些可口的飯菜，慈禧就「輒以儉德責之」。光緒長大之後，也沒有什麼自由，雖然名義上是個皇帝，但實際上朝政都把持在慈禧的手中，自己根本不能做主。甲午戰爭之後，光緒在親信大臣的支持下具有了一定的實力，於是宮廷之中便出現了所謂的「帝黨」和「后黨」之爭。戊戌變法時期，兩黨之間的矛盾達到了白熱化的程度。後來，慈禧發動政變，囚禁了光緒，罷黜了支持光緒的官員，自己重新獨攬起朝廷大權。此後，慈禧一度想廢掉被囚的光緒，連繼位的人都選好了，只因為外國人不支持，慈禧怕引起外國干涉才將此事作罷。但對被囚禁的光緒她則是百般凌辱折磨，致使光緒的健康狀況極度惡化。西元一九〇八年，慈禧病倒，據說光緒聽說了慈禧的病訊之後，還曾面露喜色。這件事情很快傳到了慈禧的耳朵中，慈禧害怕自己一死，光緒就會掌權報復自己，於是便想辦法害死了他。至於慈禧到底是如何害死光緒的，歷來有兩種說法。

一種是著名的歷史學家啟功所說，說慈禧用下了毒的優酪乳毒死了光緒。據啟功說，他的曾祖父當時為禮部尚書，做為主管禮儀、祭祀之事的最高官員，在西太后臨終前他要晝夜守候在她下榻的樂壽堂外。西太后得的是痢疾，所以從病危到彌留的時間拉得比較長。就在宣布西太后臨死前，啟功的曾祖父看見一個太監端著一個蓋碗從樂壽堂出來。出於職責，他就問這個太監端的是什麼，太監回答說：「是老佛爺賞給萬歲爺的塌喇。」「塌喇」在滿語中是優酪乳的意思。光緒在中南海的瀛臺，之前也從沒聽說過他有什麼急症大病。但送了塌喇後不久，隆裕的太監小德張就向太醫院宣布光緒駕崩的消息。隨後，這邊也傳出慈禧去世了。由此，後人推測，一定是慈禧命人在那碗塌喇裡下了毒，毒死了光緒。此外，據一位名叫屈桂庭的大夫說，他過去曾親自為光緒治過病。他說，在光緒三十四年十月十八日（西元一九〇八年十一月十一日）最後一次進宮為光緒診病時，發現光緒本已逐漸好轉的病情卻突然惡化，在床上亂滾，大叫肚痛。三天之後，光緒就去世了。這就更加證明了光緒有可能是被慈禧等人毒死的。

另外，還有一種說法是，不是慈禧而是李連英害死了光緒。據《清室外記》記載：「皇帝殯天之情形及其得病之由，外人無由詳知，惟藏於李連英輩之心中。關於太后、皇帝同時而崩，北京城中，言人人殊，然欲查其原因，則實毫無線索。但日處憂城之中帝，一旦再操大柄，自為李連英輩之不利。可以斷言，當日頤和園中之事，或為太后所不及知者。據當時目擊者論之，此亦情勢所可有。」也就是說慈禧的親信太監李連英等人，平日裡狗仗主勢，經常中傷和作弄光緒。他們怕在慈禧死後光緒再操權柄，會不利於他們，所以就先下手為強，在慈禧將死之前，先將光緒害死。這一說法同時為英國人濮蘭德所著的《慈禧外傳》和德齡所寫的《瀛臺泣血記》等書所認同。德齡以親身的經歷認定光緒就是被李連英害死的。書中寫道：李連英眼看太后的壽命已經不久，自己的靠山，快要發生問題了，便暗自著急起來。他想與其待光緒掌了權和自己算帳，不如讓自己先下手的好。經過幾度籌思，他的毒計便決定了。「近來奴婢聽許多人說，萬歲爺的身子很不好」、「奴婢願意瞧瞧他看，或者可以使他的身體好起來」，就在李連英說過這一番話的第二天，原本好端端的光緒也害起很厲害的病來。只有光緒自己心裡是明白的，他料定必是李連英在飲食裡下了毒，存心要謀殺他。

此外，溥儀在《我的前半生》一書中又提出了另一種說法，說是袁世凱毒死了光緒。袁世凱在戊戌變法時辜負了光緒的信任，在關鍵時刻出賣了皇上。袁世凱擔心一旦慈禧死去，光緒重新掌權，自己將死無葬身之地。於是便藉進藥的機會，暗中下毒，將光緒毒死。這種說法，在當時的宮內太監中流傳很廣，溥儀在《我的前半生》一書中就記載了這一說法，說：光緒皇帝在死的前一天還是好好的，只是因為用了一劑藥就壞了，後來才知道這劑藥是袁世凱使人送來的。按照常例，皇帝得病，每天太醫開的藥方都要分抄給內務府大臣們每人一份，如果是重病還要給每位軍機大臣一份。據內務府某大臣的一位後人告訴我，光緒皇帝死前得的不過是一般的感冒，他看過那些藥方，脈案極為平常，加之有人前一天還看到他和好人一樣站在屋裡說話，所以當人們聽到光緒病重的消息時都很驚異。更奇怪的是，病重消息傳出不過兩個時辰，就聽說已經「晏駕」了。由此可見，溥儀認為是袁世凱毒死了光緒。

光緒帝脈案

上面的這些說法，都認為光緒是被人害死的。因為這一疑案是發生在皇宮內廷，外邊的人就更難以知曉真實的內幕，所以數十年來這一疑案始終懸而不決，議論紛紛。

西元二〇〇八年，有中國學者對光緒遺體的頭髮、衣服等物品進行檢測分析，認為光緒確實為砒霜中毒而死，引起歷史界譁然，由此光緒的死因變得更加離奇難解。因為近代也有人根據宮廷檔案的記載，對光緒的死因進行了研究，最後竟然驚奇地發現光緒其實是病死的。他和慈禧先後而死，並沒有什麼內幕消息，只不過是歷史的巧合而已。

學者們通過分析檔案館所藏的清宮脈案中光緒的病案，發現光緒自幼多病，且有長期遺精病史，體質甚差。光緒自己所寫的《病原》中也說：「遺精之病將二十年，前數年每月必發十數次，近數年每月不過二三次，且有無夢不舉即自遺洩之時，冬天較甚。……腿膝足踝永遠發涼……稍感風涼則必頭疼體……其耳鳴腦響亦將近十年。……腰腿肩背沉……此病亦有十二三年矣。」光緒成年以後，依然經常生病，據光緒二十五年（一八九九年）正月初二的《脈案》記載：「皇上脈息左寸關沉弦稍數，右寸關沉滑而數，兩尺細弱，沉取尤甚。面色青黃而滯，左鼻孔內腫痛漸消，乾燥稍減，時或涕見黑絲。……進膳不香，消化不快，精神欠佳，肢體倦怠。……下部潮濕寒涼，大便燥結，小水頻數，時或艱澀不利等症。本由稟賦虛弱，心脾欠虛，肝陰不足，虛火上浮，炎及肺金，木燥風生而動胃火使然。」

光緒三十四年三月初九，御醫曹元恆在《脈案》中寫道：皇上肝腎陰虛，脾陽不足，氣血虧損，病勢十分嚴重。看來光緒的病並非是一日所得，而是從小就有的病根子，並逐漸變得越來越嚴重。據曾經為光緒看過病的江蘇名醫杜鍾駿說：「我此次進京，滿以為能夠治好皇上的病，博得微名。今天看來，徒勞無益。不求有功，只求不出差錯。」由此可見，其實大夫們早就料定光緒的病已是不治之症，並非是野史上所說的平時沒有得病的跡象，突然暴死。按照《脈案》的記載，光緒應該是久病而死。

當然，《脈案》也並不是沒有偽造的可能，不過相對於野史筆記來說，它的可信度應該是更高一些的。

光緒葬禮

李連英死因之謎

曾經有人這樣評價李連英，說他是「有清以來太監中官品最高、權威最大、財富最多、任職時間最長的權監」。做為一位如此著名的大太監，李連英也給我們後人留下了許多疑案。人們不知道李連英是怎麼發跡的，也不知道他到底搜刮了多少錢財，更不知道他最後到底是怎麼死的。

據說李連英原名叫李進喜，是直隸省河間府大城縣臧屯鄉李家村人。根據李連英的墓誌銘記載，他生於道光二十八年（一八四八年），「年九歲入內廷充役使」。清宮檔案的記載也證明，李連英是於咸豐七年（一八五七年）十月十一日由鄭親王端華府送進皇宮當太監的，但年齡是十三歲。也許李連英在淨了身之後，沒有直接到皇宮當差，而是在王府當了幾年的差，才被鄭親王送進皇宮的。

關於李連英的發跡史，歷來有很多種傳說，有人說李連英開始的時候並不是太監，而是一位專門做熟皮子工作的硝皮[16]工，被人稱為「皮硝李」。李連英做這個活實在是做得膩了，心

16 硝皮：皮革的鞣製。

想這種活即使做一輩子，也永遠沒有出頭之日。後來他聽說宮裡要找一名會梳頭的太監，覺得自己的機會來了，他雖然沒有梳過頭，但自己整天和皮毛打交道，處理毛髮的功夫簡直是小菜一碟。於是他便來到地安門外南磚胡同的淨身處，狠心將自己淨了身。然後，又到一些理髮店學了一些來自南面比較新的髮型式樣，隨後便託同鄉的太監介紹進宮當了太監。因為他頭梳得好，很快便得到了慈禧的賞識，從一個剛入宮的小太監提升到太監總管的位置，甚至還有人給他起了一個「小篦李」的外號。

不過這種說法只不過是一種民間的傳言而已，實際上李連英從進宮當太監到坐上大太監的位置也是經過了幾十年的時間。他進宮之初並沒有在慈禧身邊當差，更談不上為慈禧梳頭。剛剛進宮的時候，李連英像其他的小太監一樣被安排在奏事處當差，直到同治三年（一八六四年）李連英才被調到慈禧居住的長春宮服役。不過他仍然只是一個打雜的小太監，連品位也沒有。此時在慈禧面前得寵的還是安德海，根本輪不上李連英這個小太監。後來安德海因為過於張揚，在南巡替慈禧置辦龍衣的時候，被山東巡撫丁寶楨以「違背祖制，擅離京師」的罪名斬於山東。安德海死後的最初幾年中，李連英也沒有在慈禧面前得寵。

但是，李連英為人乖巧圓滑，左右逢源，他工於心計，知道如何討主子的歡心，很快便受到了慈禧的賞識。同治十一年（一八七二年），李連英被賞戴六品頂戴。同治十三年（一八七四年），二十六歲的李連英又被慈禧任命為儲秀宮掌案首領大太監。光緒五年（一八七九年），李連英被慈禧賞戴四品花翎，這已經是清朝祖制規定賞於太監的最高品位了。但是，由於李連英實在是討慈禧的歡心，光緒二十年（一八九四年），又被賞戴了二品頂戴花翎。李連英就這樣成為慈禧面前的大紅人。

但是，李連英在慈禧面前走紅之後，並沒有像前一任權監安德海那樣得志便猖狂，他還是像以前做小太監的時候一樣，在主子面前老老實實地做人。無論是對宮外的王公大臣，還是對宮裡的宮女太監，李連英總是拿出一副寬以待人的樣子。正如他的墓誌銘中所說，他做事「事上以敬，事下以寬，如是有年，未嘗稍懈」。李連英的這些做法也為他在宮裡宮外贏得了不錯的口碑，慈禧也更加喜歡他。據說，有一次慈禧派他隨醇親王一塊兒去檢閱李鴻章辦的北洋水師，李連英為避免招搖，出宮之前還特意摘下自己的二品頂戴，換上平民的裝束。一路上他也避免同外官接觸，而是老老實實地待在醇親王的車裡。對醇親王也是極其恭敬，甚至還親自給醇親王打洗腳水。以至於回京之後，醇親王一個勁兒地在慈禧面前說李連英的好話。李連英不僅處事低調，而且還十分細心，就連歷來看不起太監的維新派人士王照也說，李連英穿著樸實，絕對不像一位得寵的大太監。

由於李連英很會做事，因此，即使慈禧身邊的太監幾十年來換了好幾批，唯獨李連英她捨不得換。如《晚清宮廷生活見聞》中所記載，慈禧的每天三頓飯、早晚起居都要李連英親自服侍，每一道菜品都要他親自嘗過後，才揀可口的讓慈禧下筷。有時慈禧悶了，他就親自陪慈禧到外邊遛遛，甚至同慈禧聊天聊到深夜。同時李連英留給光緒的印象也不錯。戊戌政變之後，光緒被囚於中南海瀛臺，每天幾乎連一頓可口的飯也吃不上，慈禧派人送來的食物不是餿的，就是陳飯剩菜。李連英知道之後，經常趁著向光緒請安的機會，給他帶些可口的點心來，使得光緒大為感動，甚至對外邊的官員說：「若無李諳達，我活不到今天。」

李連英在慈禧面前做了四十幾年的權監，真可謂是宮中少有的不倒翁。在這四十年中，李連英藉著得勢的機會，收斂了大量的錢財，據說他曾經一次就收受過袁世凱二十萬兩白銀的賄賂。還有人說李連英在光緒末年，僅僅存放在京城各銀號中的白銀就有一千六百多萬兩，同時他還收斂了大量的地產和無數的玉器珠寶。李連英到底積聚了多少錢財，詳細的數目今天恐怕已經難以知曉，不過從當時的記載來看，李連英手中的錢財絕對是一個大數目。

宣統元年，李連英辦理完慈禧的喪事後，便悄然消失了，對於他的下落至今仍然是一個謎。有人說他在慈禧死後，便向隆裕請求告老，回到慈禧生前賜給他的南花園過起了低調的生活。他沒有大興土木，也沒有過於招搖，只是悄悄地過繼了幾個姪子，自己則整天像個花匠似的侍弄花草，直到三年後得痢疾而死。其間，甚至沒有人知道他就是曾經在慈禧面前呼風喚雨的大太監李連英。

也有人說，李連英是被隆裕處死的，他死後隆裕還把他的巨額財產充了公。不過，朝廷殺李連英應該是一個轟動一時的大事，不會沒有文字的記載。還有人說李連英一生大量受賄於朝廷內外官員，在慈禧面前呼風喚雨得罪了不少人，再加上手中的巨額財產也實在是為眾多的貪財之徒虎視眈眈，想奪為己有。於是，李連英在離開皇宮後不久就被人給暗殺了。甚至還有人說，李連英是在山東和河北交界處被大盜給劫殺的，李連英被大盜一刀解決，他的兩個侍從急著逃走，便只撿了個頭回來。所以現在葬在李連英墓裡的只有一個頭顱，沒有屍身。

據《清稗類鈔》宦官類記載和李家的後人回憶：李連英並不是死於非命，而是得病而死。記載中稱：「孝欽殂後，不意又為隆裕后所庇……殆其病卒，隆裕后特賞銀兩千兩。」李連英的墓誌銘中也說李連英「退居之時，年已衰老，公殞於宣統三年二月初四日」。但李連英到底是不是善終的呢？

西元一九六六年，人們曾經打開過李連英的墳墓，確實在他的墳墓中發現了大量的珍寶，如像乒乓球一樣大小的寶珠，金子做的菸碟以及數不清的珍珠、翡翠、瑪瑙等寶物。不過令人吃驚的是，他的棺材裡除一顆頭顱和一條長辮子外，沒有屍身。從墓裡的情況來看，李連英似乎真的是被人殺了、身首異處而死的。不過也有人說，有些太監的墓裡面都是只有一個頭，這是因為那個時代的人都很迷信，以為自己的殘缺之身，是有辱祖宗容顏的事情，死後也沒臉去見自己的列祖列宗，於是下葬時只埋自己的頭顱，而將身體捨棄。李連英死後是不是也是這種情況呢？誰也無法真正知曉。

國家圖書館出版品預行編目（CIP）資料

史實，說真的：解析歷史上總被懷疑的65件「真相」
/ 何憶著. -- 初版. -- 新北市：晶冠, 2021.01
面； 公分. --（新觀點系列；17）

ISBN 978-986-99458-5-1（平裝）

1. 中國史 2. 通俗史話

610.9 109020791

新觀點 17

史實，說真的：解析歷史上總被懷疑的65件「真相」

作　　者　何憶
行政總編　方柏霖
責任編輯　王逸琦
封面設計　柯俊仰
內頁排版　李純菁
出版企劃　晶冠出版有限公司
總 代 理　旭昇圖書有限公司
電　　話　02-2245-1480（代表號）
傳　　真　02-2245-1479
郵政劃撥　12935041 旭昇圖書有限公司
地　　址　235 新北市中和區中山路二段 352 號 2 樓
E-MAIL　s1686688@ms31.hinet.net
旭昇悅讀網　http://ubooks.tw
印　　製　福霖印刷有限公司
定　　價　新台幣 380 元
出版日期　2021 年 01 月 初版一刷
ISBN-13　978-986-99458-5-1

作品名稱：《歷史的底牌》
作者：何憶
本書繁體中文版經零點零一秒（北京）文化傳媒有限公司授權，由晶冠出版有限公司出版繁體中文版本。